中学生财经10堂课
―― Lessons For High School Economics And Finance ――

主　编：赫学颖　　兰　单
副主编：蒲婷璐　　周　桥　　王　劲　　陈　智
　　　　王斯亮　　叶　盛　　谢发伟
编　委：刘庆华　　冯永庄　　张万琼　　翁华彪
　　　　李顺林　　田　俊　　朱成广　　郭士丰
　　　　崔志刚　　洪焕坪　　牛相燕　　张翼云
　　　　刘　颖　　杨　成　　田　剑　　黄振威
　　　　胡　伟　　季亚婷　　余璐璐　　程晓蕊
　　　　韩国栋

重庆出版集团　重庆出版社

图书在版编目(CIP)数据

中学生财经 10 堂课 / 赫学颖，兰单主编. --重庆：重庆出版社，2017.10
ISBN 978-7-229-12813-5

Ⅰ.①中… Ⅱ.①赫… ②兰… Ⅲ.①财政经济-中学-教学参考资料 Ⅳ.①G634.233

中国版本图书馆 CIP 数据核字（2017）第 272240 号

中学生财经 10 堂课
ZHONGXUESHENG CAIJING SHITANGKE
赫学颖　兰　单　主编

策划编辑：周　桥
责任编辑：王利彬
封面设计：邓　鹏
版式设计：蒋成平

重庆出版集团
重庆出版社　出版

重庆市南岸区南滨路 162 号 1 幢　邮政编码：400061　http://www.cqph.com
重庆市华彩设计分色制版有限责任公司印刷
重庆市天下图书有限责任公司发行　http://www.21txbook.com
重庆市渝北区财富大道 19 号财富中心财富三号 B 栋 1 楼　邮政编码：401121
电话：(023)63658772
财经课堂官方网站(在线学习)：cjkt.ocedu.cn

开本：787 mm×1 092 mm　1/16　印张：17.75　字数：300 千
版次：2017 年 11 月第 1 版　印次：2017 年 11 月第 1 版第 1 次印刷
书号：ISBN 978-7-229-12813-5
定价：78.00 元

如有印装质量问题，请向重庆市天下图书有限责任公司调换：023-63658932
部分图片、文字因故未能联系上原作者，希望原作者见后及时与我们联系，以便补寄样书和稿酬。
本书所使用方正字体经北大方正公司授权许可

版权所有，侵权必究

目录 CONTENTS

001 第一章 经济学思维训练
1.1 简单经济循环路径 / 001
1.2 经济学家认为人都是"理性人" / 002
1.3 资源都是稀缺的 / 003
1.4 经济学中"名义"与"实际"的差别 / 003
1.5 理性人都看边际变化量 / 004
1.6 经济学家如何考虑成本问题 / 004
1.7 通过资源交换,效率可以得到很大提高 / 005
1.8 我们都应该思考的一些经济问题 / 006

008 第二章 微观经济学
2.1 市场的"供"与"需" / 008
2.2 消费决定与社会经济福利 / 024
2.3 四大市场结构 / 033
2.4 劳动与收入 / 042
2.5 本章小结 / 052

055 第三章 宏观经济学
3.1 国家收入 / 055
3.2 经济发展问题:经济增长、失业、通货膨胀 / 064

3.3 货币在经济生活中的作用 / 076

3.4 认识汇率与对外贸易 / 083

3.5 常用宏观经济政策 / 095

3.6 本章小结 / 098

102 ● **第四章　金融学**

4.1 金融市场 / 102

4.2 资本市场 / 108

4.3 金融机构 / 115

4.4 信用与风险 / 122

4.5 本章小结 / 127

130 ● **第五章　企业管理**

5.1 认识企业及企业管理 / 130

5.2 公司组织架构 / 139

5.3 企业战略管理 / 145

5.4 本章小结 / 157

159 ● **第六章　市场营销**

6.1 了解客户,了解市场营销 / 159

6.2 营销管理 / 164

6.3　4P营销组合策略 / 170
　　　6.4　本章小结 / 176

177　第七章　会计学
　　　7.1　认识会计 / 177
　　　7.2　学习会计必备知识 / 180
　　　7.3　"账"怎么记 / 191
　　　7.4　公司运营"成绩单"——财务报告 / 197
　　　7.5　本章小结 / 209

211　第八章　财务管理
　　　8.1　财务管理入门 / 211
　　　8.2　如何计算资金的时间价值 / 219
　　　8.3　公司如何筹集资金 / 226
　　　8.4　本章小结 / 236

238　第九章　生活中的经济问题
　　　9.1　为什么名家遗作都可以卖出较高价格 / 238
　　　9.2　为什么部分地区要实行商品房限购政策 / 239
　　　9.3　延迟退休年龄的经济学分析 / 239
　　　9.4　互联网+金融改变了什么 / 240

9.5 "蓝领"薪资走俏的经济学解释 / 240
9.6 人工智能与失业 / 241
9.7 共享经济与 GDP 增长矛盾吗？/ 241
9.8 口红经济效应 / 242
9.9 为何出现天价演唱会门票 / 242
9.10 大米、食盐为何不打折 / 243
9.11 消费决策改变 / 243
9.12 72 法则的生活运用 / 244
9.13 理财规划中的费雪效应 / 244
9.14 存款准备金率如何计算 / 244
9.15 如何确定要不要选择海淘 / 245
9.16 家庭的资金分配方案 / 245

247 ● **第十章　财经法律法规常识**
10.1　民法与商法简介 / 247
10.2　民商事法律关系主体 / 251
10.3　民事权利 / 259
10.4　民商事常用法律规范 / 264

277 ● **参考文献** / 277

第一章
经济学思维训练

1.1 简单经济循环路径

在古代人眼里,"经济"多作"经世济民"之意,有"治国平天下"的含义;现代经济发展过程中,《国富论》作者亚当·斯密(Adam Smith)提出"看不见的手",认为经济的发展源于这只"看不见的手"——市场的力量;现在,人们谈到"经济"一词,常常联想到金钱或者是财富。"经济"一词在不同的发展年代有不同的词义理解,很难准确地用统一的标准去定义经济,但是不可否认的是,通过学习经济,你会更加了解这个世界是如何在运作,你的生活如何在变化。

经济学教会我们的不仅是有关财富的知识,更是生活中的一项技能,让我们知道在不同预期下的选择"将会怎样",以及确定选择后"该会怎样",在面临问题时"应该怎样"。经济学从理论到实践的发展过程中,其原理可以运用到生活中的许多地方,在进行消费决策、投资决策、理财规划决策,经营管理决策的时候,都需要根据经济学的一些基础知识以及原理进行判断和预测,最后进行"理性"决定。比如理性消费、投资理财、租房或者买房、企业管理,甚至国家治理等方面。因此,在高中阶段,提前学习和了解经济学的一些基本原理和分析方法,不仅可以增长学识,也可以更好的作为"理性人"参与经济生活,提高自己的经济决策能力。

从图 1-1-1 可以看出,在市场这个外部环境下,经济活动即是生产与消费的活动。市场(market)可以广义地理解为买卖双方进行产品交易的场所。经济学认为,市场的主要功能包括平衡供求矛盾、商品交换和价值的实现,还包含了收益分配,即市场通过价格、利率、汇率、税率等经济杠杆,对市场上从事交易活动主体的生产者、消费者、中间商进行收益分配或再分配。在劳动力市场,我们个人和家庭更多作为劳动力这一特殊产

———
两部门经济循环图体现了市场上要素的流动与资金的流动。

品的供给方，为企业提供生产所需的劳动力，企业支付相应的报酬作为工资，因此个人获得收入为消费创造可能，企业获得劳动力，为生产创造条件；在商品市场，个人和家庭又作为商品的需求方，企业作为商品和服务的供给方，出售商品和服务给个人和家庭，取得销售收入并实现利润，个人和家庭通过消费完成产品和服务的交换和价值转移。在生产和消费的过程中，伴随的是各种资源的配置以及人们需求的实现，因此经济学要解决的问题：如何用有限的资源来解决无限的欲望，这也说明日常生活中为什么要进行各种决策。

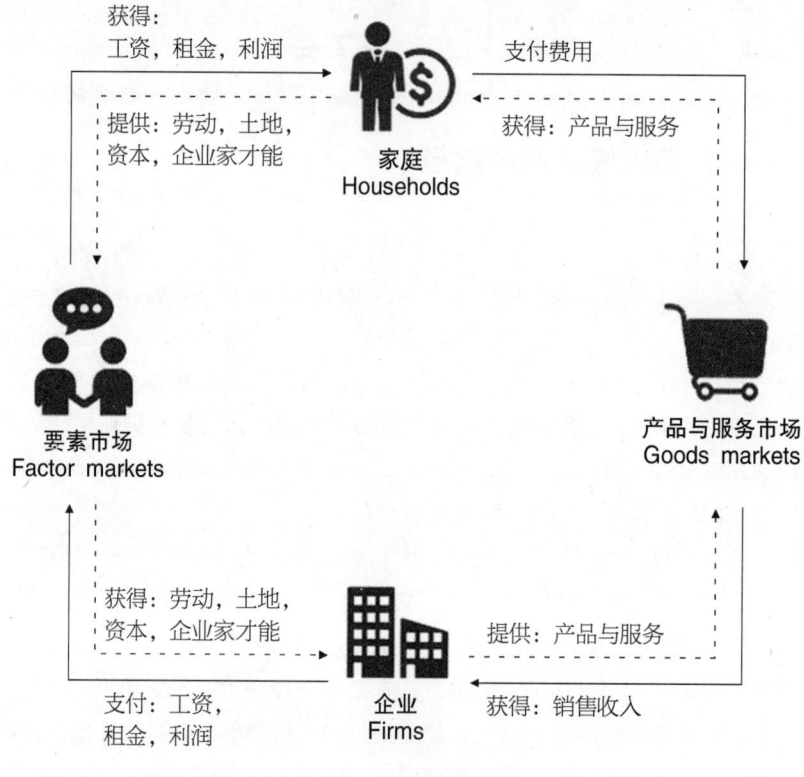

图 1-1-1 经济循环图

1.2 经济学家认为人都是"理性人"

> 理性人假设是经济学中重要的研究假设条件之一，是很多经济模型研究的前提条件。

在经济学里，"理性人"假设十分重要。西方的经济学家指出，所谓的"理性人"基本特征就是：每一个从事经济活动的人所采取的经济行为都是力图以自己的最小经济代价去获得自己的最大经济利益。但是在实际生活中，要做到完全"理性"也是非常困难的，这里给大家介绍"理性人"假说，只是要让同学们知道，在运用经济学理论去解释和分析一些生活中的经济问题时，有时候按照常理分析看似矛盾，但是在一些具体情况（假设前提）下，经济生活的发展规律，仍然是可以用社会科学的理论知识做解释和理解的。

1.3 资源都是稀缺的

在我们日常的经济生活中，消费与生产实际是通过"产品"作为载体在进行资源的重新配置。在经济学中，生产要素通常是指劳动、土地、资本、企业家才能。因此，生产要素也作为经济资源在生产过程中发挥着至关重要的作用。通过比较以上生产要素，你定会发现，他们都有一个共同的特性—有限性。根据马斯洛需求层次理论，人的需求共分为 5 个层次，由低到高依次分别为生理上的需要、安全需要、社交需要、尊重需要和实现自我的需要，当人们低层次的需要得到满足后，会逐渐追求更高层次需要的满足，因此人们的需要具有多样性，当一个方面的需要得到满足后，便开始追求其他方面的需要，而对于人们的无限需要，资源总是有限的，这也就是经济学中常讨论的资源稀缺性问题（scarcity）（相对于人们无限的欲望而言，经济资源总是有限的）。

> 资源稀缺性中的"资源"并不是特指某种自然资源，而是指为了生产经济物品所需要的经济资源。

1.4 经济学中"名义"与"实际"的差别

在宏观经济学知识中，有很多量化指标用于衡量经济运行的变化。比如 GDP（gross domestic product，国内生产总值）、CPI（consumer price lndex，居民消费价格指素）、利率等，在分析过程中常常会出现判断和计算"名义 GDP"和"实际 GDP"、"名义利率"和"实际利率"等。尤其是在利率相关问题的分析过程中，往往"名义利率"和"实际利率"之间，都存在着价格因素的影响，可通俗地理解为受到不同时期物价水平的影响，这将在后续的"费雪公式"中，给大家做详细的解释。除此之外，分析名义 GDP 和实际 GDP，一般也是因为价格因素影响，分析关键在于对基期的选择。所以在分析名义和实际问题时，其差别在于是否消除和调整了价格因素影响，这也是经济学人在研究实际经济问题过程中，通常会考虑的问题。

> 名义 GDP 与实际 GDP 的重要区别，在于基期的选择；名义利率与实际利率的区别，在于是否消除通货膨胀影响因素。

1.5 理性人都看边际变化量

> 边际变化主要是考虑变量的每单位变化带来的因变量的变化。

边际分析方法，是经济学中最常用的分析方法之一。在考虑变化规律和进行相应的决策时，考虑边际变化量，使得对比要素之间的变化关系更容易理解和分析。边际分析思路主要考虑某可变因素的数量变动会对其他可变因素的变动产生多大影响，说得确切一些，自变量增加一单位，因变量所增加的量就是边际量。边际这个词可以理解为"增加的"的意思，"边际量"也就是"增量"的意思。比如说，生产要素（自变量）增加一单位，产量（因变量）增加了两个单位，因变量增加的两个单位就是边际产量。或者更具体一些，运输公司每增加了一辆客运汽车，每天可以多满足200名乘客的出行需求，这200名乘客就是边际量。这种分析方法广泛运用于经济行为和经济变量的分析过程，如对效用、成本、产量、收益、利润、消费、储蓄、投资、要素效率等等的分析多有边际概念。

1.6 经济学家如何考虑成本问题

如何做出正确的选择，也是人们进行决策的思考过程。经济生活中，最常见也最简单的决策思路一般会通过权衡"收益"与"成本"，来决定做还是不做。在这里需要强调的是，经济学中权衡的"成本"，并不是单指那些直接看得见的成本，还包括一些看不见的成本——机会成本（opportunity cost）。为什么说机会成本是看不见的呢？机会成本，是指为了得到某种东西而所要放弃另一些东西的最大价值（注意这里所指的是最大价值），也可以理解为在面临多方案择一决策时，被舍弃的选项中的最高价值者就是本次决策的机会成本。机会成本可以是抽象的最大价值，有时候也可以具体量化。下面通过一个例子来给大家分析一下：

假如小王是一名高级计算机程序员，工资5000元，自家有一套40平方米的临街旺铺，按市场价出租的话每月可收租15000元。如果小王利用这间自有的旺铺开一家烘焙店，每月可以生产2500个芝士蛋糕，单价20块，每月的收入就是50000元。其中购买面粉、芝士、奶油等原材料需要花费5000元，而且小王需要给两名店员发工资合计10000元。那么可以很快地计算出，小王开这家烘焙店的成本是15000元，收益是35000元，所以说小王开这家店是很理性的决定。

那么事实真是这样吗？我们现在利用经济学家的思维思考一下：小王开店的15000元成本叫做显性成本，最后35000万元的收益叫做会计利润。小王为了这间烘焙店，放弃了作为计算机高级程序员的工资收入5000元，旺铺租金15000元，那么这5000元和15000元就构成了小王开烘焙店的隐性成本，经济学家在进行决策时，也会将这部分隐性成本考虑进去。因此在经济学家眼里，小王开这家烘焙店的总成本是35000元，经济利润为15000元。这说明小王开这家烘焙店，小于小王上班加收租的总收入，所以如果考虑隐性成本的话，小王实际上不开店每月收入还多一些。如果小王开这家烘焙店，其实除了直接的显性成本外，还必须放弃15000元的租金，而这15000元的租金就是小王经营烘焙店需要承担的机会成本。

当然，以上的案例是一个简化了的决策思路，实际在决策过程中，除了从经济利润角度思考问题，相应的风险分析也非常重要。因为做任何决定，成本都会影响最后收益的大小，同时选择的不确定性，也就是这项选择的风险同样会决定决策的最后结果。

> 隐性成本考虑机会成本；会计成本为显性成本。

1.7 通过资源交换，效率可以得到很大提高

我们在日常的经济生活中，都有和别人交换东西的经历，是什么原因导致了这种交易的产生呢？这同样可以用经济学的思维方法去解释。因为个体差异，其实我们每个人所拥有的资源是不一样的。假如你拥有一些比较充裕的资源，但是缺乏一些其他的资源，而通过所掌握的这些资源组合，无法带来最大满足。这时候，你可能就希望用自己比较富足的资源与别人交换你所匮乏的资源，刚好你比较匮乏的资源又是别人比较富足的资源，那么通过这种交易，其实你们两人的满足感都得到了提升。举个例子，假如你是南方人，平时主要是以大米为主食，而你的邻居是北方人，主要是以面食为主。邻居的好朋友去泰国旅游，买了一袋泰国香米作为礼物送给他，可是他平时不是很喜欢吃大米，这时候他就会找你商量，问你是否愿意用你家中多余的面粉去交换他的泰国香米，对于爱吃大米的南方人来说，这绝对是一个不错的选择，这样的自愿交换，使得你们两个人的效用都得到了很大的改善，而且资源也没有浪费，这样的交易是很有效率的。

如果我们将这个问题进行升级，看成是两个国家，交易的情况会不会发生呢？答案是肯定的。在经济学中，贸易一词就可以简单地理解为是

> 展开贸易的原因，可以参考比较优势理论和绝对优势理论。

"国与国之间的交换"，这样的交换也是基于自愿，才具有效率，也就是通常所说的"自由贸易"。在贸易理论中，有绝对优势和比较优势两种优势理论。绝对优势考虑生产的绝对成本以及生产效率，而比较优势则考虑了生产中的机会成本，相对生产成本以及相对生产效率，这也是两个理论最本质的差别所在，我们将在后续的内容进行详细的解释。

1.8 我们都应该思考的一些经济问题

对于一个完整的经济体系而言，经济学要解决的一个最重要的问题就是"社会生产什么，生产多少，怎样生产，如何分配"的问题。大家通常在生活中所听到的计划经济和市场经济，其实就是两种不同的社会资源配置方式。计划经济条件下，社会生产什么、生产多少、怎样生产、如何分配等经济决策的大权高度集中于政府，尤其是中央政府。在市场经济下，以上经济决策则是由各大经济主体依据市场价格自主做出，市场价格像一只看不见的手指挥人们生产什么，生产多少，怎样生产。所以在市场经济条件下，市场是资源配置的基础性机制。

通过前面的分析，我们可以把经济生活理解为各种物质资料的生产、交换、分配以及消费。对于个人来说，我们更多关注经济生活中的收入、消费、储蓄、投资等问题。对于企业而言，更多关注生产与交换，如何通过有效的资源配置，实现利润最大化，是企业经营过程中的主要问题。对于政府而言，如何实现GDP增长，如何降低失业率，如何控制通货膨胀率，如何实现国际收支平衡则是经济持续稳定运行的目标。

很多人认为，学习经济学主要是为了提高自己创造财富和积累财富的能力，然后却忽略了财富创造与积累，都是基于合理的判断与决策为前提。除了财富，经济学让我们知道经济生活如何运作，教会我们如何更好地改进生活，如何去认识这个世界的运转机制。刚刚介绍的经济学家的常用思维方式告诉我们，如何去确定一个有效率的经济决策，如何去思考生活中的一些经济问题，都是在教会我们如何更好地认识和改进我们的生活。学习经济学，思考方式也会发生逐步的改变，你也会明白为什么有些国家物价水平较高，有些国家物价水平较低；什么时候出国旅游比较划算；廉价航空是如何实现收益的；为什么企业要走出国门去开拓国外市场；为什么要倡议"一带一路"的建设。

本书内容基于经济学与管理学两大学科进行内容设计，专业知识板块，集合了知识内容特点以及未来同学们可以报考的热门财经专业特点，

> 经济生活5大问题：市场、收入、消费、储蓄、投资。

分为微观经济、宏观经济、金融学、企业管理、市场营销、会计以及财务管理 7 个专业方向。同时，本书新增"经济学思维训练、生活中的经济问题与财经法律法规常识"三个章节，目的在于帮助同学们能够更好地理解知识运用于实际生活的过程。"生活中的经济问题"，结合所有章节重点知识的理解，以市场、收入、消费、储蓄、投资为关键词，分析了生活中常见的 16 个经济问题以及问题解决办法，让同学们在理解经济生活的基础上，提高自身的综合财经素养；"财经法律法规常识"主要围绕经济生活中民法和商法的基本知识内容为同学们介绍相关法律法规常识，提高大家的法律意识。最后，加上本章导论内容，本书总共分为 10 个章节，即构成同学们需要学习的 10 堂财经素养课程。我们也希望通过这 10 堂课的内容，同学们学到的不仅是知识，更能够从中掌握一种生活的技能，学会从经济学的角度去思考和理解我们的经济生活，改善和提高自己的经济决策能力。

第二章

微观经济学

2.1 市场的"供"与"需"

本节导读

为什么在冬天，北方的蔬菜、水果价格会上涨？为什么情人节、母亲节等节假日期间，鲜花的价格会上涨，而平时即使打折也少有人问津？为什么春节、国庆节前后，机票的价格会直线上升，而出行淡季的时候机票却很便宜？为什么推出了"家电下乡"政策后，家电产品的销售量会迅速增加？这些事件的共同之处是什么？什么因素影响着同一商品在不同时期的价格？本节将向大家介绍经济学中的经典定理——供求定理。通过本节的学习，同学们将掌握价格的形成机制，了解需求、供给如何共同作用影响商品的价格。同时，通过学习弹性的相关概念与知识，帮助同学们解释生活中的许多经济现象。

本节目标

1. 了解基本的经济学概念：供给、需求、弹性、市场均衡
2. 掌握供求三大定理
3. 清楚收入效应、替代效应的内容
4. 知道普通商品、低档商品、高档商品和吉芬商品的弹性特点
5. 会利用中点法计算弹性
6. 理解何为价格控制，知道政府设置价格上限、价格下限的意义

2.1.1 初识需求与供给
1. 需求——Demand（D）

需求是指在一定时期内，消费者对应于某一商品不同的价格水平愿意

并且能够购买的商品的数量。如果苹果的价格上升，消费者就会少买一些苹果；价格下降，则会多买一些。大多数商品的价格与其需求量之间都存在着这种互动关系，这种互动关系被称为需求定律。需求定律的基本内容是：在其他条件不变的情况下，某商品的需求量与其价格之间呈反方向变动，即需求量随商品价格的上升而减少，随商品价格的下降而增加。

需要注意的是，需求定律是适用于一般的正常商品的规律，并不是适用于所有商品的普遍规律。比如一些特殊商品：吉芬商品、部分投资品。吉芬商品是一种特殊的低档生活必需品，在特定条件下，伴随价格下降，其需求量也会下降。再比如部分投资品，例如股票、黄金，人们往往喜欢"追涨杀跌"，这与人们对于未来价格的预期以及投机需要有关。

> 需求概念的理解，需要注意"有意愿"和"有能力购买"两个必要条件。

(1)需求表与需求曲线

需求表（demand schedule）是用来表示某种商品不同价格与相应的需求量之间对应关系的数字序列表格。表2-1-1为铅笔的需求表。

表 2-1-1 铅笔的需求表

价格-数量组合	价格（元）	需求量（件）
1	1	15
2	1.5	10
3	2	5
4	2.5	0

根据需求表绘出的用来表示需求量与商品价格之间对应关系的曲线被称为需求曲线（demand curve）。图2-1-1反映了铅笔的需求与价格之间的对应关系：纵轴代表铅笔的价格，横轴代表铅笔的需求量。从图形中可以看出，需求曲线是向右下方倾斜的，这是因为在其他条件不变的情况下，铅笔的价格越低，需求量越大。

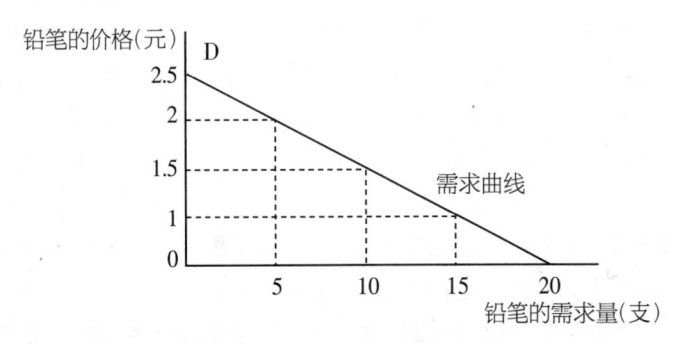

图 2-1-1 铅笔的需求量

市场上所有个体对某种特定商品或服务的需求的总和就是市场需求。

现在，假定市场上只有甲、乙、丙三个人，表2-1-2是甲、乙、丙三人对于圆珠笔的需求表。在1元的价格水平下，甲、乙、丙三人对圆珠笔的需求量分别为10支、6支和5支，则市场上圆珠笔的需求量为10+6+5=21（支）。同理，在3元的价格水平下，市场上圆珠笔的需求量为2+2+1=5（支）。

表2-1-2 圆珠笔的需求表

价格（元）	甲的需求量（支）	乙的需求量（支）	丙的需求量（支）	市场需求量（支）
1	10	6	5	21
1.5	8	5	4	17
2	6	4	3	13
2.5	4	3	2	9
3	2	2	1	5

(2)影响需求的因素

影响需求的因素有很多，既有价格因素，也有非价格因素。除了商品本身的价格外，影响商品需求的因素还包括：消费者收入水平、相关商品价格、政府的消费政策、消费者对商品的价格预期等。价格因素一般引起需求曲线上点的移动，而非价格因素一般引起需求曲线的移动。

消费者收入：消费者收入提高，对于一般商品的需求量就会增加，表现为需求曲线向右移动。例如，随着女性收入的提高，她们会增加化妆品的购买量，从而引起化妆品需求量的增加。

相关商品价格：某些商品之间存在着一定的关系。因此，当一种商品本身的价格保持不变，但与它相关的部分商品的价格发生变化时，也会使这种商品本身的需求量发生变化。若与它相关的商品为两种商品相互结合、互相补充、共同满足一种欲望的互补品，如牙膏和牙刷，手动剃须刀和刀片，则需求量与其互补品价格呈反方向变动。若与之相关的商品为两种可以互相替代来满足同一种欲望的互替商品，例如，在口渴的情况下，果汁和饮料都可以满足解渴的欲望，则需求量与其互替商品的价格会同方向变动。

政府的消费政策：政府的消费政策也会影响商品的需求量。政府提高消费税率或提高利息率会减少消费，从而降低需求量；相反，政府如果降低税率或利息率则会促进消费，增加商品的需求量。

消费者对商品的价格预期：如果消费者预期某种商品的价格会上涨，就会增加对该商品的现期需求；反之，则会减少对该商品的现期需求。表2-1-3总结了不同影响因素变化引起的需求的变动情况。

表 2-1-3 部分因素变动对商品需求的影响

影响因素	变动情况	对需求的影响
商品价格	下降	沿需求曲线向下移动
消费者收入	增加	需求曲线向右移动
替代品价格	上升	需求曲线向右移动
互补品价格	上升	需求曲线向左移动
消费政策	提高消费税率	需求曲线向左移动
预期价格	上升	需求曲线向右移动

知识小百科

需求变动与需求量变动的区别

需求变动是指在商品本身价格不变的条件下，由其他因素（如消费政策、相关商品价格）变动所引起的对该商品需求数量的变动（表现为线的移动）。例如，其他条件不变，当消费者收入提高时，消费者对于牛奶的需求会增加。需求量变动是指在其他条件不变的条件下，由商品本身价格变动所引起的对该商品需求数量的变动（表现为点的移动）。例如，其他条件不变，由于某种原因导致牛奶价格下降，则消费者对于牛奶的需求量会增加。如图 2-1-2 所示，需求变动表现为需求曲线整体的位置移动。例如，需求曲线由 D1 向 D2 或 D3 移动。需求量变动表现为商品价格与需求数量的某一组合点在一条既定的需求曲线上作点的位置的运动。例如，由点 A 向点 B 或点 C 运动。

> 影响需求变动的因素可以分为价格因素和非价格因素，价格因素引起需求曲线上点的移动，非价格因素引起需求曲线移动。

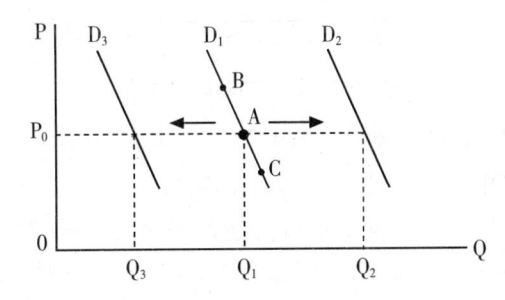

图 2-1-2 需求的变动和需求量的变动

2. 供给——Supply（S）

供给（supply）是指生产者在一定时期内，对应于某一商品不同的价格水平，愿意并且能够提供的商品的数量。对于供给，我们依然可以通过供给表和供给曲线进行分析和理解。

> 供给概念的理解，需要注意"愿意提供"和"能够提供"两个必要条件。

(1)供给表与供给曲线

供给表（supply schedule）是表示某种商品不同的价格与相应的供给数量之间对应关系的数字序列表格。

表 2-1-4 T 恤衫的供给表

价格（元）	供给量（件）
10	0
25	150
35	250
45	350
55	450

根据供给表绘出的用来表示供给量与商品价格之间对应关系的曲线被称为供给曲线（supply curve）。图 2-1-3 反映了 T 恤衫的供给与价格之间的对应关系：纵轴代表 T 恤衫的价格，横轴代表 T 恤衫的供给量。如图 2-1-3 所示，T 恤衫的价格越高，供给量越大。这是因为，随着 T 恤衫价格的上升，生产者会不断增加供给。因此，供给曲线是一条向右上方倾斜的线。

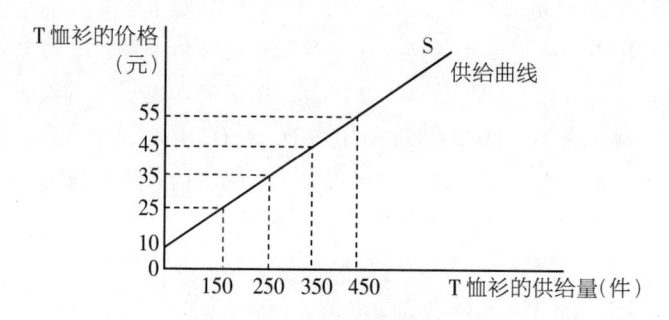

图 2-1-3 T 恤衫的供给量

(2)影响供给量的因素

一种商品的供给量会受到多种因素的影响，主要包括：

商品的价格。一般来讲，供给量与商品价格呈同向变动，价格越高，供给量越大。当市场上蔬菜的价格上涨时，农民就会多种植蔬菜，蔬菜的供给量就会增加。

生产成本。对于一般的商品，价格的上升会导致供给量减少。当生产面包的原材料——面粉的价格上涨时，如果市场上面包的价格不变，那么面包生产者就会减少面包的供给量。此外，技术、管理水平的提高也会带来产品成本的下降，进而增加产品的供给量。如果面包生产者通过改进技术提高了面包的生产效率，则面包的供给量就会提高。

预期价格。如果商品的价格看涨，商品生产者就会囤积居奇，待价而沽，从而导致该商品的供给量减少；反之，如果商品的价格看跌，那么生产者很有可能就会抛售存货，进而引起该商品的供给量增加。

生产者的数量。某种商品的生产者数量增加，市场上该商品的供给量就增加；反之，生产者数量减少，商品的供给量也会减少。如果有大量农民不再种植蔬菜，转而种植水果，那么市场上蔬菜的供给量就会减少。

上述影响因素变动时，供给曲线会发生相应的移动，结果如表 2-1-5 所示。

表 2-1-5 部分因素变动对商品供给的影响

影响因素	变动情况	对需求的影响
商品价格	下降	沿供给曲线向下移动
生产成本	增加	供给曲线向左移动
预期价格	上升	供给曲线向右移动
卖者数量	减少	供给曲线向左移动

知识小百科

供给变动与供给量变动的区别

与需求变动和需求量变动的区别类似，供给变动是指在商品本身价格不变的条件下，由其他因素（如生产成本、卖者数量）变动所引起的对该商品供给数量的变动（表现为线的移动）。供给量变动是指在其他条件不变的情况下，由商品本身价格变动所引起的对该商品供给数量的变动（表现为点的运动）。图 2-1-4 反映了由供给变动和供给量变动所引起的供给曲线的变化。供给的变动表现为供给曲线整体的位置移动，如由 S_1 向 S_2 或向 S_3 的移动；供给量的变动表现为商品价格与供给数量的某一组合点在一条既定的供给曲线上作点的位置的运动，如由点 A 向点 B 或向点 C 的运动。

影响供给变动的因素也可以分为价格因素和非价格因素两个大类。价格因素引起供给曲线上点移动，非价格因素引起供给曲线移动。

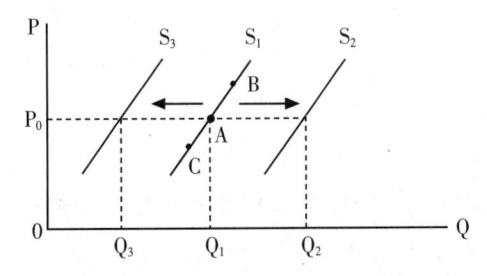

图 2-1-4 供给的变动和供给量的变动

2.1.2 需求与供给决定价格

1. 市场均衡

> 市场均衡条件：市场需求=市场供给。

均衡（equilibrium）指的是市场价格达到使供给量和需求量相等时的状态，是一种比较理想化的市场状态。如图 2-1-5 所示，供给曲线与需求曲线的交点被称为市场均衡点（E），市场均衡点处对应的价格叫做均衡价格（P_0），均衡价格下的交易量叫做均衡产量（Q_0），它既是供给量，又是需求量。均衡价格下，买者愿意而且能够购买的商品数量正好与卖者愿意并且能够提供的商品数量相一致。

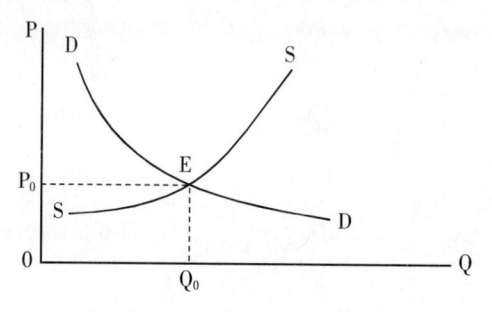

图 2-1-5 均衡价格和均衡产量

扩充阅读

利用需求函数和供给函数求解均衡价格

前面通过图形我们知道，供给曲线和需求曲线相交时，市场达到均衡状态。下面我们将介绍如何通过需求函数和供给函数来求解均衡价格。假设市场上某商品的

供给函数为：

$$Q_S = aP + b$$

需求函数为：

$$Q_D = m - nP$$

市场达到均衡状态时，供给量与需求量相等，即

$$aP + b = m - nP$$

解得

$$P^* = \frac{m-b}{a+n}$$

P^* 即为均衡价格，将 P^* 代入供给函数或需求函数中，就可以得到均衡产量。

2. 需求变动对均衡价格的影响

如图 2-1-6 所示，当某种商品的供给不变而需求增加时，需求曲线 D 向右上方平移至 D_1。此时，需求曲线与供给曲线交于新的均衡点（E_1），均衡产量由 Q_0 增长至 Q_1，均衡价格也由 P_0 提升至 P_1。

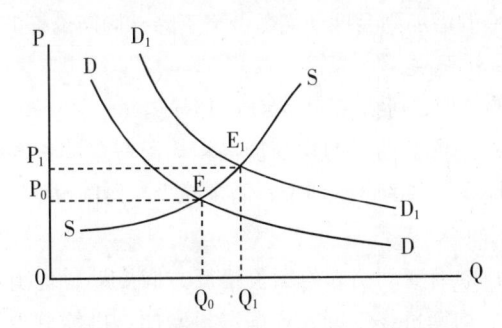

图 2-1-6 需求变动对均衡价格的影响

3. 供给变动对均衡价格的影响

如图 2-1-7 所示，当某种商品的需求不变而供给增加时，供给曲线 S 向右下方平移至 S_1。此时，供给曲线与需求曲线交于新的均衡点（E_2），均衡产量由 Q_0 增长至 Q_2，而均衡价格则由 P_0 降低至 P_2。

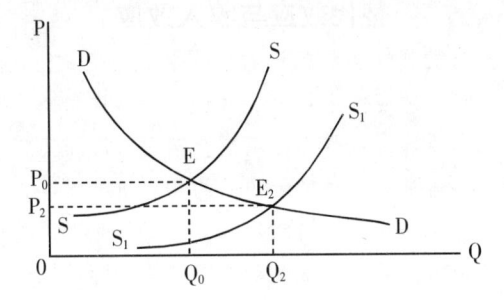

图 2-1-7 供给变动对均衡价格的影响

4. 供给和需求同时变动对均衡价格的影响

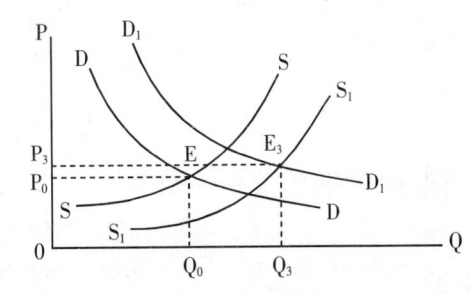

图 2-1-8 供给和需求同时变动对均衡价格的影响

如图 2-1-8 所示，由于某种原因，某种商品的供给和需求同时增加，即供给曲线和需求曲线分别由 S、D 向右下方平移至 S_1、D_1。此时，新的均衡点为 E_3，均衡产量为 Q_3，均衡价格为 P_3。可见，均衡产量比原来增加了，而均衡价格的变动则是不唯一的。这是因为需求的增加会引起均衡价格上升，而供给的增加则会推动均衡价格下降，均衡价格的实际变动取决于双方力量对比的强弱。

综合上面的分析，可得到三大定理如下：

需求定理：需求变动引起均衡价格和均衡产量同方向变动。需求增加，均衡价格提高，均衡产量增加；需求减少，均衡价格下降，均衡产量减少。

供给定理：供给变动引起均衡价格反方向变动，均衡产量同方向变动。供给增加，均衡价格下降，均衡产量增加；供给减少，均衡价格上升，均衡产量减少。

供求定理：需求和供给同时增加或减少引起均衡产量同方向变动，而均衡价格则有上升、不变或下降三种可能。

> 需求定理、供给定理、供求定理总结了均衡价格的变化特点。

扩充阅读

替代效应与收入效应

一种商品价格的变化会引起该商品需求量的变化，这种变化可以分解为替代效应和收入效应两个部分。例如，当猪肉价格上涨时，鸡肉的需求量很有可能会增加，这是因为鸡肉在某种程度上可以替代猪肉满足消费者对于肉类的需求。这种由于商品的相对价格发生变化，消费者增加对低价商品的购买量以代替价格相对上涨的商品的现象称为替代效应。收入效应是指由商品的价格变动所引起的实际收入水平变动，进而由实际收入水平变动所引起的商品需求量的变动。具体意思是指，当你购买的物品价格下降了，名义上你的收入并没有变，但是由于商品价格下降，你可以购买到更多的该商品，收入的实际购买力提高了。这种由于实际货币购买力的提高，引起消费者改变对商品的购买量，从而达到更高的效用水平，这称之为收入效应。

2.1.3 价格变化的敏感度——弹性

大米的价格上涨，人们对于大米的需求量不会下降很多；反之，当大米价格下降时，人们也不会购买很多大米。当商场的服装降价时，顾客的购买量会比平常多一些，服装的销售量会大幅增加。是什么原因导致了两种商品在价格发生变动时需求量的变动幅度存在差异？为了解释不同商品数量变动对价格变动反应程度存在差异的现象,我们引入弹性(elasticity)这一概念。这里将主要向大家介绍需求价格弹性、供给价格弹性、需求收入弹性和需求的交叉价格弹性。

1. 需求价格弹性(price elasticity of demand)

需求价格弹性又称需求弹性,是指一种商品需求量的变动对其价格变动的反应程度。需求价格弹性的大小用需求弹性系数表示,需求弹性系数等于需求量变动的百分率与价格变动的百分率之比,即:

$$E_{dp} = \frac{需求量变动的百分率}{价格变动的百分率} = \frac{\frac{\Delta Q}{Q}}{\frac{\Delta P}{P}} = \frac{\Delta Q}{\Delta P} \cdot \frac{P}{Q} = \frac{Q_2 - Q_1}{P_2 - P_1} \cdot \frac{P_1}{Q_1}$$

其中,E_{dp} 表示需求价格弹性系数,Q 和 ΔQ 分别表示需求量和需求量的改变量,P 和 ΔP 分别表示价格和价格的改变量,P_1 和 P_2 分别表示变化前后的价格,Q_1 和 Q_2 分别表示变化前后的需求量。

不同商品的需求价格弹性是不同的,同一商品在不同价格范围的弹性系数也不一样。根据弹性系数的大小,可以将商品的需求价格弹性分为五种类型,如图 2-1-9 所示。

(1)需求富有弹性　　(2)需求缺乏弹性　　(3)需求单位弹性

(4)需求完全弹性　　(5)需求完全无弹性

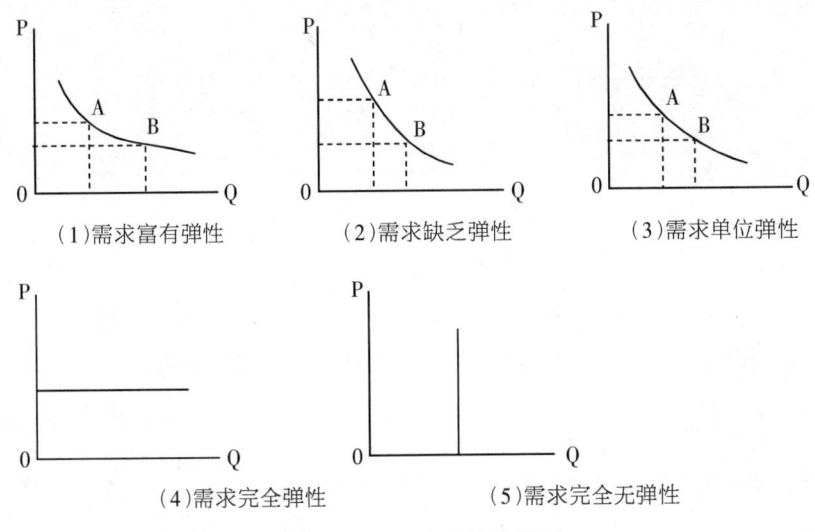

图 2-1-9 需求弹性的类型

(1) $|E_{dp}| > 1$ 时,称需求富有弹性。它表示需求量变动的比率大于价格变动的比率,即价格变动1%引起需求量反向变动的百分率大于1%。日常生活中,奢侈品和耐用消费品多属于这一类,如 CHANEL 的香水、兰博基尼跑车、LV 的包袋等。需求富有弹性的商品,其需求曲线比较平缓,表示价格的较小幅度的变动也会引起需求数量的较大变动,这也说明了,

为什么商场奢侈品打折的时候会有很多人蜂拥抢购了。

（2）$|E_{dp}|<1$ 时，称需求缺乏弹性。它表示需求量变动的百分率小于价格变动的百分率。日常生活中的必需品大多属于这一类，如粮食、食用油、食盐、纸巾、洗衣粉等。需求缺乏弹性的商品，其需求曲线较为陡峭，这说明价格的大幅变动也不太可能引起需求数量的大幅变动，这其实也可以解释为什么会有"谷贱伤农"这一经济现象了。

（3）$|E_{dp}|=1$ 时，称需求单元弹性或需求单位弹性。它表示需求量与价格按相同的比率反向变动。

（4）$|E_{dp}|=\infty$ 时，称需求完全弹性。此时，需求曲线与横轴平行，表示在既定价格水平，需求量是无限的。这是一种罕见的极端情况。

（5）$|E_{dp}|=0$ 时，称需求完全无弹性。此时，需求曲线是与纵轴平行的垂线。它表示无论价格怎样变化，需求量都不会变动。这也是一种极为罕见的情况。

解题技巧

在给定需求函数的情况下，快速求解需求价格弹性

前面我们已经介绍了在需求函数已知的情况下，求解需求价格弹性的具体公式，即：

$$E_{dp}=\frac{需求量变动的百分率}{价格变动的百分率}=\frac{\frac{\Delta Q}{Q}}{\frac{\Delta P}{P}}=\frac{\Delta Q}{\Delta P}\cdot\frac{P}{Q}=\frac{Q_2-Q_1}{P_2-P_1}\cdot\frac{P_1}{Q_1}$$

下面，我们将通过一个具体的例子教大家如何快速地求解需求价格弹性。假设某商品的需求函数为 $Q=140-2P$，当 $P=20$ 时，求该商品的需求价格弹性。

通过需求价格弹性的计算公式，我们知道，商品的需求价格弹性可以看作由两部分构成：一部分是商品的需求变动量与价格变动量的比值，即 $\frac{\Delta Q}{\Delta P}$；另一部分是该商品价格以及对应的需求量，即 $\frac{P}{Q}$。事实上，商品需求变动量与价格变动量的比值可以通过对需求函数中的价格求导数得到，即 $\frac{\Delta Q}{\Delta P}=Q'(P)$。在上面的例子中，$\frac{\Delta Q}{\Delta P}=Q'(P)=-2$。通过需求函数，我们可以求得当 $P=20$ 时，$Q=100$，代入公式可求得需求价格弹性 $E_{dp}=-2\times\frac{20}{100}=-0.4$。同理，若该需求函数变为 $Q=160-6P$，当 $P=10$ 时，$E_{dp}=-6\times\frac{10}{100}=-0.6$。

2. 供给价格弹性（price elasticity of supply）

供给价格弹性表示在一定时期内，一种商品供给量的相对变动对于该商品价格的相对变动的反应程度。它是商品供给量变动的百分率与价格变动的百分率的比值，即：

$$E_{sp}=\frac{供给量变动的百分率}{价格变动的百分率}=\frac{\frac{\Delta Q}{Q}}{\frac{\Delta P}{P}}=\frac{\Delta Q}{\Delta P}\cdot\frac{P}{Q}$$

与需求弹性类似，根据供给弹性系数的大小，供给弹性也分为五种类型。若 $E_{sp}>1$，表示供给富有弹性；若 $E_{sp}<1$，表示供给缺乏弹性；若 $E_{sp}=1$，表示供给单元弹性；若 $E_{sp}=\infty$，表示供给完全弹性；若 $E_{sp}=0$，表示供给完全无弹性。

> 经济学中的弹性，反应的是需求或是供给的变动对于价格变动的敏感程度。

（1）供给富有弹性　（2）供给缺乏弹性　（3）供给单位弹性

（4）供给完全弹性　（5）供给完全无弹性

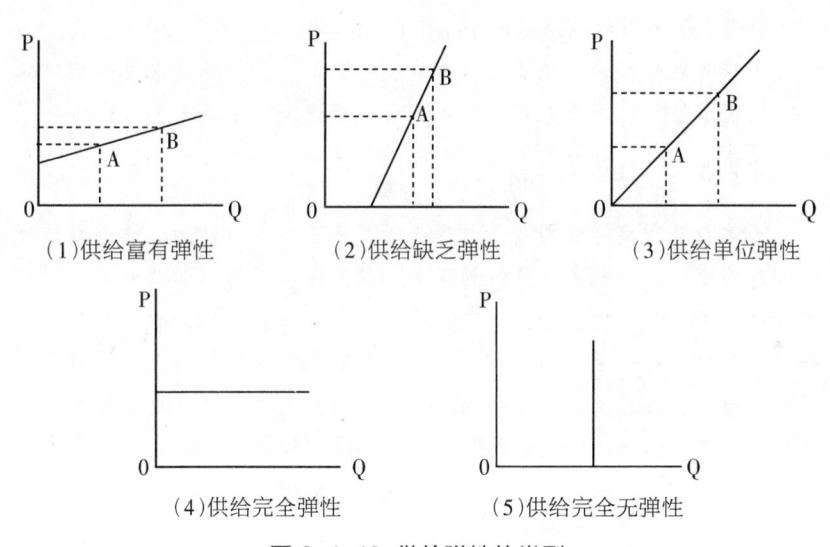

图 2-1-10 供给弹性的类型

3. 弹性在生活中的应用

弹性的概念，在生活中具体运用比较多，在分析一些特定要素之间相互的变动关系时，都可以运用经济学中弹性的概念进行分析和解释。下面简单介绍几个例子作为说明解释。

案例一：在 2010 年前后，由于气候等因素影响，大蒜、绿豆、生姜价格轮番上涨，甚至一度超过猪肉价格，网友们戏谑地称之为"蒜你狠"、"豆你玩"、"姜你军"。上述农产品价格上涨之所以在整个社会引起激烈的反响，是因为大蒜、绿豆、生姜作为生活必需品，其需求价格弹性相对较小，也就是说，即便他们的价格出现大幅度上涨，消费者也不能不购买它们。相反，当上述生活必需品价格大幅下跌时，消费者对于他们的需求也不会增加太多，农民的收入就会因此减少，"谷贱伤农"说的也是这个道理。

案例二： 我们都知道，一国出于保护本国工业的目的，通常会采取对进口商品征收重税的手段促使其价格提高，这样国内的消费者就会选择购买相对便宜的国内商品，这一点在需求弹性较大的商品上体现得尤为明显。例如，我国对进口车征收的关税、增值税、消费税等累积税率在120%左右[1]。由于汽车的需求价格弹性较大，对进口汽车征收重税能够显著降低消费者对于进口汽车的需求，进而达到保护本国汽车产业的目的。

扩充阅读

收入弹性与交叉弹性

1. 需求收入弹性（income elasticity of demand）

需求收入弹性是指消费者收入的相对变动所引起的需求量的相对变动，用需求量变动的百分率与收入变动的百分率的比值来表示，即：

$$需求收入弹性 = \frac{需求量变动的百分率}{收入变动的百分率}$$

大多数普通商品随着收入的提高，其需求量也会增加，需求量与收入同方向变动，因此收入弹性为正数。少数低档商品，如按键手机、显像管电视等，收入提高后，对它们的需求量反而会减少，因此，其收入弹性为负数。在普通商品中，不同类型的商品收入弹性的大小也有很大差别，像粮食、蔬菜、日用品这类生活必需品的收入弹性往往较小，而像珠宝、燕窝这类高档商品的收入弹性则通常较大。

2. 需求的交叉弹性（cross-price elasticity of demand）

需求的交叉价格弹性是指在一定时期内，一种商品需求量的变动对与其相关的商品的价格变动的反应程度。假设B商品为与A商品相关的某种商品，则：

$$需求的交叉价格弹性 = \frac{A商品需求量变动的百分率}{B商品价格变动的百分率}$$

需求的交叉价格弹性的符号是正还是负，取决于这两种商品是替代品还是互补品。由于替代品之间可以互相替代使用，一种商品的需求量与另一种商品的价格同向变动，因此，其交叉价格弹性为正；互补品通常要配合一起使用才能发挥其作用，因此其交叉价格弹性为负。

---

[1] 资料来源：https://www.douban.com/note/498751012/

知识小百科

需求点弹性的计算

需求弹性分为需求的弧弹性和需求的点弹性两种。以中点法计算得到的需求弹性为需求的弧弹性，为了便于大家更深入地了解弹性这一概念，下面将向大家介绍需求的弧弹性和点弹性的计算方法。

1. 中点法计算弧弹性

需求曲线上相距较远的两点之间的弹性称为需求的弧弹性。中点法是一种计算需求弧弹性的一种较为简便的方法。中点法计算需求价格弹性的公式为：

$$E_{dp} = \frac{\frac{Q_2-Q_1}{Q_1+Q_2}}{\frac{P_2-P_1}{P_1+P_2}} = \frac{Q_2-Q_1}{P_2-P_1} \times \frac{P_1+P_2}{Q_1+Q_2}$$

假设一款电子游戏的价格从80元上涨为120元后，购买该款游戏的用户数量由800人减少至200人。使用中点法计算需求价格弹性的步骤为：

$$价格变动的百分比 = \frac{120-80}{200} \times 100\% = 20\%$$

$$需求量变动的百分比 = \frac{200-800}{1000} \times 100\% = -60\%$$

$$需求价格弹性 = \frac{-60\%}{20\%} = -3$$

需求价格弹性为-3，表明需求量变动的比例为价格变动比例的3倍。

2. 需求点弹性的计算

(1) 需求线为直线

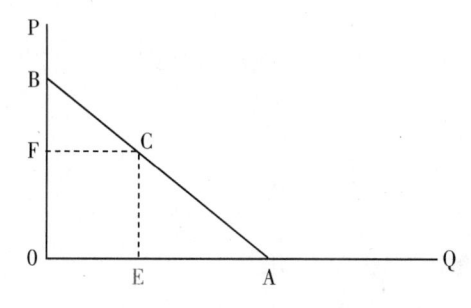

图2-1-11 线性需求线上点弹性的计算

需求点弹性，顾名思义，是指需求曲线上某一点的弹性，它衡量的是需求线上需求量无穷小的变化率对价格无穷小的变化率的反应程度。如图2-1-11所示，需求曲线与坐标轴分别交于A、B两点，C为需求曲线上任意一点，C点对应的价格可用CE或OF表示，对应的需求量可用 OE 或 CF 表示，则 C 点的需求弹性的计算公式为：

$$C \text{ 点的需求弹性} = \frac{AE}{CE} \times \frac{OF}{OE} = \frac{AE}{OE} = \frac{AC}{BC} = \frac{OF}{BF}$$

(2) 需求线为曲线

当需求线为曲线时，要求需求线上一点 A 的需求弹性，可以过 A 作一条 DD 线的切线，与横轴和纵轴分别交于 C、B 两点，则 A 点的需求价格弹性可由 $\frac{CE}{OE}$ 或 $\frac{AC}{AB}$ 或 $\frac{OF}{BF}$ 表示。

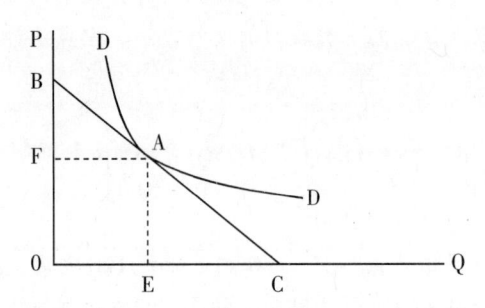

图 2-1-12 非线性需求线上点弹性的计算

2.1.4 价格控制

1. 价格上限

为了防止某些商品价格的大幅度变动对经济生活造成不利的影响，政府需要对部分商品的价格进行一定的引导和限制。如果某种商品的价格过高会对社会造成不利影响，那么政府就会设置价格上限（price ceiling），规定出售该商品的最高价格不得高于这一水平。例如，食盐是人们日常生活中必不可少的一种商品，2017 年以前，我国基本上都是对食盐实行政府定价，设置价格上限，防止部分商贩私自哄抬盐价，保障居民的日常生活。

政府实行价格上限，通常是为了抑制关系国计民生的商品的价格过快上涨，有时则是为了对付通货膨胀。不过，政府实行价格上限，往往会因为限制价格低于均衡价格而使供给不足，从而导致产品短缺、消费者排队抢购或政府配给商品、黑市交易、产品质量下降等问题，此时，政府不得不采取相应措施解决这些衍生问题。

> 价格控制是政府按照市场形势和政策现状，直接进行价格管控的主要方式，通过调节价格来影响市场。

2. 价格下限

某些商品如果价格过低，同样也会对社会产生不利的影响，因此，政府需要设置价格下限（price floor），规定出售该商品的最低价格不得低于这一水平。例如，为了防止出现"谷贱伤农"的现象，在粮食价格较低的时期，政府可以采取设置粮食价格下限的方式保护农民的利益。需要注意的是，由于价格控制在一定程度上干扰了市场规律，因而当政府对竞争性市场中的某种商品实行价格下限时，很有可能会造成该商品的过剩。这也解释了为什么当粮食价格较低时，政府通常采取粮食补贴或政府收购的方式而不是设置价格下限。

在特殊时期，政府为了防止个别商品市场价格大幅震荡波动和物价暴涨暴跌，会对某些商品强行规定价格的浮动范围，即同时规定商品价格变动的上限和下限，这种方式被称为双重价格管制。

2.2 消费决定与社会经济福利

本节导读

消费是所有经济单元最基本的经济活动。人们购买矿泉水是因为口渴，购买面包是因为饥饿，购买漫画书是为了消遣，花钱理发是为了让自己的外表看上去更赏心悦目……总之，人们的一切消费行为都是为了满足某种需求或者说是满足感。出于不同的目的，人们对于商品价格的期望可能会截然相反。站在消费者角度，我们希望商品的价格越低越好，这样花同样多的钱就可以购买更多的商品，获得更多的效用。然而，作为商品生产者，则希望商品的价格维持在较高水平，而生产要素的价格维持在较低水平，因为这样有助于获得更高的利润。于是，我们不禁产生一个疑问：对某种商品而言，是否存在一种"正确价格"，使得整个社会的效用达到最大？在本节中，你将了解消费者的消费决策、不同主体的福利计算以及如何实现社会福利的最大化。

本节目标

1. 了解支付意愿和消费者剩余的概念
2. 了解成本和生产者剩余的概念
3. 知道税收的影响
4. 掌握无谓损失的概念以及决定无谓损失的因素

2.2.1 效用最大化

1. 效用和边际效用

我们购买某种商品或服务，本质上是为了从中获得一种满足感。例如消费食品是为了充饥，多穿衣服能够御寒，看电影和听音乐能够得到精神享受。在经济学上，我们把这种从商品和服务的消费中得到的满足感称为效用（utility）。判断某种商品的效用大小没有客观的标准，完全取决于消费者在消费某种商品时的主观感受。因此，同一商品对不同人的效用各不相同，同一商品对同一个人在不同时间、不同地点的效用也不一样。因为效用是一个比较抽象而且带有一定主观含义的概念，所以在实际分析当中，经济学将之分为了序数效用论和基数效用论两种研究方式。序数效用论者认为效用无法进行计量，但是可以按照大小排序，表示出满足程度的高低顺序。基数效用论者则认为，效用是可以进行量化研究的，而且可以加总求和，得到总效用。下面我们就来介绍几个基础的基数效用论者常用的效用衡量指标：总效用和边际效用。

消费者从商品和服务的消费中得到满足感的总量称为总效用（total utility，TU）。在前面的"为什么学习经济学"中介绍了，经济学家多考虑边际的变化量，效用也如此，我们将每增加 1 单位消费量所引起的总效用的增量称为边际效用（marginal utility，MU）。若以 ΔX 表示商品或服务的增加量，以 ΔTU 表示总效用的增加量，则边际效用可表示为：$MU_X = \dfrac{\Delta TU}{\Delta X} = \dfrac{dU(X)}{dX}$。

在消费者选择理论中，边际效用是一个非常重要的概念。考虑这样一种情况：小明在口渴的状态下，喝第一口水给他带来的效用最大。之后，随着水的消费量不断增加，虽然总效用仍在增加，但每一口水给他带来的效用增量却是不断减少的。同理，如果把货币看作是一种特殊商品，那么货币的边际效用也是递减的。同样的 1 元钱，对于一个身无分文的乞丐和对一个腰缠万贯的富翁来说，其重要性是大不相同的。上面的两个例子反映了一个普遍规律，我们称之为边际效用递减规律（the law of diminishing marginal utility），即在一定时期内，随着消费者对某种商品或服务消费量的不断增加，消费者从中得到的总效用在增加，但增加的效用却是不断减少的。在小明的例子中，当他已经不觉得口渴时，水对小明的总效用达到最大，而边际效用则降为零。边际效用递减规律有一个比较有意思的数学推导公式，如果感兴趣的同学可以参考下面的扩充阅读知识。

扩充阅读

边际效用递减的数学解释

基于边际效用的概念，如果在给定总效用函数的时候，我们对商品数量 X 求导，就可以得到我们的边际效用函数：边际效用=效用函数对商品数量 X 求导，为效用函数的一阶导数，边际效用数学公式表达为：

$$MU_X = \frac{dU(X)}{dX} > 0$$

效用函数的一阶导数，即边际效用大于零，表示随着 X 的增加，总效用也相应增加。如果我们继续对边际效用函数求导，即为总效用函数的二阶导数：

$$\frac{dMU_X}{dX} = \frac{d^2U(X)}{dX^2} < 0$$

效用函数的二阶导数小于零，表示随着 X 的增加，边际效用是递减的。在一些经典的经济学教科书中，边际效用递减规律都是有严格的数学公式推导。这里只是简单地介绍了一下思路，如果数学基础较好的同学，是可以考虑阅读一下，加深理解。在本节内容中，同学们只需要理解边际效用在分析我们消费者的一些消费行为的时候，是一个非常重要的经济学概念。

知识小百科
预算约束线与无差异曲线

人们在消费中的预算是有限的，人们的消费要受到收入等因素的限制，我们称为预算约束。在消费者收入和商品价格既定的条件下，消费者的全部收入所能买到的两种商品不同数量组合之点所构成的轨迹称为预算约束线。一个比较简单的经济模型：假设市场上有两种商品 X 和 Y，X 商品的单价为 P_X 元，Y 商品的单价为 P_Y 元，消费者的全部收入为 M，则预算约束方程为：$M=P_X Q_X+P_Y Q_Y$

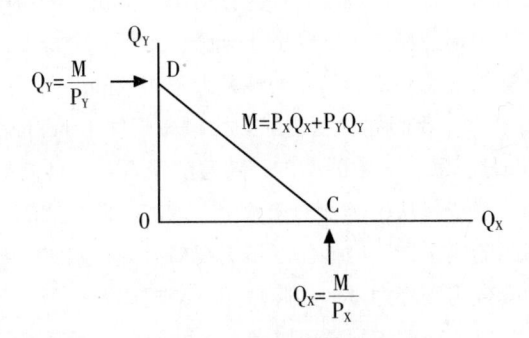

图 2-2-1 消费者的预算线

无差异曲线（indifference curve）指的是能够给消费者带来相同效用水平或满足程度的两种商品的不同数量组合之点所构成的轨迹。也就是说，对于同一条无差异曲线上的所有商品组合，消费者的偏好程度是完全相同的，即这条曲线上的任一点的产品组合，能够给消费者带来的总效用是一样的。无差异曲线也是序数效用论常用的分析工具。

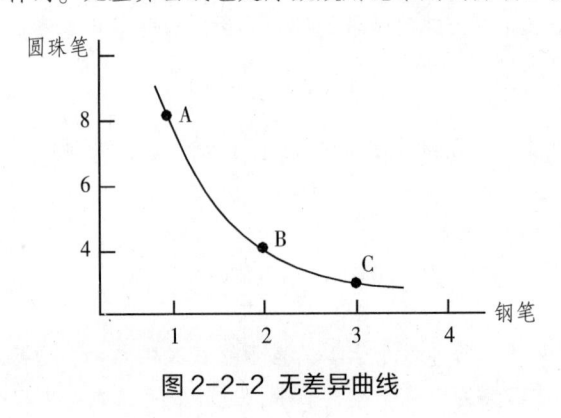

图 2-2-2 无差异曲线

假定消费者消费圆珠笔和钢笔两种商品。他们有 A、B、C 三种不同的组合方式，这三种组合方式给消费者带来的效用水平是相等的，或者说是无差异的。将这些不同的组合点连接起来就可以得到如图 2-2-2 所示的一条无差异曲线。

2. 消费者均衡（消费者效用最大化条件）

将无差异曲线与消费者的预算线放在一张图上，消费者的预算线必定与无数条无差异曲线中的一条相切于某一点，在切点上就实现了消费者均衡，消费者均衡点的产品组合表示消费者收入预算能够购买到这样的产品组合，而且刚好这个产品组合带给消费者的总效用是最大的，即消费者实现了消费预算内的效用最大化目标。如图 2-2-3 所示，E 点即为消费者均衡点。

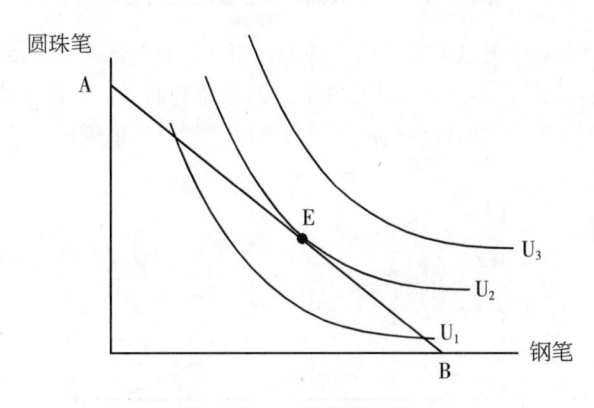

图 2-2-3 消费者均衡

消费者均衡点上，有一个比较重要的结果：两种商品的价格之比等于两种商品的边际效用之比（边际替代率），这就是消费者效用最大化的条件。

$$\frac{MU_X}{MU_Y} = \frac{P_X}{P_Y}$$

基数效用论主要采用边际效用来研究效用最大化问题。

2.2.2 经济学中的两种剩余

1. 消费者剩余

对于一种特定的商品，不同消费者愿意支付的价钱是不同的。比如说，对于一款学习机，小明愿意支付的最高价格为 300 元，而小华愿意支付的最高价格为 250 元。如果该款学习机的价格为 200 元，我们就说小明得到了 100 元的消费者剩余，小华的消费者剩余为 50 元。消费者购买一定数量的某种商品，愿意支付的价格总额与实际支付的价格总额之间的差额就是消费者剩余（consumer surplus）。消费者剩余与商品的需求曲线密切相关。需求曲线以下和某个价格水平以上的面积衡量了市场上的消费者剩余。这是因为需求曲线衡量了消费者对某种商品的支付意愿，这种支付意愿与市场价格之间的差额就是每个买者的消费者剩余。

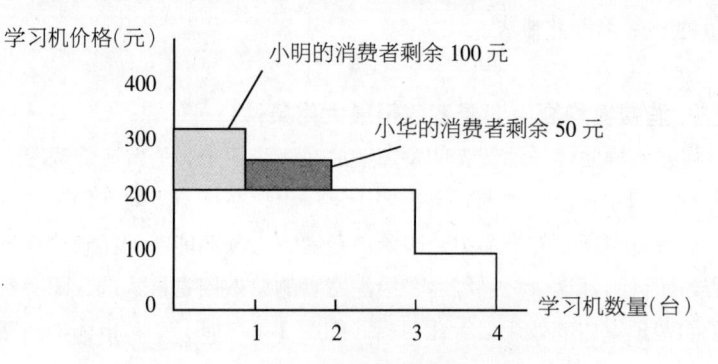

图 2-2-4 个人消费者的消费者剩余

在一个由众多消费者构成的市场上，每个消费者的进入引起的阶梯变化非常小，以至于它们实际上形成了一条平滑的曲线。如图 2-2-5 所示，消费者剩余实质上是需求曲线以下、价格以上的三角形面积。

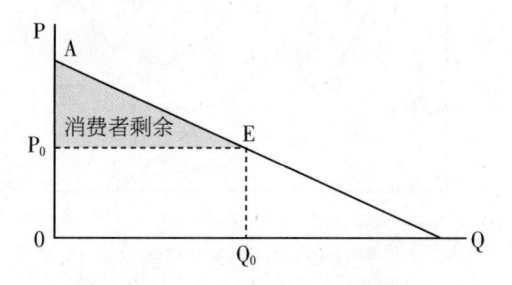

图 2-2-5 市场上的消费者剩余

商品的价格变动会对消费者剩余产生影响。如图 2-2-6 所示，当价格为 P_1 时，消费者剩余为三角形 ABC 的面积；当价格由 P_1 下降为 P_2 时，需求量由 Q_1 增长为 Q_2，消费者剩余增长为三角形 ADF 的面积。增加的消费者剩余可以分为两个部分：一部分是由于原来的消费者支付的金额减少了（长方形 BCED 的面积），另一部分是因为价格降低后又有新的消费者进入市场（三角形 CEF 的面积）。

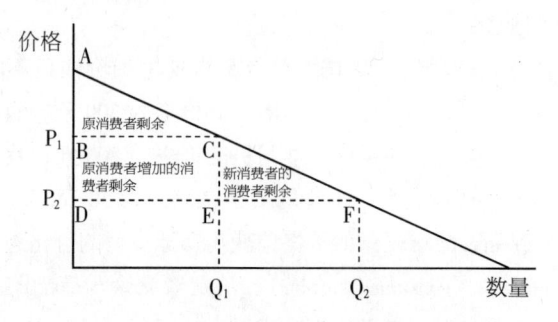

图 2-2-6 价格变动对消费者剩余的影响

消费者剩余从买方的角度衡量了消费者从某种商品中获得的额外利益。因此，如果决策者想要尊重购买者的偏好，那么消费者剩余可以作为衡量福利的一个较好的标准。

> 消费者剩余主要衡量了消费者的社会福利水平，数值上表现为需求曲线下方与价格水平线上方图形的面积。

2. 生产者剩余

与消费者剩余类似，生产者剩余指的是生产者能够接受的最低价格与市场价格之间的差额。例如，饼干厂商甲生产一袋饼干的成本为 1.5 元，假设甲能够接受的市场上饼干的最低价格为其成本价，当饼干的市场价格为 3 元/袋时，甲卖出一袋饼干的生产者剩余为 1.5 元。如果又有一饼干厂商乙进入市场，假设乙能够接受的最低价格为 2 元，市场上每袋饼干的价格仍为 3 元，则乙卖出一袋饼干的生产者剩余为 1 元。若甲和乙的产量都为 10 袋，则市场上总的生产者剩余为 25 元。

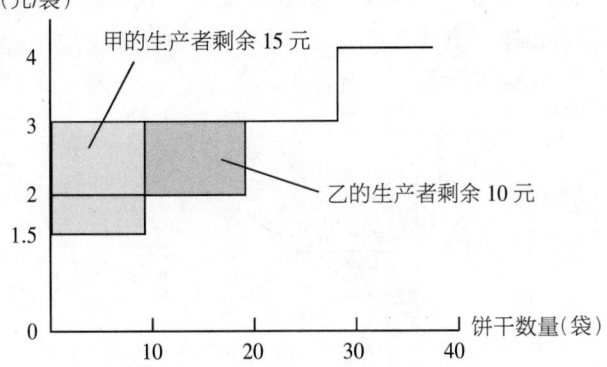

图 2-2-7 单个企业的生产者剩余

与消费者剩余类似，市场上有众多的生产者，每个生产者进入或退出引起的阶梯变化非常小，它们实际上形成了一条向右上倾斜的平滑的曲线。如图 2-2-8 所示，生产者剩余实质上是供给曲线以上、价格以下的三角形面积。

> 生产者剩余主要衡量了生产者的社会福利水平，数值上表现为供给曲线上方与价格水平线下方图形的面积。

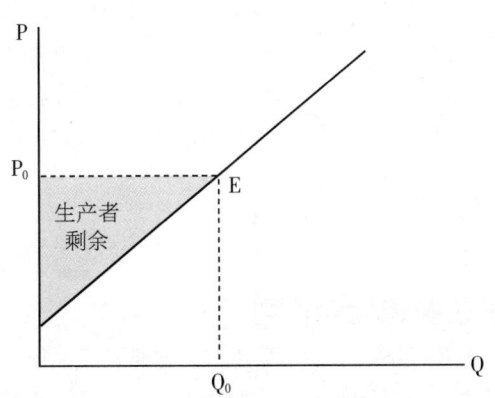

图 2-2-8 市场上的生产者剩余

3. 社会福利

生产者剩余与消费者剩余的总和称为总剩余，它是衡量社会经济福利的一个指标。根据前面的分析，我们可以将消费者剩余理解为：

消费者剩余=消费者愿意支付的价格总和−消费者实际支付的价格总和

将生产者剩余理解为：

生产者剩余=生产者卖出商品的价格总和−生产者的全部成本

将消费者剩余和生产者剩余相加得到总剩余：

总剩余=（消费者愿意支付的价格总和−消费者实际支付的价格总和）
　　　+（生产者卖出商品的价格总和−生产者的全部成本）

因为消费者实际支付的价格总和等于生产者卖出商品的价格总和，于是：

总剩余=消费者愿意支付的价格总和−生产者的全部成本

由于消费者剩余等于价格以上、需求曲线以下的面积，而生产者剩余等于价格以下、供给曲线以上的面积，因此，供给曲线、需求曲线和均衡点之间的总面积就代表了市场上的总剩余。图2-2-9反映了市场供求达到均衡时的消费者剩余与生产者剩余。

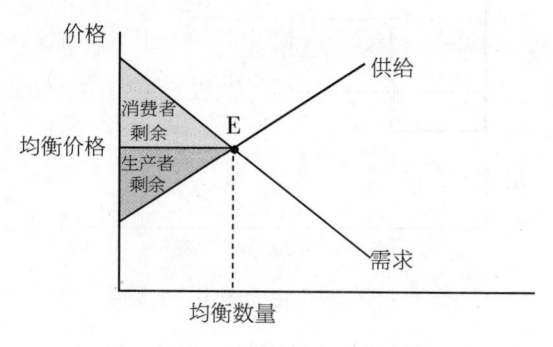

图 2-2-9 市场均衡时的总剩余

自由市场能够使生产者剩余和消费者剩余的总和达到最大化。换句话说，均衡的结果是使资源得到了有效的配置。这是因为，在低于均衡水平的任何一种产量上，新增加的消费者愿意支付的价格大于生产者的成本，因而生产者有动力继续从事生产。产量和消费量同时增加所带来的结果就是使总剩余不断增加，直到达到均衡水平时停止。为了使全社会的福利最大，即总剩余最大，社会计划者应该努力促使社会生产量等于供给曲线与需求曲线相交时的均衡产量。

2.2.3 税收影响社会福利

税收是政府干预经济的一种常见手段。对某种商品征税相当于间接增加了该商品的成本，因而会使商品的价格上升，继而对消费者福利和生产者福利产生影响。下面我们将具体分析税收是如何对福利产生影响的。

如图 2-2-10 所示，在没有税收的情况下，供给曲线和需求曲线相交于点 E，此时的均衡价格为 P_1，均衡产量为 Q_1。由于需求曲线反映了消费者的支付意愿，因此，消费者剩余是需求曲线与价格之间的面积，即 A+B+F。同时，由于供给曲线反映了生产者的成本，因此，生产者剩余是供给曲线与价格之间的面积，即 C+D+G。由于没有税收，此时的总剩余等于消费者剩余与生产者剩余之和，即等于 A+B+F+C+D+G。

政府对商品征税后，商品的价格会提高，消费者支付的价格由 P_1 上升至 P_3，此时的消费者剩余为 A；当价格等于 P_3 时，销售量由 Q_1 降至 Q_2，生产者得到的价格由 P_1 降至 P_2，此时的生产者剩余等于 D；政府得到的税收收入等于 B+C。总剩余为消费者剩余、生产者剩余和税收收入之和，等于 A+B+C+D。

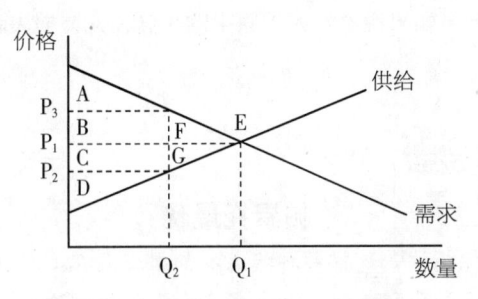

图 2-2-10 税收对福利的影响

根据上述分析，表 2-2-1 概括了税收前后消费者、生产者和政府三个主体的福利变动情况：

表 2-2-1 福利变动情况表

	无税收时福利	有税收时福利	福利变动
消费者剩余	A+B+F	A	-(B+F)
生产者剩余	C+D+G	D	-(C+G)
税收收入	无	B+C	B+C
总剩余	A+B+F+C+D+G	A+B+C+D	-(F+G)

通过表 2-2-1，我们可以清楚地看到，税收使消费者剩余减少了 B+F，使生产者剩余减少了 C+G，税收收入增加了 B+C。对商品征税后，虽然政府的福利状况有所改善，却使消费者和生产者的福利状况恶化。同时，整个社会的总福利减少了 F+G，也就是说消费者和生产者因税收遭受的损失大于政府征税的收入。这种由于税收（或其他某种政策）扭曲市场结果所引起的总剩余的减少称为无谓损失（deadweight loss）。在上面的例子中，无谓损失的大小用面积 F+G 来衡量。

> 对于买者和卖者征税的最终税收归宿是相同的，双方共同分担了税收负担，而税收负担更多的落在缺乏弹性的市场一方。

什么因素决定了无谓损失的大小？答案是供给和需求的价格弹性。通过之前的学习，我们知道，价格弹性衡量了需求量和供给量对价格变动的反应程度。对商品征税之所以会造成无谓损失，是因为它改变了消费者和生产者的行为。税收使消费者需要支付的价格升高，这会导致他们减少消费量。在新的需求量下，生产者得到的价格也随之降低，因此企业产品的产量也减少了。买卖双方行为变动的共同结果就是使市场规模缩小到了最优水平之下。消费者和生产者对价格变动的反应程度越大，均衡数量缩减的也就越多。因此，供给和需求的弹性越大，税收的无谓损失也就越大。

随着税收规模的扩大，无谓损失也会变得越来越多。实际上，税收无谓损失的增加要快于税收规模的扩大。从图 2-2-10 中可以看出，无谓损失是一个三角形的面积，而三角形的面积大小取决于其底和高的乘积。如果税收扩大为原来的 2 倍，底和高都会扩大 2 倍，这就意味着无谓损失扩大为原来的 4 倍。如果税收扩大为原来的 3 倍，无谓损失就会扩大为原来的 9 倍。

知识小百科

帕累托最优

帕累托最优指的是这样一种状态：如果资源在某种状态下不可能通过重新组合生产和分配来使一个人或多个人的福利增加，而不使其他人的福利减少，那么这种配置就称实现了帕累托最优。关于帕累托最优，我们也可以这样理解：如果既定资源配置经过调整能够使某个人的福利增加，而又不使其他人的福利减少，那么这种配置就是帕累托非最优的；如果资源的某种配置的调整使一些人的福利增进，而使另一些人的福利减少，就不能简单评判这种配置最优与否。

下面以一个例子来具体说明。假设现在有两个人甲和乙，两个人分 10 个西瓜，并且两个人都喜欢吃西瓜。10 个西瓜无论在两个人之间如何分配，都是帕累托最优的。如果你想让某一个人拥有更大的利益，唯一的办法就是从另一个人的手里拿走西瓜，最终的结果是导致那个被拿走西瓜的人的利益受损。现在，假设甲和乙共有 10 个西瓜和 10 个菠萝。甲喜欢吃西瓜但讨厌吃菠萝，而乙喜欢吃菠萝但讨厌吃西瓜，也就是说，甲吃菠萝吃得越多越不开心，乙吃西瓜吃得越多越不开心。在这种情形下，要实现帕累托最优，就应当把 10 个西瓜全部给甲，把 10 个菠萝全部给乙。除此之外，任何其他的分配方式都会使得至少一个人手里拿着一些自己讨厌的东西。比如，甲拥有 10 个西瓜和 2 个菠萝，乙拥有 8 个菠萝。此时，如果把 2 个菠萝从甲的手里转移到乙的手里，甲和乙都会变得比原来更开心，同时，这样的转移也并不会使得任何一方的利益受损。

2.3 四大市场结构

本节导读

如果你想买饮料,街道上随处可见各种大大小小的超市和便利店;如果你想买衣服,商场里各种品牌的服装店更是数不胜数。但是,如果你想使用手机通信网络服务和宽带业务,国内市场上通常却只有移动、联通和电信三家公司。父母在购买商品时通常都会"货比三家",但是当他们要给汽车加油时,基本上不用考虑太多就去了中石油或者中石化旗下的加油站,因为他们的价格基本都相同。是什么因素导致了买卖双方在不同商品定价方面不同的话语权?本节将向大家介绍四种不同的市场结构,以帮助大家更好地了解经济生活中的市场结构以及不同市场结构所具有的相应特点。

本节目标

1. 了解边际产量递减、边际成本递增等规律
2. 掌握完全竞争、完全垄断、垄断竞争、寡头垄断四种市场结构及其特征
3. 了解勾结、卡特尔等概念
4. 了解什么是囚徒困境

2.3.1 重要经济概念

因为在分析市场结构特点的时候,会运用到很多经济学的概念知识,为了便于大家理解,在讲解市场结构之前,先对一些基本的概念进行简要介绍。

固定成本(fixed cost,FC),又称不变成本,是指不随产量的变动而变动的成本。比如罐头厂需要支付的房屋租金、购买与罐头生产相关的机器设备等。

可变成本(variable costs,VC),是指随产量的变动而同方向变动的成本。例如,一家罐头厂的可变成本包括购买的水果、包装罐、白糖等,生产的罐头越多,需要购买的上述物品就越多。

总成本(total cost,TC),是指企业为生产一定数量的某种商品所投入的全部生产要素的费用总和。总成本等于固定成本加变动成本。

总收益(total revenue,TR),企业出售商品所获得的总货币量,可以

理解为企业的总销售收入。

利润（profit），企业的总收益与总成本之间的差额，即利润=总收益-总成本。

平均成本（average cost，AC），是指企业平均生产1单位产品所消耗的全部成本。平均成本等于总成本除以总产量。

边际成本（marginal cost，MC），是指企业每增加1单位产品生产时所增加的成本。边际成本具有递增的特点：当玩具产量已经相当高时，额外多增加一个玩具的边际成本很大。这是因为新工人不得不在拥挤的条件下工作，而且可能不得不等待使用机器设备。

边际成本和平均成本的关系为：只要边际成本小于平均成本，随着产量的增加，平均成本就会下降；当边际成本大于平均成本时，随着产量的增加，平均成本会上升。并且，边际成本曲线与平均成本曲线相交于平均成本曲线的最低点处。

规模经济（economies of scale），是指平均总成本随着产量增加而减少的特性，也可理解为生产规模的扩大，使得平均总成本逐渐减少。与之相反的是规模不经济（diseconomies of scale），规模不经济指的是平均总成本随着产量增加而增加的特性。当平均总成本不随产量的变动而变动时，我们称之为规模报酬不变（constant returns to scale）。

企业从事生产离不开各种生产要素，如劳动、资本、技术、土地等等。企业的生产过程就是对各种生产要素进行组合以制成产品的过程。生产过程中生产要素的投入量与产品产出量之间的关系，可以用生产函数（production function）来表示。

通常情况下，投入的生产要素越多，产出量就越大。为了衡量每增加1单位要素对总产量的影响，经济学家们引入了边际产量（marginal product）这一概念。边际产量指的是在一定技术水平下，每增加1单位要素投入所带来的总产量的增加量。例如，当食堂的面点师傅由1个增加为2个时，食堂每天供应的馒头数量由100个变为180个，则新加入的面点师傅的边际产量为80个；当面点师傅增加为3个时，供应的馒头总量为240个，则第三个面点师傅的边际产量为60个。可以看出，随着面点师傅数量的增加，他们的边际产量却在减少。这个特征对于其他要素同样适用。这种由于连续等量地增加某种要素投入而出现的边际产量递减的现象就称为边际产量递减（diminishing marginal product）。

图2-3-1反映了以生产函数表示的投入某种要素的数量与产量之间的关系。随着要素投入量的增加，生产函数变得平坦，总产量增加的速度变慢，反映了边际产量递减的规律。

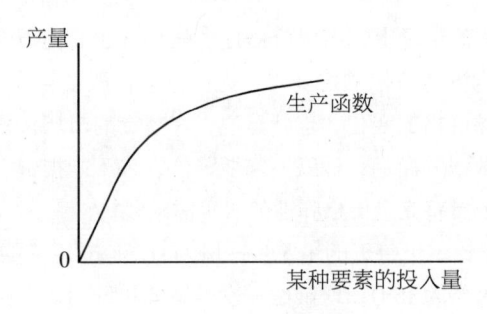

图 2-3-1 生产函数

图 2-3-2 反映了总成本与产量的关系。由于边际产量是递减的，随着产量的增加，总成本曲线变得越来越陡峭。

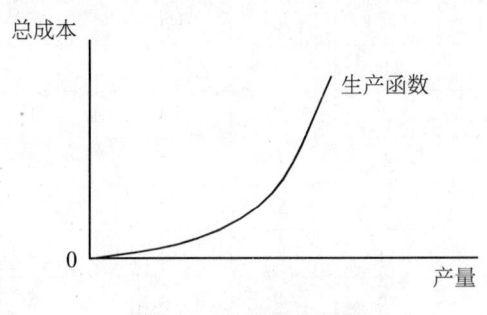

图 2-3-2 总成本曲线

以上几个经济学概念，其实是对生产者理论最简易的一个基础性理解。也是为了让同学们知道，厂商作为市场上最主要的经济单位之一，与消费者一样，在做生产决策和采购决策的时候，同样是需要进行相关要素的分析，最后进行综合决策，也就是"生产什么，何时生产，为谁生产"的一些经济问题，这一系列问题的系统汇总，也就成了专门研究生产的厂商理论，在此，我们不展开解释和说明。本书最主要目标是要帮助同学们通过最简单基础的经济学概念和原理的学习，来理解我们经济生活中的市场、收入、消费、储蓄、投资等一些常见经济生活问题，所以对于基础概念的认识是尤其重要的。

2.3.2 完全竞争市场

完全竞争市场（perfectly competition market）是指不包含任何垄断因素的市场，它需要具备三个条件：

①市场上有许多买者和许多卖者。
②各个卖者提供的商品大体上是相同的。
③企业可以自由地进入或者退出市场。

在完全竞争的市场上，市场价格是由整个行业的均衡价格决定的。单个企业只能作为既定价格的接受者，无论其如何改变自身产品的销售量，都不会引起市场价格的变化。也就是说，在既定的市场价格下，单个企业可以销售任何数量的商品，他既不需要降价，也不能提价。因此，单个企业面临的是一条具有完全价格弹性的水平需求线。

假设好孩子铅笔厂每天的铅笔生产量为 Q，每支铅笔的销售价格为 P，则铅笔厂的总收益为 P×Q。现假设一支铅笔的售价为 2 元，不同产量下铅笔厂的收益变动情况如下：

表 2-3-1 收益变动情况表

产量（支）	总收益（元）	总成本（元）	利润（元）	边际收益（元）	边际成本（元）	边际利润（元）
0	0	1	−1	4		
1	4	2	2	4	1	3
2	8	4	4	4	2	2
3	12	7	5	4	3	1
4	16	11	5	4	4	0
5	20	16	4	4	5	−1
6	24	22	2	4	6	−2
7	28	29	−1	4	7	−3

表 2-3-1 中，边际收益（marginal revenue）表示的是每增加 1 单位销售量所引起的总收益的变动。对完全竞争企业而言，边际收益等于产品的价格。边际利润表示的是边际收益与边际成本之差。企业生产的最终目的是实现利润最大化。从 2-3-1 表中可以看到，如果产量为零，就会产生 1 元的亏损（投入的固定成本）；如果生产 1 支铅笔，就有 2 元的利润；如果生产 2 支铅笔，就有 4 元的利润；当产量为 3 支或 4 支时，利润为 5 元，此时的利润最大。

如何找到使利润最大化的产量呢？通过观察表 2-3-1 可以发现，当边际利润大于零，即边际收益大于边际成本时，每增加 1 单位产量，利润会增加；如果边际收益小于边际成本，每增加 1 单位的产量，利润反而减少，因此铅笔厂就会减少铅笔生产；当企业按照边际收益等于边际成本时的产量进行生产时，可以实现利润最大化。

2.3.3 完全垄断市场

完全垄断（perfect monopoly），指的是整个行业的市场完全处于一家企业所控制的状态。处于完全垄断地位的企业称为完全垄断企业。完全垄断市场具有如下四方面特征：

①在该种商品市场上，只存在唯一的卖者。因此，这个唯一的企业就是行业，该企业能够独立决定该产品的生产和销售量。

②产品具有不可替代性。完全垄断企业提供的产品不会受到其他任何替代品的竞争威胁，该产品的需求交叉弹性几乎为零。

③企业能够独自决定价格。完全垄断企业不是价格的接受者，而是价格的制定者（price maker）。企业在确定产品的销售价格时，无须考虑其他企业对于产品的定价，只需要考虑怎样能够使自己的利润最大化。

④实行差别价格。完全垄断企业为了获取最大化的超额利润，可以依据不同的销售条件针对不同的消费群体实行差别价格（price discrimination），即企业在向不同的消费者提供相同等级、相同质量的商品时，在消费者之间实行不同的销售价格或收费标准。

垄断企业之所以能够在其市场上保持唯一的卖者地位，是因为其他企业不能进入市场与之竞争，即该商品市场具有进入壁垒。形成进入壁垒的原因主要有：

第一，垄断资源。生产所需要的某种关键资源为单个企业所独有。垄断产生的最简单方式是单个企业拥有一种关键的资源。例如，因其特殊的自然环境和气候条件，茅台酒只能在茅台镇酿造才能保持其醇正的口感，加上独特的酿造工艺，使得贵州茅台酒厂能够在中国的白酒市场上一直保持着龙头地位。在某种程度上，茅台酒厂以其资源优势垄断了中国高端白酒市场。

第二，专利权垄断。政府以法律的形式批准某家企业可以在政府管制下独家经营与公共福利、国家需要、财政收入等密切相关的产业，如烟、酒、军工、麻醉品等。

第三，自然垄断。某些行业由于自然因素，不宜多家经营，而且成本只有达到相当大的规模后才会随着产量的增加而减少，使得大多数企业难以进入。铁路、公路、自来水、电力、邮电等均属于此类行业。

与完全竞争的企业不同，完全垄断企业产品数量的增加对总收益的影响会受到两种相反力量的共同作用：一种是产量效应，随着销售数量的增加，总收益可能随之增加；另一种是价格效应，市场上供应量增多导致产品的价格下降，可能会使总收益减少。

由于竞争企业是价格的接受者，在市场价格下可以销售任意数量的产品，所以不存在价格效应。但是，由于垄断企业是市场上的唯一供应商，垄断企业的产量直接形成市场上的供给，其每增加1单位产量，必须降低对销售的每单位产品收取的价格才能达到市场均衡。价格的下降减少了已经卖出的商品的收益。因此，完全垄断企业的边际收益要小于其价格。归纳起来就是：

对于完全竞争企业：P=MR=MC

对于完全垄断企业：P>MR=MC

需要注意的是，在利润最大化的产量处，边际收益与边际成本相等，这对于两种类型的企业来说都是成立的。

2.3.4 垄断竞争市场

完全竞争和完全垄断是市场结构中的两种极端情况。在现实生活中，更为常见的现象是既存在竞争因素，又存在垄断因素，垄断竞争（monopolistic competition）就是其中的一种。在垄断竞争市场上，存在许多出售相似但不相同产品的企业，每家企业都垄断着自己生产的产品，但许多其他企业也生产相似但不相同的产品来争夺相同的顾客群体。垄断市场具有如下的特征：

①企业数目较多。每个企业都面临着众多竞争对手的竞争，产品的可替代性相对较强。因此，每个企业对市场只能施加有限的影响。他们是市场价格的影响者，但还不能做到像寡头垄断企业那样，通过相互勾结来控制市场价格。每个企业面临的是一条向右下方倾斜的需求曲线。

②产品存在差别。根据产品的自然属性和消费者的不同需要，企业可以使其生产的产品在品质、外观等方面与其他企业的产品略有不同。

③企业进出市场比较容易。企业的规模不是很大，需要投入的资本也不算太多，因而进出行业较为容易。市场上企业的数量会一直调整到经济利润为零为止。

具有上述特征的市场很多，例如手抓饼、饮料、书籍、服装、手工艺品、文具、日用品。

与完全竞争和完全垄断企业不同，垄断竞争企业除了可以通过改变产品的价格实现利润最大化外，还可以通过改变产品品质及更换产品推销方法等非价格竞争手段实现利润最大化，如品质竞争、广告竞争。垄断竞争的存在有利于鼓励企业进行创新，但由于广告成本的增加，垄断竞争也会使销售成本增加。许多经济学家认为，垄断竞争从总体上看是利大于弊的。

2.3.5 寡头垄断市场

寡头垄断市场（oligopoly market）是介于垄断竞争和完全垄断之间的一种比较现实的混合市场，它是指少数几家企业控制了整个市场产品的生产和销售的一种市场组织形式。其基本特点是：

①企业数量极少。少数企业在市场中占据举足轻重的地位，企业对产品的市场价格具有较强的影响力。

②寡头企业之间相互依存。任意一家企业在价格或产量上的变动，都会对其竞争对手的销售量和利润水平产生影响，因此，任何一家企业在进行生产决策时，都必须将其竞争者可能做出的反应考虑在内。

③产品同质或存在差别。如果产品无差别，企业彼此间的依赖程度很高，则称为纯粹寡头（pure oligopoly），如钢铁、水泥等行业；如果产品有差别且彼此依存关系较低，则称为差别寡头（differentiation oligopoly），如汽车、机械等行业。

④企业进出市场比较困难。由于势均力敌的少数大企业已经控制了某一行业的市场，其他企业便很难再进入该市场并与之抗衡。

寡头分析为引入博弈论提供了一个机会。博弈论（game theory）是研究在策略状况下人们如何行为的理论。假设一个城市只有A、B两家企业能够生产食盐，并且生产食盐的边际成本很小，假设为零。预期A和B可能会联合起来，就食盐的生产量和价格达成一致协议。这种协议被称为勾结（collusion）。类似A和B这样，寡头垄断企业用公开或正式的方式进行互相勾结的这种形式称为卡特尔（cartel）。它是一个行业的独立企业之间就价格、产量、市场等达成明确的协议而建立的垄断组织。石油输出国组织（OPEC）就是一个典型的卡特尔组织。

仍以上面食盐生产为例子。表2-3-2列示了不同价格下该市居民对食盐的需求量以及企业的总收益。当A和B总共生产300千克食盐，并以3元/千克的价格出售时，他们得到的总收益最大。因此，如果A和B同意平分市场，每家企业生产150千克食盐，并以3元/千克的价格出售时，每家企业都将获得450元的最大利润。

表2-3-2 某市居民食盐的需求表

数量（千克）	价格（元）	总收益（元）
0	6	0
100	5	500
200	4	800
300	3	900
400	2	800
500	1	500
600	0	0

寡头企业希望形成卡特尔以赚取垄断利润。但是，在没有限制性协议

时，垄断的结果是不可能产生的。站在 A 的角度，预期 B 只生产 150 千克食盐，若 A 生产 150 千克，并以每千克 3 元的价格出售，可以获利 450 元；如果 A 生产 250 千克，并以 2 元/千克的价格出售，则可以获利 500 元。尽管市场的总利润减少了，但是自身的利润却增加了，因此 A 有动力增加食盐的生产量。同样地，B 也会进行类似的推理。结果就是，A 和 B 各向市场供应了 250 千克食盐，市场价格降为 1 元/千克。此时，A、B 只能分别获得 250 元收益。

上面的例子说明了合作和利己的冲突。当寡头垄断企业单独选择利润最大化的产量时，它们的总产量大于完全垄断但小于完全竞争的产量水平。寡头垄断价格低于完全垄断价格，但高于完全竞争价格（完全竞争价格等于边际成本）。

通过上面的学习，我们已经对四种市场结构的概念及特点有了初步的了解。为了便于大家理解和记忆，我们将四种市场结构的基本特征以表格的形式加以总结，如表 2-3-3 所示。

表 2-3-3 四种类型市场的基本特征比较[1]

市场结构	厂商数目	产品差别程度	个别厂商控制价格程度	厂商进入产业难易程度	现实中接近的行业
完全竞争	很多	无差别	没有	完全自由	农业
完全垄断	一个	唯一产品无替代品	很大，但常受政府管制	不能	公用事业
垄断竞争	很多	差别较小	一些	理论上自由	零售业
寡头垄断	几个	有或没有差别	相当程度	有限	汽车制造业

通常来说，要确定一个市场究竟是属于哪种市场结构，最直接有效的方式就是看该市场上有多少家企业。如果市场上只有一家企业，那么该市场就是完全垄断市场；如果只有几家企业，该市场就是寡头垄断市场。但如果市场上有许多企业，要如何判断该市场是属于垄断竞争还是完全竞争市场呢？这就要看企业出售的产品是相同的还是有差别的。如果产品有差别，该市场就是垄断竞争市场；如果出售的产品没有差别，那么该市场就属于完全竞争市场。

由于现实世界不像理论这样界限分明，在某些情况下，很难用某种结构来描述一个市场。例如，我们没有一个固定的标准来判断两种产品是否是有差别的。

---

[1] 陈仲常,蒲艳萍.经济学理论与实践[M].重庆:重庆大学出版社,2002:10,133.

知识小百科

囚徒困境

囚徒困境（prisoner's dilemma）是指两个被捕囚犯之间的一种特殊"博弈"。这个例子说明了为什么在合作对双方都有利时，保持合作也是困难的。现在，考虑这样一个问题：有两个罪犯甲和乙，警方有足够的证据能够证明他们犯有盗窃罪，因此每个人都会被判有期徒刑6个月。警察还怀疑他们两人与两年前的一起抢劫案有关，但缺乏证据，于是分别向甲乙两人提出如下交易："现在你将要被判有期徒刑6个月。但如果你承认曾参与抢劫并供出同伙，你就可以获得自由，而你的同伙将在狱中度过6年。如果你们两人都认罪，就每人判3年"。表2-3-4列举了他们所有可能的选择。每个罪犯都有两种策略：坦白或者保持沉默。他们最终的量刑由他们自己所选的策略以及对方选择的策略共同决定。

表2-3-4 囚徒困境

囚徒困境		乙的决策	
		坦白	保持沉默
甲的决策	坦白	甲3年，乙3年	甲自由，乙6年
	保持沉默	甲6年，乙自由	甲6个月，乙6个月

站在甲的立场上，他很有可能这样想：我不知道乙会怎么做。如果他保持沉默，我最好的策略是坦白，这样我将获得自由而不是被判有期徒刑6个月；如果乙坦白，我最好的策略仍然是坦白，这样我只会被判3年而不是6年。同样的，乙也会进行同样的推理。因此，对于两个犯人来说，无论对方怎样选择，坦白都是自己的占优策略（dominant strategy），即无论其他参与者选择什么样的策略，对一个参与者都为最优的策略。双方都采取占优策略的结果就是双方都坦白，即都被判3年有期徒刑。

最后，甲和乙都坦白了，两人都要在狱中待3年。假设两人都预见到这种情况，并提前做出计划，约定如果被警察逮捕，两个人都不坦白。如果两人都能坚持协议，那么两个人的状况都会变好，每个人只会被关押6个月。然而，事实上，一旦他们被分开审讯，利己的逻辑就会占据主导作用，促使他们选择坦白。因此，两个罪犯之间的合作是难以维持的。

上面的例子也解释了为什么寡头企业维持垄断利润是有困难的。垄断的结果对寡头整体来说是有利的，但对于单个寡头企业来说，他们都有违背协议的激励。正如利己心理会促使囚徒困境中的囚徒坦白一样，利己倾向也会使得寡头企业难以维持低产量、高价格和垄断利润的合作性结果。

2.4 劳动与收入

本节导读

我们都知道，从事不同类型工作的人们得到的工资报酬不尽相同。通常情况下，一名外科医生的工资要远高于一名普通产业工人的工资，一名公立高中的教师的年收入一般不会高于一名金融行业分析师的年收入。不同行业、不同职位的人员或多或少都会存在一定的收入差距，但其中的缘由却很少有人能够说得清。究竟是什么决定了不同工作的收入报酬？收入报酬的差距是否会因为其他因素的影响而发生改变？通过本节的学习，你将对工资的决定以及影响收入报酬的因素有一个比较全面的了解。

本节目标

1. 了解劳动力市场的供需及其均衡
2. 熟悉劳动力的供给曲线、需求曲线以及均衡点的变动
3. 知道影响均衡工资的若干因素
4. 理解生产要素的概念与分类
5. 知道收入的分类以及收入的来源
6. 了解恩格尔系数与基尼系数的含义

2.4.1 生产要素之间的联系

生产要素指的是企业在生产和服务过程中使用的各种资源，包括劳动、资本、土地、企业家才能等等。通过前面的学习，我们对生产要素之一的劳动有了一定的了解。在本小节，我们将对其他几种生产要素进行简单的介绍。

在生产要素当中，劳动（labor）是最重要的生产要素之一，它包括劳动者在生产过程中提供的体力和智力的总和。与经济中的其他市场一样，劳动市场也要受到供求力量的支配。劳动的价格就是我们通常提到的工资。例如月嫂的市场供给与需求决定了月嫂的劳动报酬，即月嫂的工资。资本（capital）是指用于产品生产的一切资本品。它既可以表现为实物形式，如厂房、机器设备、原材料等，也可以表现为货币形态。土地（land）是指生产中所使用的各种自然资源（natural resources），不仅包括土地本身，还包括地上、地下、海洋以及天上一切能够利用的自然资源。与劳动需求的决定一样，企业对资本和土地的需求会一直增加到要素的边际产量

等于要素价格为止。要素的需求曲线反映了该要素的边际生产率。企业家才能（entrepreneurial ability）也是一种生产要素，它是指企业家对整个生产过程的组织、经营、管理以及创新能力。生产是这四种生产要素合作的过程，产品则是这四种生产要素共同努力的结果。

各个生产要素之间相互配合，共同服务于企业的生产过程。当某种要素的供给发生变化时，它的影响并不局限于对该要素市场的影响。在大多数情况下，生产要素以某种方式组合在一起，这就使得每种要素的生产率都会受到生产过程中使用的其他要素的可获得量的影响。假设因为一场地震，某企业的部分厂房和设备毁损，这就导致了该企业不得不暂时减少产量，雇佣的工人数量也不得不相应减少，这又会引起均衡工资的下降。可见，改变任何一种生产要素的供给都会对其他要素的收入产生影响。

> 四大生产要素：劳动（labor）、土地（land）、资本（capital）、企业家才能（entrepreneurialability）

2.4.2 劳动的供给与需求

劳动是以牺牲闲暇的享受为代价的，二者具有替代关系。劳动者在不同的工资水平上愿意提供的劳动数量取决于他们对工资，即收入与闲暇的比较。也就是说，工资的提高会对劳动的供给产生两种效应：收入效应和替代效应。收入效应指的是，工资越高，劳动者越有条件享受更多的娱乐、消费更多的商品，因而越不愿意增加劳动供给。替代效应指的是，工资越高，对牺牲闲暇的补偿越大，劳动者就越愿意用多劳动来代替闲暇。即工资越高，闲暇的机会成本也就越高，因此劳动者会选择以更多的劳动来代替闲暇。一般来说，工资较低时，替代效应大于收入效应；当工资很高时，收入效应则大于替代效应。

企业对劳动的需求量取决于劳动的边际生产力。劳动的边际生产力（marginal productivity）是指每增加1单位劳动所引起的总产量的变化。与普通商品的需求曲线相同，企业对劳动的需求曲线也是向右下方倾斜的。既然劳动的价格（工资）是由劳动的供给和需求共同决定的，那么，要了解影响工资的因素，就可以从影响劳动供给的因素和影响劳动需求的因素两方面出发。

1. 影响劳动需求的因素

（1）产品价格。边际收益等于边际产量乘以产品价格，价格降低减少了边际收益，对劳动的需求也会相应减少。

（2）技术变革。技术进步通常能够增加劳动的边际产量，从而增加对于劳动的需求。然而，技术变革也可能减少劳动需求。例如，工业机器人的发明会部分替代工人的劳动，从而减少对劳动力的需求。这种情况称为劳动节约型技术变革。

（3）其他要素的供给。一种生产要素的供给会对其他生产要素的边际产量产生影响。

2. 引起劳动供给的因素

（1）社会因素。受计划生育政策影响，我国已经度过了劳动力供给的高峰期，未来劳动力供给总量将趋于减少。受人口出生率长期下降等因素的影响，我国法定退休年龄内的 15~59 岁劳动年龄人口从 2012 年开始出现绝对数量的下降。根据人口发展规律，未来较长时期，我国劳动年龄人口还将继续下降，这也意味着我国的劳动供给将会减少。

（2）可供选择的机会改变。任何一个劳动市场上的劳动供给都取决于其他劳动市场上的可得机会。如果汽车维修工人的工资忽然上升，那么一些具有相同技能的技术工人就很有可能会改变职业，结果就是汽车维修市场上的劳动供给增加，而相似市场，如摩托车维修市场上的劳动供给减少。

（3）移民。工人从一个地区向另一个地区，或从一个国家向另一个国家的流动是劳动供给的一个重要来源。例如，农民从农村到城市打工，西部地区的人口到沿海发达地区工作就属于这一类。

3. 产生工资差别的原因

在现实生活中，由于劳动者所从事的行业和职业不同，导致工资存在着行业差异和职业差异，其主要原因可以归纳为以下三类：

（1）劳动的质量不同。假设劳动市场为完全竞争市场，一切种类的劳动的价格都取决于竞争中的供给和需求，那么不同种类劳动力的均衡工资必然呈现出差异。西方经济学家认为，这种工资差别是由人们之间质的差别，即在智力、体力、教育和训练等方面的不同所导致的。由于这些质的差别的存在，使得劳动者的边际生产力存在差异，从而使得他们获得的工资也不尽相同。

（2）非货币利益不同（补偿性工资差异）。不同的职业在安全性、辛苦程度、工作环境、社会声誉等多个方面存在较大的差异，不同职业产生的心理成本也不尽相同，或称为非货币利益不同。如果不保持工资差别，不给那些心理成本高、人们不太愿意从事的职业以特殊的收入补偿，那么那些危险性相对较高、工作强度较大或是工作环境恶劣的工作就会面临劳动力供给不足的问题。例如，矿井中的工人相较于普通产业工人的工资更高，这是因为矿井中的工作环境极为恶劣，而且具有较高的风险性，只有给予工人更高的工资，才能保证该行业的劳动供给。

（3）市场上的不完全竞争。在现实生活中，劳动力市场往往是非完全竞争的。例如，由于人们对不同职业的收入差异的信息缺乏了解，由于乡

人口红利，是指国家的劳动年龄人口占总人口比例较大，为经济发展创造了有利的人口条件，经济呈现高储蓄、高投资和高增长局面。

土观念较重以及担心搬迁费用和在新环境生活的不便,由于对妇女的歧视或政府施加的压力等等原因,导致劳动者在不同地区、不同行业之间的流动受阻,也会造成工资水平存在差异。

扩充阅读

劳动者工资的决定

与所有的价格一样,劳动的价格(工资)取决于劳动的供给和需求。在竞争性劳动市场上,确定工资水平需要明确两点:一是工资会自发调整,使劳动的供给和需求达到平衡;二是劳动市场均衡时,工资等于劳动的边际产量值。因此,任何改变劳动供求的事件都必定会引起均衡工资和边际产量值的等量变动,因为这两个量总是相等的。

如图 2-4-1 所示,假设有新工人从外地流入,劳动供给曲线由 S_1 向右移动到 S_2,工资由 W_1 下降到 W_2。在这种较低的工资水平下,企业将雇佣更多的工人,因此就业从 L_1 增加到 L_2。工资的变动反映了劳动边际产量值的变动:当工人人数较多时,增加一个工人所增加的总产量会减少。

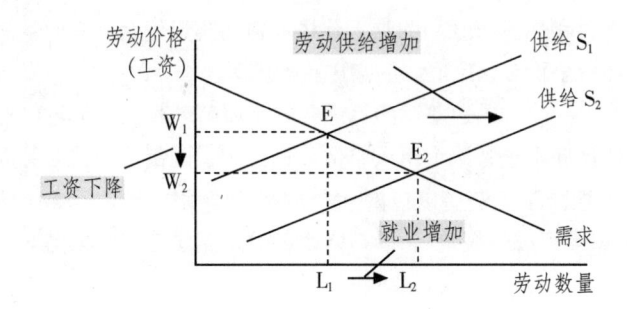

图 2-4-1 劳动供给曲线的移动

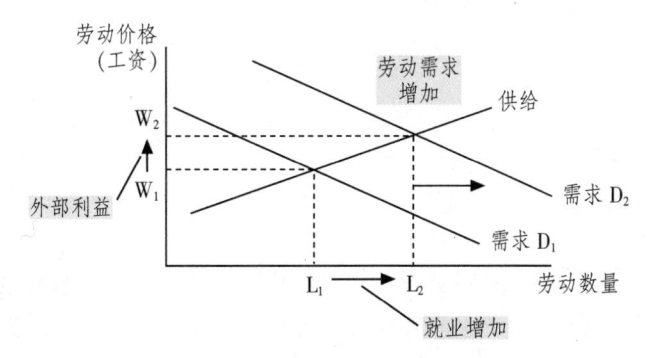

图 2-4-2 劳动需求曲线的移动

假设由于企业产品价格上升,企业对劳动的需求量增加,如图 2-4-2 所示。劳动的需求曲线由 D_1 向右移动至 D_2,均衡工资由 W_1 上升至 W_2,就业从 L_1 增加到 L_2。工资的变动反映了劳动边际产量值的变动:

由于产品价格上升,增加一个工人所增加的产量更值钱了。

综合上述分析,我们知道劳动的供给与需求共同决定了均衡工资水平,并且,劳动的供给曲线或需求曲线的移动会引起均衡工资发生变动。企业利润最大化的目标确保了均衡工资总是等于劳动的边际产量值。

2.4.3 收入来源与分类

1. 居民收入

居民收入是指居民从各种来源所取得的现期收入的总和,分为纯收入和毛收入。日常生活中我们提到的"收入",准确地说,应当被称为"可支配收入",即扣除了各种税、费之后个体能够任意支配的收入。可支配收入的来源主要有四类:第一,劳动收入,即我们通常所指的工资收入;第二,经营性收入,主要指个体通过从事生产经营活动所获得的收入;第三,财产性收入,包括家庭拥有的动产(如银行存款、有价证券)和不动产(如房屋、车辆、收藏品等)所获得的收入,如利息、租金、股利、专利收入等;第四,转移收入净值,指国家、单位、社会团体对居民家庭的各种转移支付和居民家庭间的收入转移,包括离退休金、失业救济金、保险索赔、住房公积金、家庭间的赠送和赡养等。

在居民收入中,最为普遍而且重要的当属劳动收入,也可以称为工资收入。工资是雇主或者法定用人单位依据约定,以货币形式对劳动者的劳动所支付的报酬。工资可以以时薪、月薪、年薪等不同形式计算。依据《关于工资总额组成的规定》,以下六个部分均属于工资收入范畴:计时工资,计件工资,奖金,津贴和补贴,加班工资,特殊情况下支付的工资。

知识小百科

恩格尔系数

19世纪德国统计学家恩格尔根据统计资料,对消费结构的变化得出了一个规律:一个家庭的收入越少,家庭收入中(或总支出中)用来购买食物的支出的占比就越大,随着家庭收入的增加,家庭收入中(或总支出中)用来购买食物的支出则会下降。推而广之,一个国家越穷,每个国民的平均收入中(或平均支出中)食物支出的占比就越大,随着国家的富裕,这个比例呈下降趋势。恩格尔定律的公式为:

$$食物支出对总支出的比率^{[1]} = \frac{食物支出变动百分比}{总支出变动百分比}$$

---

[1] 又称为食物支出的收入弹性。

或

$$\text{食物支出对收入的比率} = \frac{\text{食物支出变动百分比}}{\text{收入变动百分比}}$$

恩格尔系数是根据恩格尔定律得出的比例数，它是衡量家庭贫富程度的一个重要指标。恩格尔系数的计算公式为：

$$\text{恩格尔系数} = \frac{\text{食物支出金额}}{\text{总支出金额}}$$

需要注意的是，恩格尔定律是依据经验数据提出的，只有在假定其他一切变量都是常数的前提下才适用。城市化程度、食品加工、饮食业和食物本身结构变化等诸多因素都会对家庭的食物支出产生影响。因此，只有当平均食物消费达到相当高的水平时，收入的进一步增加才不会对食物支出产生重要影响。除了食物支出以外，服装、住房、日用必需品等支出在家庭收入或总支出的占比也会在上升一段时期后，呈现出递减趋势。[1]

> 恩格尔系数越低，表示越富裕。一般认为高于59%以上为贫困，50%-59%为温饱，40%-50%为小康，30%-40%为富裕，低于30%为最富裕。

2. 企业收入

企业从事生产经营活动的目的是为了获得利润。通过前面的学习，我们已经知道，企业的利润等于总收入减去总成本。企业要获得最大化的利润，一方面要想方设法增加收入，另一方面还要尽可能地降低成本。日常生活中，我们通常提到的成本都是会计成本（accounting cost），即为从事某项经济活动所花费的货币支出，是已经发生的历史成本，是一种显性成本。而在经济学中，除了要考虑会计成本，还要考虑隐含的机会成本（opportunity cost）。机会成本指的是由于将资源用于某种特定用途而放弃的其他各种用途所能带来的最高收益。机会成本通常不是实际发生的成本，而是在选择过程中所产生的观念上的成本，是一种隐性成本。例如，钢铁既可以用来制造轮船，也可以造汽车、飞机，还可以修建铁路；资金既可以用于外出旅行，也可以用来购买住宅，还可以进行实业投资。作为一个理性决策者，在使用某种资源时，总是希望能将资源用于最大化收益的用途。当决定把资源用于某一特定用途，就丧失了将其用于其他方面的机会，这种因为选择而放弃的收益便构成了一种成本，其中成本最大的，我们称之为机会成本。

了解了会计成本和机会成本的差异，我们就可以很容易地区别经济利润（economic profit）和会计利润（accounting profit）：

会计利润=总收入-会计总成本

---

[1]资料来源：http://www.stats.gov.cn/tjzs/tjcd/200206/t20020605_25327.html

经济利润=总收入-经济总成本

通常，经济成本所考虑的范围更为宽泛，经济成本高于会计成本，所以经济利润低于会计利润。从不同的利润角度出发，很可能导致对企业盈利状况的不同评价。有些时候，从会计的角度进行核算，一家企业可能盈利，但从经济利润的角度分析，就可能是亏损的。例如，餐馆老板每月租用店铺的租金、支付给厨师和服务员的工资、购买的材料等所有花销总计10000元，餐馆每月的营业总收入为14000元，那么餐馆老板每月的会计利润为4000元。现假设该餐馆的老板还精通汽车修理，如果作为汽车修理员，他每月可以获得的收入为5000元。考虑到餐馆老板为经营餐馆而放弃的5000元收入，事实上，餐馆老板的经济利润为-1000元。从理性人的角度出发，他最好选择放弃经营餐馆，自己去工作，获得工资收入。可见，经济利润更有利于帮助人们做出理性的决策。因此，在进行经济分析时，通常选择经济利润而非会计利润。

表 2-4-1 会计分析和经济分析的差别

项目	财务分析	经济分析
成本性质	会计成本	机会成本
	显性成本	显性成本+隐性成本
利润	总收入-财务总成本	总收入-经济总成本

> 日常生活中所提到的"成本"多为会计成本的概念。在利用经济学思维思考问题时，应该更多关注隐性成本。

扩充阅读

沉没成本

沉没成本（sunk cost）是指由于过去的决策已经发生的，而不能由现在或将来的任何决策改变的成本。一般说来，资产的流动性、通用性、兼容性越强，其沉没的部分就越少。固定资产、研究开发、专用性资产等都是容易沉没的。例如，某牙膏生产企业为宣传新产品请明星代言，在电视、网络上投放广告、印制宣传册等宣传费用都属于沉没成本。如果该企业中途因为其他原因导致新产品无法投产，其前期投入的宣传费用也就没有办法收回。

在企业的经营过程中，选择考虑沉没成本或不考虑沉没成本可能会导致截然相反的生产决策。考虑这样一个例子：一家皮鞋生产企业为生产皮鞋，前期投入了120万元用于租用一年的厂房和设备。为生产皮鞋，每月购买原材料、雇佣工人等花销为50万元。不考虑其他因素的影响，假设该企业第一个月的总收入为55万元，那么该企业是否应该继续生产？如果考虑前期的沉没成本，该企业生产皮鞋平均每月的固定成本为10万元，可变成本为50万元，总成本为60万元，每月的总收入小于总成本，则企业应该立刻停止生产。但是，这样一来，企业就会损失 115 万元，因为前期投入的租金费用已经支出，无法收回。如果继续生产，在其他条件不变的情况下，该企业每多生产 1 个月，亏损就会减少 5 万元。如此看来，只要收入高于可变成本，企业就有动力继续从事生产，因为可以最小化亏损。现在，我们应该可以理解，在我国，为什么许多大型钢铁企业明明已经处于亏损的状态却仍要开工生产。钢铁的生产需要投入大量的资金购买或租用厂房和机器设备，如果停止生产，厂房和机器设备无法立即变现，并且随着时间的推移会不断折旧。继续生产虽然仍要承担亏损，但相比于停产的损失，继续生产的亏损要小得多。因此，钢铁企业在亏损的情况下仍要维持经营。

沉没成本同样也会出现在日常生活之中。很多时候，人们在决定是否去做一件事情时，不仅是看这件事对自己有没有好处，而且也看过去是不是已经在这件事情上有过投入。这些已经发生的不可收回的支出，如时间、金钱、精力等都可以被称为"沉没成本"。与企业的生产决策不同，在许多情况下，考虑了沉没成本往往会让我们在错误的决策中越陷越深。例如，你在一家饭店消费了 150 元后，发现这家饭店的饭菜很难吃。这时，服务员告知你饭店正在做活动，满 160 元可以减 10 元。这时，你应该再点一份东西吗？理性的做法是，你不应该再点其他东西。已经消费的 150 元是你的沉没成本，再点份预期难吃的东西非但不能增加你的效用，反而会使你这顿饭的总效用降低。在沉没成本面前，我们最容易犯的错误就是对"沉没成本"过分眷恋，继续原来的错误，造成更大的亏损。很多电信诈骗正是利用了人们的这种心理，刚开始说只要交很少一部分钱，等你交了之后，需要交的钱越来越多，很多人都觉得，如果后面不交，前面的钱就收不回来了，因此就心存侥幸，一再追加投入，导致越陷越深。

3. 政府收入

政府收入，也可以称为国家收入或财政收入，是指政府为履行其职能而筹集的一切资金的总和，主要有税收收入、债务收入、国有企业运营收入、国有财产收入、行政司法收入和其他收入等六种形式。其中，税收收入是一个国家政府收入的主要来源，因而在政府收入中占据着主体地位。

税收（revenue）是国家为满足社会公共需要，凭借公共权力，按照法律所规定的标准和程序，参与国民收入分配，强制地、无偿地取得财政收入的一种方式。税收具有强制性、固定性和无偿性的特点。依据不同的标准，可以对税收做不同的划分：按照课税对象，税收可分为流转税、所得税、财产税、资源税和行为税；按照计算依据可分为从量税和从价税；按照与价格的关系，可分为价内税（如消费税、营业税、关税）和价外税

> 税收收入是政府主要的财政收入来源。除此之外，还有债务收入、国有企业运营收入、国有财产收入以及行政司法收入等。

（如增值税）。

在我国，国家税务总局是国务院主管税收工作的直属机构，1994年税制改革后，省级以下国税、地税系统分别设立。国税系统负责征收管理的税种包括增值税、消费税、资源税等。地税系统负责征收管理的税种包括营业税、个人所得税、城市维护建设税、车船使用税、房产税等。

知识小百科
洛伦茨曲线与基尼系数

在日常生活中，我们除了关心收入的绝对数量以外，还有一个我们非常关心的问题，那就是收入如何分配。为了研究收入分配在国民之间分配的不平等程度，美国统计学家M.O.洛伦茨提出了著名的洛伦茨曲线。

如果把社会人口分为五个等级，每个等级的人口均占人口总数的20%。按照每个等级人口的收入在国民总收入中所占份额的大小，可以得到表2-4-2。

表2-4-2 收入分配情况

级别	人口占比(%)	人口占比合计(%)	收入占比(%)	收入占比合计(%)
1	20	20	4	4
2	20	40	13	17
3	20	60	20	37
4	20	80	28	65
5	20	100	35	100

图2-4-3 洛伦茨曲线

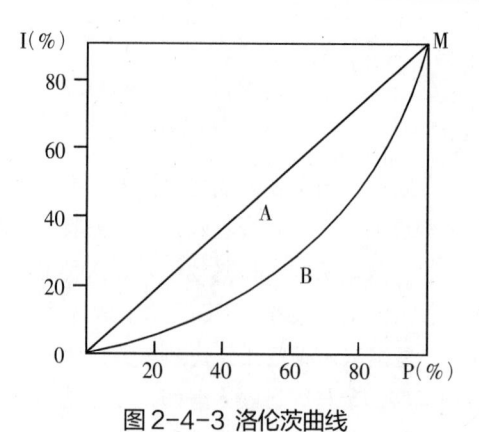

根据表2-4-2可做出图2-4-3。图中横轴代表人口百分比，纵轴代表收入百分比。对角线OM表示收入分配绝对平等，即20%的人口得到20%的收入，40%的人口得到40%的收入。OPM表示收入分配绝对不平等，是绝对不平等线。根据实际收入分配情况所作的曲线被称为洛伦茨曲线。洛伦茨曲线越接近对角线 OM，则说明收入分配越平等。

通过洛伦茨曲线，可以计算反映收入分配平等程度的指标，这一指标被称为基尼系数。假设图 2-4-3 中实际收入曲线与绝对平等线之间的面积为 A，实际收入线与绝对不平等线之间的面积为 B，则基尼系数的计算公式为：

$$基尼系数 = \frac{A}{A+B}$$

当基尼系数为 0 时，此时收入绝对平均；当基尼系数为 1 时，此时收入绝对不平均。

实际上，基尼系数总是大于 0 而小于 1 的。基尼系数越小，表示收入分配越平均；基尼系数越大，表示收入分配越不平均。

按照国际上通用的标准，基尼系数小于 0.2 表示绝对平均，在 0.2~0.3 之间表示比较平均，在 0.3~0.4 之间表示基本合理，在 0.4~0.5 之间表示差距较大，在 0.5 以上表示收入差距悬殊。根据国家统计局公布的数据，2012 年以来，我国的基尼系数维持在 0.46~0.47 之间，收入差距较大。

> 基尼系数主要用来衡量一国的收入差距水平；恩格尔系数主要用来衡量一国的贫富水平。

2.5 本章小结

经济学知识中，总体来说微观经济的知识会稍显枯燥和理论化一些。但是微观经济的基础知识和理论却是大家学习和了解所有财经相关知识的根本和基础。学习微观知识，更重要的是要去理解其中概念描述的一些规律和原则，并不是靠死记硬背就能学好的，所以大家在学习过程中，也尽量要利用所学相关知识进行案例反推，去生活中探索经济问题，这样就能慢慢学会用经济学的思维去思考问题。为方便大家更好地掌握微观经济学部分的重点知识，下面对该部分的重点知识点进行梳理和总结。

1. 微观经济学的基本内容

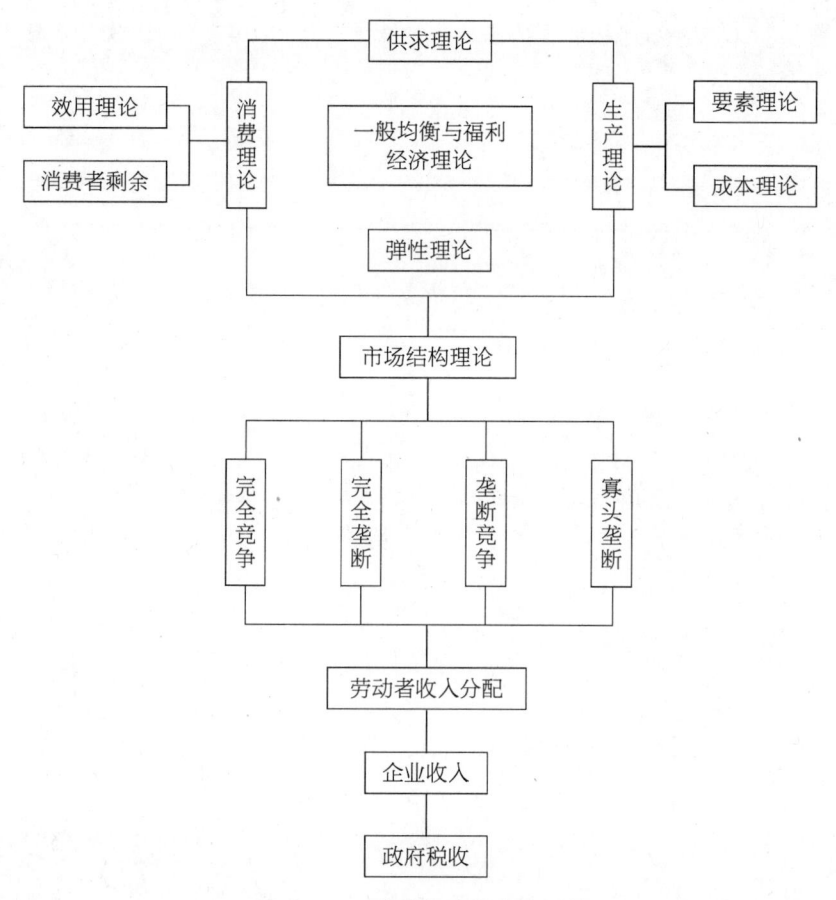

图 2-5-1 微观经济学内容框架

微观经济学的基本内容是在市场有效、完全信息条件下研究局部市场的个体选择问题（这里的个体主要是指家庭、企业等微观经济单元），并延展分析一般均衡（市场均衡，消费者均衡，厂商均衡，工资均衡等问题）、社会福利等问题。本节的内容框架如图2-5-1所示。

2. 重要知识点回顾
(1)供求理论
①需求是指在一定时期内，消费者对应于某一商品不同的价格水平愿意并且能够购买的商品的数量。随着价格的上升，需求量会减少，因此需求曲线向右下方倾斜。需求变动是指除价格因素外，其他因素对商品需求量的影响，表现为需求曲线的整体移动；需求量变动是指由价格因素引起的商品需求量的变动，表现为需求曲线上点的运动。

②供给是指生产者在一定时期内，对应于某一商品不同的价格水平，愿意并且能够提供的商品的数量。随着价格的上升，供给量会增加，因此供给曲线向右上方倾斜。供给变动与供给量变动的区别与需求类似，因此不再赘述。

③供求定律：需求变动引起均衡价格和均衡产量同方向变动；供给变动引起均衡价格反方向变动，均衡产量同方向变动；需求和供给同时增加或减少引起均衡产量同方向变动，而均衡价格则有上升、不变或下降三种可能。需要注意的是，供求定律不适用于一些特殊类型的商品，如吉芬商品、炫耀性商品、投资品等。

④均衡是指市场价格达到使供给量和需求量相等时的状态。令供给函数和需求函数相等，即QS=QD，求出的P即为均衡价格，均衡价格下的供给量或需求量称为均衡产量。

⑤弹性是指商品数量变动对价格变动的反应程度，商品的弹性越大，其价格上涨引起的供给量增加得越多、需求量减少得也越多；反之，商品的弹性越小，其价格上涨引起的供给量和需求量的变动程度越小。中点法计算需求价格弹性的公式为：

$$E_{dp} = \frac{\frac{Q_2-Q_1}{Q_1+Q_2}}{\frac{P_2-P_1}{P_1+P_2}} = \frac{Q_2-Q_1}{P_2-P_1} \times \frac{P_1+P_2}{Q_1+Q_2}$$

(2)消费和福利经济理论
①消费者从商品和服务的消费中得到满足的总量称为总效用，每增加1单位消费量所引起的总效用的增量称为边际效用。商品的边际效用是递减的。

②消费者消费要受到预算的约束，预算线与无差异曲线相切时达到消

费者均衡。当两种商品的价格之比等于两种商品的边际效用之比（边际替代率），即 $\frac{MU_X}{MU_Y}=\frac{P_X}{P_Y}$ 时，消费者效用达到最大。

③消费者剩余是指消费者愿意支付的价格总额与实际支付的价格总额之间的差额，消费者剩余实质上是价格以上、需求曲线以下三角形的面积；生产者剩余是指生产者能够接受的最低价格与市场价格之间的差额，生产者剩余实质上是价格以下、供给曲线以上三角形的面积。消费者剩余和生产者剩余的总和即为社会总剩余，它是衡量社会经济福利的一个指标，对商品征税会降低社会总剩余。

（3）生产和市场结构理论

①企业的生产过程就是对劳动、资本、技术、土地等生产要素进行组合以制成产品的过程。企业生产经营是为了获得利润，利润等于收入减去成本，成本指的是企业为生产一定数量的某种商品所投入的全部生产要素的费用总和，它等于固定成本加变动成本。在经济学中，我们除了要考虑会计成本，还要考虑机会成本。

②边际产量指的是在一定技术水平下，每增加1单位要素投入所带来的总产量的增加量。边际产量具有递减的特点。

③根据某种商品市场上企业的数量以及企业对于商品价格的影响程度，可将市场结构分为四种类型：完全垄断、完全竞争、垄断竞争、寡头垄断。垄断竞争和寡头垄断在日常生活中较为常见。

（4）劳动与收入

①劳动的价格（工资）取决于劳动的供给和需求。受到劳动质量、非货币利益、市场不完全竞争等因素的影响，劳动者的工资存在差异。

②居民的可支配收入主要包括劳动（工资）收入、经营性收入、财产性收入和转移收入净值四类。其中，劳动（工资）收入是最为普遍且重要的收入来源。

③政府收入主要包括税收收入、债务收入、国有企业运营收入、国有财产收入、行政司法收入和其他收入等六种形式。其中，税收收入作为政府收入的主要来源，在政府收入中占据着主体地位。

第三章
宏观经济学

3.1 国家收入

本节导读

国家富强，人民富裕是一个国家非常美好的经济愿景。不论是央视的新闻联播，地方新闻频道，还是其他的新闻媒体，你一定都看到过关于 GDP 的报道："中国的 GDP 超过日本，成为全球第二大经济体；中国 2016 年第二季度 GDP 高于预期；预计中国 2016 年 GDP 增长 6.5%"。或许你还知道 GDP 越高国家经济实力越强，人民越富裕。但是 GDP 的真实内涵是什么？GDP 如何计算？为什么经济学家会选择用 GDP 来衡量国民总收入呢？本节将从宏观经济的四大目标谈起，希望大家能够在这四大目标中寻找上述问题的答案。

本节目标

1. 了解宏观经济的四大目标
2. 掌握国内生产总值（GDP）的定义
3. 掌握名义 GDP 与实际 GDP 之间的差别
4. 掌握 GDP 平减指数的含义
5. 掌握国内生产总值的核算方法
6. 了解简单经济中储蓄与投资的关系

3.1.1 宏观调控四大目标

各国的国情不同，发展阶段不同，宏观调控的目标也不尽相同。大家应该都知道，经济发展的最大目标是实现经济快速稳定的发展，宏观调控则为经济快速稳定发展提供了必要前提条件。社会再生产的协调发展，最终反映在解决四个经济发展问题：充分就业、经济增长、物价稳定和国际收支平衡，这也是国家实行宏观调控需要解决的四个目标问题。宏观经济学所有知识理论，大部分都是围绕着四个目标问题展开。充分就业问题，与后面的失业问题相对应；经济增长问题，更多的是在讨论 GDP 的增长；物价稳定，则与通货膨胀问题息息相关；国际收支平衡，讨论的问题更多与贸易问题相关。接下来，我们将以四大宏观调控目标为起点，给大家介绍我们的宏观经济学知识。

1. 充分就业（full employment）

充分就业在宏观经济中不仅指一切愿意工作的劳动力都能找到工作，也指所有的社会资源都能得到充分利用。我们可以这样理解，所有的资源都合理地站到自己的岗位，发挥着自己的价值，就和劳动力一样。为什么充分就业会被纳入到宏观经济目标中，成为一个国家非常重视的问题？因为劳动收入是家庭主要经济来源，失业意味着家庭没有收入，就没有更多的钱来消费，生活质量也会逐渐降低。我们前面介绍过市场中的家庭和企业，如果家庭不消费，企业的收入也无从获得，经济循环会受到严重的阻碍。所以失业会导致家庭中的劳动力闲置，企业也没有资金和劳动力来生产，市场也就会失去原有的正常秩序，引发一系列的社会问题。失业带来的经济危害十分大，所以充分就业是宏观经济调控的首要目标。

2. 经济增长（economic growth）

经济增长就是指一定时期内经济持续均衡增长，也指一定时期内经济社会中人均产量或人均收入的持续增长，是宏观调控的中心目标。如果人均收入每年都增长，收入的增长也会带动消费与投资的增长，从而刺激经济的增长，所以说，在讨论经济增长时，一般是指维持一个较高的经济增长率，同时也需要培养一种经济持续增长的能力。

3. 物价稳定（stabilization of price）

物价稳定指的是价格总水平的稳定，不是指每种商品价格固定不变，也不是指价格总水平固定不变，而是指价格指数的相对稳定。多数人经常会犯这样的错误，猪肉的价格 2016 年比 2015 年上涨了 10%，他们就会说物价上涨了 10%。这样的判断比较片面。虽然猪肉的价格上涨了 10%，但是其他的商品可能价格下降了，比如 2015 年的小米 2s 和 2016 年的小米 2s 的价格显示手机价格在下降，单个商品价格的变化并不能反映物价水平的变动。我们判断物价上涨还是下降，是通过对一组消费品的价格进行加权，进而得到价格指数，比较不同时期的价格指数大小就可以知道物价是否稳定，价格指数越高，说明物价涨得越快。关于物价上涨的衡量，我们将在后面章节作详细介绍。

4. 国际收支平衡（balance of international payments）

国际收支是在两个国家进行贸易时产生的，比如美国生产苹果手机，中国生产联想电脑，两个国家之间就会发生贸易，美国会购买中国的电脑，这就相当于中国卖出产品获得了收入，这些收入就是中国的出口额。相对的，中国会购买美国的手机，中国花出去的钱就是支出，这些支出就是中国的进口额，因此国际收支差额=出口总额-进口总额。如果出口总额=进口总额，则国际收支差额=0，也就是实现了国际收支平衡；如果出口总额>进口总额，则国际收支差额>0，称为贸易顺差。如果国际收支出现巨额的贸易顺差，说明外汇储备过多会造成资金的闲置浪费，而且如果储备的外币汇率下跌时，外汇储备会遭受损失，而且也有可能造成国内的通货膨胀问题；如果出口总额<进口总额，则国际收支差额<0，称为贸易逆差（贸易赤字），贸易逆差带来的最直观的经济问题，就是国家外债的增加。所以，一国经济的健康发展，最理想的状态是实现国际收支的平衡。

> 宏观调控四大目标：充分就业、经济增长、物价稳定、国际收支平衡。

3.1.2 国内生产总值（GDP）

国内生产总值（gross domestic product，GDP）就是一定时期内在一国境内生产的所有最终产品与服务的市场价值。GDP 是一个综合衡量指标，所以它的计算有很多要求。其中，计算 GDP 最重要的是要会区分何为最终产品和服务。

> 产出价值是否计入到 GDP 中，关键在于确定是否为"最终产品和服务"。

1. 市场价值

一个国家可以生产许多不同的产品和提供不同的服务，比如汽车、电脑、手机、理发、住房中介服务、银行理财咨询等。GDP 就是将这些产品和服务市场价值加总在一起的衡量指标。例如，如果一国经济产出是 3 台空调和 4 台电脑，那么怎样衡量 GDP 呢？我们可以将这些产品简单加总，就是 7 台家电，于是 GDP=7 台家电。但这是错误的，因为只有两种家电的价值一样才可以简单相加。为了计算不同产品和服务的价值，国民收入核算使用市场价格，因为市场价格反映了人们愿意为产品和服务支付多少，实际上就是反映了产品和服务当时的市场价值。在这里，我们假定每台空调 4000 元，每台电脑 7000 元，GDP 就等于空调的价格×空调的数量+电脑的价格×电脑的数量，数值是 40000 元。

2. 生产什么

国内生产总值只计算最终产品和服务的价值。什么是最终产品和服务，这是与中间产品与服务相对应的概念。4s 店一辆准备出售的奔驰汽车是最终产品，价值 3 万美元。奔驰公司购买的安装在奔驰汽车上的车轮就是中间产品，而轮胎对于轮胎生产商就是最终产品。尽管轮胎价值 100 美元也不会计入到 GDP 中。但是，如果你自己买了一个轮胎作为备用轮胎，价值 100 美元，那么它就是最终产品，GDP 就增加了 100 美元。同样的产品既可以是中间产品也可以是最终产品。

我们还要注意不是所有生产出来的产品都要计入 GDP，你生产出来的蔬菜价值 100 元，如果你拿到市场上交易，就会计入 GDP 增加 100 元。然而，如果你是自己食用，GDP 增加则为 0。所以 GDP 只计算在市场上交易的最终产品和服务。

3. 何处生产

GDP 核算一国境内的生产价值。记住一个简单的规定：GDP 在哪个国家生产出来就算在哪个国家的 GDP 总量中。只要是在中国境内的公司，不论你是韩国的还是美国的，生产出来的产品和服务都属于中国的 GDP。如果一个英国公民在中国工作一段时间，他的产出同样计入中国的 GDP。

4. 何时生产

GDP 衡量的是一个时期的最终产品和服务的价值。我们常见的是年度 GDP，比如 2016 年中国的年度 GDP 为 74.4 万亿元。还有别的核算方法如季度（三个月）GDP。

3.1.3 实际 GDP 与名义 GDP

假如一个经济体只生产水蜜桃和凤梨，GDP 是生产所有水蜜桃的价值和所有凤梨的价值之和，即：

GDP=水蜜桃的价格 × 水蜜桃的数量 + 凤梨的价格 × 凤梨的数量

我们常用的 GDP 是名义 GDP，名义 GDP 是用现期价格衡量的产品和服务的价值。如果计算的价格是 2015 年，计算结果指的是 2015 年的名义 GDP。如果计算的价格是 2016 年，计算结果指的是 2016 年的名义 GDP。我们不难发现，名义 GDP 的变化可能是由于价格变化，也有可能是产量发生了变化。

人们通常认为，名义 GDP 不是一个很好的衡量经济福利的指标。举个例子说明一下，假如 2015 年水蜜桃的单价是 3 元，凤梨是 2 元，产量分别为 10 和 8。2016 年水蜜桃的单价是 5 元，凤梨是 3 元，产量分别为 7 和 6。我们不妨计算一下两个年份的名义 GDP。

2015 年名义 GDP=水蜜桃的价格×水蜜桃的数量+凤梨的价格×凤梨的数量=3×10+2×8=46 元

2016 年名义 GDP=5×7+3×6=53 元

计算结果说明，水蜜桃和凤梨的产量虽然都降低了，名义 GDP 居然增加了。这也就解释了为什么经济学家都认为名义 GDP 不能合理衡量经济福利。

为了能更好地衡量经济福利，经济学家考虑去除价格因素的影响，通过实际 GDP 来衡量经济体的收入水平。因为考虑去除价格因素，所以实际 GDP 是使用一组不变价格衡量的产品和服务的价值，也就是所谓的基期价格。如果我们假定用 2015 年的价格为基期价格：2015 年实际 GDP=2015 年水蜜桃价格×2015 年水蜜桃数量+2015 年凤梨价格×2015 年凤梨数量；2016 年实际 GDP=2015 年水蜜桃价格×2016 年水蜜桃数量+2015 年凤梨价格×2016 年凤梨数量，这里的价格仍然用的是 2015 年的，就是为了避免价格的变化造成衡量的不真实，因此选用了一个基期价格。本例中选用 2015 年作为基期，隐含的假定就是 2016 年每个产品和 2015 年是一样的。在这种衡量方法中，我们强调的就是没有价格变动的影响，那么实际 GDP 的影响因素就只有产量。这也就是我们前面所说的为什么经济学家喜欢通过名义 GDP 看实际 GDP 的最直接的例子，通过比较实际 GDP，可以看出基期价格与现期价格产品的真实变化情况。

> 名义 GDP 是以当期价格为标准计算最终产品和服务价值；实际 GDP 是以基期价格为标准来计算最终产品和服务价值。

3.1.4 GDP 平减指数

前面讲到名义 GDP 和实际 GDP 的计算方法，一般来说，除了基期的名义 GDP 和实际 GDP 是相等的，因为两者的价格和产量一样，基期以后的其他年份两种 GDP 的数值是不同的。仍以水蜜桃和凤梨为例，我们计算 2016 年的实际 GDP=2015 年水蜜桃的价格×2016 年水蜜桃的数量+2015 年凤梨的价格 × 2016 年凤梨的数量=3×7+2×6=33 元，比名义 GDP 小了很多。

由于 2016 年的产量是既定的，所以名义 GDP 和实际 GDP 的差异源自价格变化。2016 年的实际 GDP 以 2015 年的价格为基础，2016 年的名义 GDP 是以 2016 年的价格为基础。这实际上反映了物价在上涨，导致名义 GDP 增加。为了度量这种增加的程度，经济学家使用了 GDP 平减指数（GDP deflator），它等于名义 GDP 与实际 GDP 的比率：

GDP 平减指数=名义 GDP÷实际 GDP

GDP 平减指数反映的是经济中总体物价水平的变化。将上面的等式变换形式，我们可以看出名义 GDP 可以由两个部分来衡量：一个是实际产出，也就是实际 GDP；还有一个是市场价格，也就是 GDP 平减指数。

名义 GDP=实际 GDP×GDP 平减指数

上面的等式还可进一步变形得到以下等式：

实际 GDP=名义 GDP÷GDP 平减指数

这个等式告诉我们，GDP 平减指数名字的由来。名义 GDP 衡量产出现期价值，实际 GDP 衡量不变价格的产出价值，GDP 平减指数则度量价格变化的程度，是价格变化的一种宏观测量。实际 GDP 就是剔除了物价变化之后（即平减了名义 GDP）得到的实际产出价值。

3.1.5 GDP 的核算方法（支出法）

经济活动中生产的最终产品和服务数量庞大，如果套用公式计算，工作量非常大。经济学家根据国内生产总值的三种形态：产品、收入和价值，得到了对应的核算方法，分别为支出法、收入法和生产法。本书着重分析支出法核算国内生产总值。

GDP 核算一国境内所有最终产品和服务的价值，值得注意的是，最终产品和服务是被消费了的产品和服务。购买最终产品和服务的机构有四种：家庭、企业、政府和其他。四种机构购买对应以下四类支出：

消费：C，Consumption

投资：I，Investment

政府购买：G，Government purchase

净出口：NX，Net Export

一般默认用 Y 表示 GDP，那么 Y 的核算方法如下：Y=C+I+G+NX。

支出法核算的国内生产总值是消费、投资、政府支出和净出口之和，上面的等式就是宏观经济问题中常见的国民收入核算恒等式。

消费（consumption）指的是家庭购买最终产品和服务的支出。包括非耐用品、耐用品和服务。我们穿的衣服、吃的食物使用的期限很短，属于非耐用品。而电脑和汽车这些使用年限很长的就是耐用品。KTV，理发，医疗，包括教育这些无形的东西属于服务消费。

投资（investment）是对用于未来生产更多物品和劳务的物质资料的购买。宏观经济中，投资包括企业固定投资、住房投资和存货投资。企业固定投资，指对新工厂和设备的购买，住房投资是家庭和房东对新住房的购买，存货投资是企业产品存货的增加。但是宏观经济中的投资不包括购买的股票、债券和基金，因为这种支出并没有创造价值，只是价值在不同主体之间的转移。

政府购买（government purchases）是各级政府购买的产品和服务。人们经常会误解以政府为主体的支出是购买行为，认为政府在社会福利、社会保险、失业救济、贫困补助、老年保障、卫生保健、对农业的补贴等政府转移支付方面的支出是政府购买，事实上，转移支付是将收入在不同的社会成员间进行转移和重新分配，将一部分人的收入转移到另一部分人手中，其实质是一种财富的再分配，这些政府支出只是改变了家庭的收入，而没有交换当期的产品和服务，所以政府转移支付是不计算在 GDP 内的。那么政府支付给大学老师薪水算不算政府购买？我们知道，教育是服务消费，大学老师就是教育这种服务的提供者，老师的薪水理所应当算在政府购买中。

净出口（net exports）等于外国对国内生产的产品的购买（国内的出口）减去国内对外国产品的购买（国内的进口）。假如中国生产的联想电脑卖给了美国的消费者，中国的净出口就增加了。如果中国消费者购买了美国的苹果手机，净出口是减少了。支出法是从产品和服务消费的角度来核算 GDP 的，每一项支出对应了一种产品或者服务的消费。进口反映国内对外国产品或服务的消费，应该计入外国的 GDP，而出口则应该计入国内的GDP。很明显，进口减少了国内的 GDP，所以我们才用净出口这个概念表示去掉了进口之后 GDP 的增加值。

> 支出法核算 GDP 记忆技巧，等式右侧对应经济主体分别为消费者（家庭）、生产者（企业）、政府与其他（国际经济参与主体）。

知识小百科

国民生产总值 GNP

在经济学中，衡量国民收入有很多指标，最常用的是 GDP，其次就是 GNP（gross national product）。GDP 是指国内生产总值，GNP 则指国民生产总值，两者有一字之差，他们的区别就体现在这一字上面。GDP 有四大核算条件，考虑的是市场价值、生产什么、何时生产、何地生产。GNP 与 GDP 的区别就是何地生产的问题。

GNP 不考虑生产的区域，而是考虑产出属于哪个国家的国民生产。如果一个中国企业在美国办企业，他所创造的产出就属于中国，应当计入中国的 GNP 增加值。美国的国民在中国创造的产出属于美国的 GNP，与中国无关。中国的 GDP 在核算的时候把外国国民或企业在中国的产出计算在内，而把中国国民或企业在外国的产出排除在外。

基于上面的分析，我们可以得到 GNP 的核算方法：
GNP=GDP+本国国民或企业在国外的产出−外国国民或企业在本国的产出

GDP 衡量在国内生产的总收入，而 GNP 衡量国民（一国居民）所赚取的总收入。

> GDP（国内生产总值）与 GNP（国民生产总值），区别在于"国内"和"国民"。

3.1.6 两部门经济：投资 = 储蓄

在讲解支出法计算 GDP 时，我们已经学习了四部门（家庭、企业、政府和其他）经济各自的产出如何来度量。现在回到我们最开始的两部门经济循环图来思考一个问题，一个没有政府和对外贸易的两部门经济，我们去掉了 G 和 NX，这样就可以得到两部门经济中国民收入核算恒等式简化成：

$$Y=C+I$$

GDP 有多种核算方法，如果采用收入法怎样去计算呢？两部门经济中，GDP 仍然用 Y 表示，国内生产总值等于国民总收入，因为所有的产出都会成为家庭或者企业的收入。国民收入有两种分配方式，消费和储蓄，日常生活中普通家庭的收入首先购买产品和服务来保证基本生活需求，剩下来的都是用来储蓄的。所以可以得到以下等式：

$$Y=C+S$$

将上面的两个等式结合起来进一步得到第三个等式：

$$C+I=Y=C+S$$

化简这个等式会得到：

$$I=Y-C=S$$

两部门经济中非常重要的一个知识点就是投资恒等于储蓄。这是宏观经济中一个重要的结论，整个经济的总投资应该等于总的储蓄。投资和储蓄这种对等关系在宏观经济中有很好的实际意义，为了实现宏观经济目标，政府会利用这种关系去调节投资和储蓄。

知识小百科

金融投资与实业投资在经济学中的区别

我们讲了如何用支出法去核算 GDP，其中还讲了投资这个概念。支出法从产出价值角度分析 GDP 构成，所以这里的投资和我们现实生活中提到的投资有区别。

有时候，对个体来说看起来像是投资的行为对于整体经济来说并不算投资，比如现在可以在银行的各个网点购买理财基金，我们会说这是一种最简单的投资理财，这在金融学里是正确的表述。但是对于整个经济来说，这不算投资行为，只能算资产在不同主体之间的重新配置。事实上，个人购买理财产品，机构利用这样的方式聚集的资金进行投资，资金相当于把钱借给了基金管理机构，与支出法中理解的投资完全不是一回事。下面我们通过一个例子来具体说明。

如果你有 2 万美元的资金，你的分配方案是这样的：

方案 1：1 万美元购买百度新发行的股票，该公司正在开发人工智能技术，能够创造很高的社会价值。方案 2：另外 1 万美元自己开一家烘焙店，自己经营。应该如何去计算实际的投资额呢？

方案 1 就是日常生活中个体的金融投资行为，这部分支出不能计入以支出法核算的投资当中。你可能会觉得很奇怪，如果自己的支出不算在投资中，GDP 是不是就少算了呢？真实的情况是，你购买股票的钱会成为百度公司的资金，他们会将这部分资金用于创造价值，只是核算的时候是以百度公司为主体。我们不用担心错误计算了 GDP，相反，很可能出现重复计算的错误。方案 2 应该计入投资支出，我们已经相当熟悉这个经济学概念。烘焙店是用来生产和经营的，这种支出理应计入投资，因此也是 GDP 的组成部分。这就是实业投资的具体形式。所以，按照是否纳入 GDP 的投资支出，两种方案的实际投资额是 1 万美元。

———
经济学中的投资多指实物性投资，纳入 GDP 核算；金融领域的投资多指证券投资。

3.2 经济发展问题：经济增长、失业、通货膨胀

本节导读

我们生活水平的改善和提高，主要源自经济的健康快速发展。2016 年 IMF（国际货币基金组织）公布 IMF 成员国家和地区的 GDP 总量，增速以及人均 GDP 排名中，中国 GDP 总量排名第二，增速排名第 13 位，人均 GDP 排名第 74 位；而美国 GDP 总量排名第一，增速排名 131，人均 GDP 排名第 8 位。无论是 GDP 总量还是人均 GDP，不同国家处于不同的发展阶段，因此差异也十分明显。我们很好奇不同经济体的巨大差异来源是什么，不同地区之间人民生活水平的差距为什么会扩大，落后经济体有没有机会赶超发达经济体呢？这些疑问都与一个国家的经济增长水平有最直接的关系。

工作是维持家庭稳定的基本条件，失业对任何家庭都是沉重的打击。对于社会而言，严重的失业也会阻碍经济的发展，也最容易引起社会问题。那么你对失业是否有足够认识，应该如何去理解"提供就业机会"的政策建议呢？在了解失业原因和失业类型后，也许你会发现其中的关系。除了经济增长问题、失业问题，经济快速发展过程中，我们可能都会产生这样的疑问：为什么物价总是在上涨？这与经济发展、失业之间是否存在一定的关系呢？以上问题都是本节重点讨论和介绍的问题，这有助于帮助同学们了解真实的经济社会。

本节目标

1. 掌握经济增长率的计算方法
2. 掌握经济增长的源泉
3. 了解经济周期的含义
4. 理解失业率的含义
5. 掌握失业的分类
6. 了解失业所带来的影响
7. 掌握通货膨胀的定义及分类
8. 了解菲利普斯曲线

——•
经济发展问题，可以与宏观调控的四大目标相对应进行学习理解。

3.2.1 经济增长率的计算

GDP 衡量了一个时期一个经济体总的生产价值，这是一个静态的指标。有的时候我们更加关心经济发展的速度，我们希望得到一个可以反映经济增长快慢的动态指标。经济学家通常用实际 GDP 每年变动的百分比来描述经济增长率（economic growth rate），来衡量经济增长的快慢。

$$\text{实际 GDP 增长率} = \frac{\text{当年的实际 GDP} - \text{前一年的实际 GDP}}{\text{前一年的实际 GDP}} \times 100\%$$

使用实际 GDP 变动比率是因为实际 GDP 更能反映真实产出的变化，宏观经济中更倾向用实际 GDP。假如某个国家 2016 年的实际 GDP 是 7.42 万亿美元，2015 年的实际 GDP 是 7 万亿美元，因此：

$$\text{实际 GDP 增长率} = \frac{7.42 \text{ 万亿美元} - 7 \text{ 万亿美元}}{7 \text{ 万亿美元}} \times 100\% = 6\%$$

这个公式的结果显示 2016 年的实际 GDP 比 2015 年增加了 6%，它反映了该国总体经济增长的快慢。尽管实际 GDP 增长率对于衡量不同国家的总体经济增长速度很有效，却不能很好地反映人民生活水平的变化。一个合理反映人民生活水平变化的指标是人均实际 GDP 增长率。人均实际 GDP = $\frac{\text{国家实际 GDP}}{\text{国家总人口}}$，是一个静态的反映人民生活水平的经济指标。

沿用上面的例子，某个国家 2015 年和 2016 年的实际 GDP 分别为 7 万亿美元和 7.42 万亿美元，总人口数分别为 2 亿和 2.02 亿，得到两年的人均实际 GDP 为 35000 美元和 36733 美元。人均实际 GDP 增长率的计算方法和实际 GDP 一样：

$$\text{人均实际 GDP 增长率} = \frac{36733 \text{ 美元} - 35000 \text{ 美元}}{35000 \text{ 美元}} \times 100\% \approx 5\%$$

总人口的变化导致人均实际 GDP 增长率和实际 GDP 增长率不一致，这也是我们用人均实际 GDP 增长率衡量人民生活水平变化的主要原因。

那么，实际 GDP 增长率与人均实际 GDP 增长率之间是否存在一定的关系呢？我们首先算一下人口的增长率。

$$\text{人口增长率} = \frac{2016 \text{ 年总人口} - 2015 \text{ 年总人口}}{2015 \text{ 年总人口}} \times 100\%$$

通过简单计算可以知道，2016 年的人口增长率为 1%，之前测算的实际 GDP 增长率为 6%，人均实际 GDP 增长率为 5%，可以看出人均实际 GDP 增长率=实际 GDP 增长率-人口增长率。因此我们可以得到这样的结论，只有实际 GDP 增长率大于人口增长率时，人均实际 GDP 增长率才大于 0，也就是人均实际 GDP 才会增长。反之，人均实际 GDP 会下降。

> 经济增长率是量化经济增长快慢的重要指标，不同经济主体和不同时期之间的增长率可进行对比分析。数据量化分析是经济学常用分析方法。

3.2.2 经济增长的源泉

实际 GDP 以及人均实际 GDP 告诉我们怎样去衡量一个经济体运行的好坏。实际上,经济学家更加关心是什么导致了经济体之间巨大的差异,更关注经济增长的源泉是什么。

生产要素是维系国民经济运行以及市场主体生产经营过程中必须具备的基本要素。随着科技的发展和知识产权制度的建立,技术、信息也作为相对独立的要素投入生产。经济学常讨论也是最重要的生产要素就是劳动(L)和资本(C)。下面我们通过一个简单的经济模型来说明如何提高实际产出水平。东晋时期的陶渊明晚年归隐山林,过着自给自足的生活。如果我们将他的生活建立成一个简单的经济模型:陶渊明通过劳动来获得生活所需,消费自己生产的物品。如果他想增加自己的劳动产出,从而提高自己的生活水平,他有哪些方式呢?首先他可以增加自己的劳动时间,"晨兴理荒秽,带月荷锄归"说的就是增加工作时长。然而能够延长的工作时间有限,陶渊明还可以通过提高每单位时间的产出来提高自己的实际劳动产出,比如他可以使用锄头和牛耕等能提高生产效率的劳动工具。如果将这个简单的模型运用到更复杂的经济体,道理也是一样的。这说明只有当生产要素数量增加或者技术发展促进要素更加具有生产力的时候,实际 GDP 才会增长。经济学把所有影响实际 GDP 增长的因素划分为以下两类:总劳动时数和劳动生产率。

1. 总劳动时数

总劳动时数是所有劳动小时数的总和,计算方法如下:

$$总劳动时数 = 劳动力数量 \times 工人平均劳动时数$$

总劳动时数主要受到该国人口的影响,人口增长可以提高总的实际 GDP,但是并不能提高人均实际 GDP。经济学家更加感兴趣的是劳动生产率对经济增长的影响。

2. 劳动生产率

每一小时劳动所生产的实际 GDP 的数量叫作劳动生产率(labor productivity)。具体计算公式如下:

$$劳动生产率 = \frac{实际 GDP 总量}{总劳动时数}$$

举一个简单的例子,假设某国的实际 GDP 总量是 7 万亿美元,总劳动时数=2 千亿小时,劳动生产率就等于 7 万亿美元÷2 千亿小时=35 美元/小时,这反映的是单位劳动力每小时的产出。这个数值越大,劳动生产

率越高,每年的实际 GDP 总量就会越大。我们可以把劳动生产率的计算公式变形:

实际 GDP 总量=劳动生产率×总劳动时数

这个等式清楚地表明,实际 GDP 总量随着劳动生产率的提高而提高,既然生产率对经济增长有着至关重要的影响,研究生产率的影响因素就是非常有价值的。我们归纳出四种影响劳动生产率的因素:实物资本、人力资本、自然资源和技术知识。下面依次分析每个因素。

(1)**实物资本**:是生产产品和服务的设备和建筑物的存量,也被称为物质资本。例如,上海大众修建的厂房,厂房里面的生产线设备都是物质资本。随着技术进步,引进新的生产设备和生产线流水作业,工人的生产率比 20 年前要高很多。因为他们可以使用更有效率的机器。当投资超过资本折旧时,工人人均资本量会增加,劳动生产率也会提高。在这里,资本折旧就是被磨损或废弃的资本量。我们可以通过图 3-2-1 来看出人均资本使用增加带来的劳动生产率的提高。我们给了不同水平实物资本下的两条生产函数曲线,当总的劳动力为 L_0 时,对应的产出分别为 Y_0 和 Y_1。两条向上直线的斜率反映的就是人均劳动的产出,也就是劳动生产率。很明显,上面的斜率要大,也就是劳动生产率更高。

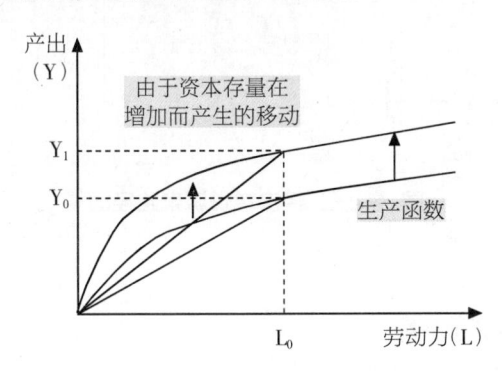

图 3-2-1 资本增加与生产函数

(2)**人力资本**:指工作人员通过教育、培训和经验而获得的知识和技能。就像对机器和建筑物的投资一样,对教育和培训的投资形成了对人力资本的投资。除了规范的教育,获取人力资本还可以通过工作中的经验,鼓励"干中学",从而积累有熟练工作技巧和丰富工作经验工作人员,实现人力资本积累。

现代社会对人力资本的重视完全不亚于对实物资本的重视。人力资本能够直接提高劳动生产率,并且它是新技术产生的源泉,也是创新的主要来源之一。尽管人力资本不像实物资本那样具体,但不可忽视其生产价值。人力资本既可以生产物质产品,也可以生产技术这种无形产品。

(3)**自然资源**:是由自然界提供的用于生产物品与提供服务的投入,如土地、河流和矿产。一个国家自然资源的多少是由特殊的地理条件决定的，我们无法改变这种自然资源禀赋。中东地区的部分国家因为石油储备丰富，当地的人均 GDP 达到了发达国家的水平。但是自然资源既不是一个国家富裕的充分条件，也不是必要条件。南非是世界上钻石产出最多的国家，但是那里的人民生活依然很贫穷。日本是一个资源很贫乏的国家，但是日本依靠先进技术，劳动生产率很高，是世界上富裕国家之一。

（4）**技术知识**：对人类生活的影响十分深刻，科学技术是第一生产力对经济社会的发展起着首要的变革作用，从蒸汽机到内燃机，再到电脑、飞机、智能机器人，都是科学技术进步的产物。如今互联网技术的发展，推动了实体经济的快速发展。新经济时代的科技产物，如人工智能、无人驾驶技术也正在走进现实社会，影响着整个经济社会的快速变革与发展。

我们用图 3-2-2 来总结经济增长的路径。

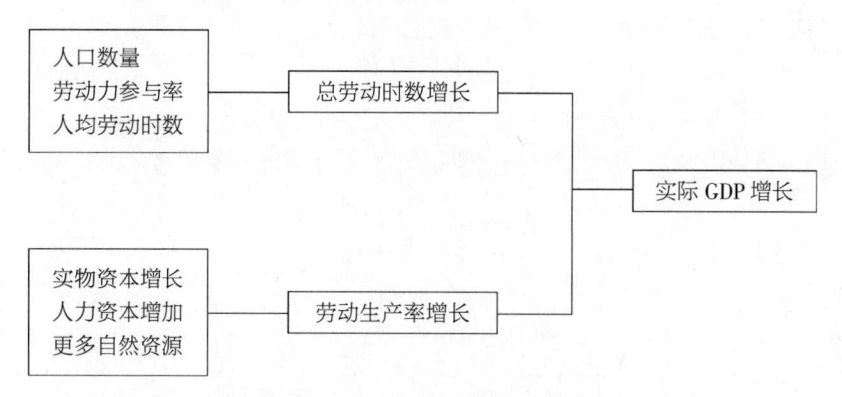

图 3-2-2 经济增长源泉路径图

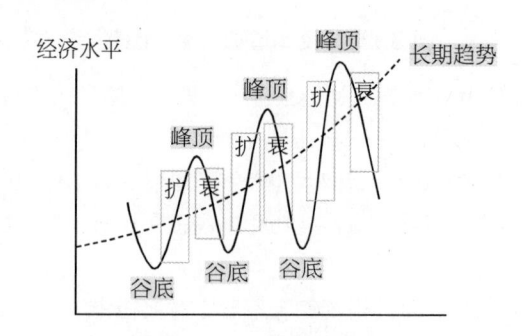

3.2.3 经济周期

图 3-2-3 经济周期趋势图

所谓经济周期（又称商业周期或商业循环，business cycle），一般指经济活动沿着经济发展的总体趋势所经历的有规律的扩张和收缩，是国民总产出、总收入和总就业的波动。主要表现为繁荣、衰退、萧条和复苏四个阶段，在经济周期趋势图中，可以通过峰顶（peak）、衰退（recession）、谷底（trough）、扩张（expansion）来形象表示不同的经济发展趋势。经济周期趋势图如图 3-2-3 所示。

扩张阶段显示经济处于增长时期，通常伴随就业、生产、货币量、工资率、利率的上涨；衰退阶段说明经济处于下降时期，一般会出现就业、生产、货币量、工资率、利率的下降。峰顶指的是扩张阶段已经达到最高水平，无法继续扩张；谷底则指经济衰退到最低水平，不可能继续衰退，峰顶和谷底用来表示经济繁荣和萧条的转折点。经济周期就是这四个阶段不断循环的过程。

> 经济周期四个过程：繁荣、衰退、萧条和复苏。

知识小百科

泡沫经济

泡沫经济（Bubble Economy / Foam Economy），指资产价值超越实体经济，极易丧失持续发展能力的宏观经济状态。资产价值以实体经济为依托。我们知道衡量实际 GDP 是计算最终产品和服务的价值，没有产品和服务，GDP 无从谈起。在正常的经济活动中，市场价值可以合理反映产品和服务的价值，但不排除两者会出现偏离。对某个市场的过高估价往往会引发泡沫经济。

世界上最早的泡沫经济事件是 1637 年发生在荷兰的郁金香狂热。郁金香是一种短时间难以大量繁殖的花卉，所以它的产量难以短时间得到增加。17 世纪 10 年代，一些收入较高的植物爱好者对郁金香产生了兴趣，他们改良品种，产生了更多的郁金香品种，原本价格不菲的郁金香随着人们的喜爱价格高速上升。1634 年左右，投机分子进入郁金香市场，极力抬高花卉价格。这些投机分子有计划地行动，有人因此一掷千金，当时甚至还有过一个高级品种的球根交换了一座宅邸的纪录。

1637 年 2 月初，郁金香价格突然暴跌。因为即便是郁金香的爱好者也觉得价格高得不切实际，市场上对郁金香的需求急剧减少。那些最后持有郁金香的交易者找不到下一个买家，只能独自"享用"这种昂贵的商品。这场狂热最后以少数人破产和少数人暴富告终。这种经济最终就像泡沫一样破灭，所以这一事件又称作郁金香泡沫。日本泡沫经济发生于 1980 年代后期和 1990 年代初期，泡沫经济破灭后，日本经济出现了长达 10 年之久的经济衰退。

3.2.3 失业的分类

经济学中，将失业认为是一个人有能力为获取报酬而工作，但尚未找到工作的状况。我们知道宏观调控的四大目标之一是充分就业，充分就业是一种理想的经济状态。然而，现实经济并没有那么完美，全世界每个国家都或多或少面临失业问题。即便在一个经济运行良好的社会，也总有人没有工作。有些类型的失业是可以容忍的，有些失业是不可避免的，了解不同类型的失业有助于了解政府宏观经济政策的理论依据。

按照失业产生的原因，失业可以归纳为三类：自愿性失业、非自愿性失业和隐蔽性失业。自愿性失业是因为劳动力主观上不愿意就业而造成的，无法通过经济手段和政策来消除。非自愿性失业是指有劳动能力、愿意接受现行工资水平但仍然找不到工作的现象，主要分为摩擦性失业（frictional unemployment）、结构性失业（structural unemployment）和周期性失业（cyclical unemployment）。

摩擦性失业是由于人们在不同的地区、职业或生命周期的不同阶段，不停地变换工作而引起的失业。举一个现实的例子，你的爸爸因为对现在的工作不满意，于是向公司提出辞呈，但是你不会担心他找不到工作。事实上，爸爸在一个月之后成功找到一份薪资更高的工作。那么在找到工作之前的一个月中，你爸爸就是失业中，这种失业就是摩擦失业。职员因为这种原因离开工作岗位，就流入失业队伍，当他们找到新工作时，又流出了失业队伍，这种失业是经济运行可以容忍的。

结构性失业是由于劳动力供求结构不一致导致的失业。最常见的是产业结构调整升级时，有的旧产业工人的技能就失去价值，但是有的新兴行业需要的人才岗位要求很高，就出现了有的企业出现用工荒，有的工人却找不到工作的尴尬现象。这种失业的根源在于劳动力的供给结构不能适应劳动力的需求结构的变动，所以称为结构性失业。

周期性失业是由于劳动力的总需求减少引起的。在经济周期衰退时，社会总支出和产量下降，企业会大幅度减少生产，对劳动力总需求相应减少，必然产生普遍失业。这种由于经济活动具有周期性引起的失业，我们称之为周期性失业。

> 失业是生活中最常见的经济问题之一，对经济和社会都有很大的负面影响。解决失业问题，可采用扩张性的财政政策和货币政策。

3.2.4 失业的影响

严重的失业是政府和民众都不愿看到的，失业造成的影响可以分为两类，分别是经济影响和社会影响。下面我们详细分析这两种影响。

1. 经济影响

当某个工人失业了，原本他能够生产的产品和服务就损失了。所以，失业意味着减少了原本可以实现的经济产出。到底失业会对经济产生怎样的影响，我们可以通过计算大致估算出来。估算的方法是比较实际产出相对于潜在产出的减少量。潜在产出（potential GDP），指一国在一定时期内可供利用的经济资源在充分利用的条件下能生产的最大产出。

表 3-2-1 高失业时期的经济代价

	平均失业率（%）	产出损失 GDP 损失(10 亿美元，2008 年价格)	产出损失 占该时期 GDP 的百分比
大萧条时期（1930—1939）	18.2	2796	30.0
石油危机和通货膨胀时期（1975—1984）	7.7	1694	2.7
网络产业受挫后的萧条时期（2001—2003）	5.5	509	1.4

表 3-2-1 给出了美国在三个时期由于高失业带来的 GDP 损失的估算数据。在大萧条时期，高失业率给经济带来了巨大的损失。后面两个时期，失业带来的经济损失相对温和，即便如此，超过 1 万亿美元的经济损失仍然是庞大的数字。无论在哪个国家，哪个时期，高失业率都是经济运行最致命的打击。

2. 社会影响

失业直接影响的对象是失业者自己，其次就是家庭。原本一家钢铁厂生产车间的小组长，有着稳定的收入，有妻有子，生活相当美满。由于最近几年钢铁产业市场萎缩，工厂裁员，他失业了。他的收入是整个家庭的经济来源，这场灾难沉重打击了这个家庭。妻子抱怨丈夫没有经济来源，家庭关系非常紧张。尽管他失业后非常努力去寻找新的就业机会，但是他发现，钢铁企业的劳动力需求逐年减少，但是他又不会其他的技能，多次尝试都失败了，这让他觉得无所适从，产生了巨大的心理压力。心理学研究证实，失业对一个人造成的心理创伤非常严重，而且持续时间很久。有些劳动者可能会由于长期失业而放弃继续求职，从而退出劳动力市场。当整个社会的失业人口达到一定规模后，也会对社会治安产生一定的影响，严重时甚至会导致社会犯罪率的上升。因此，失业问题一直是经济发展需要解决的重要问题。

3.2.5 通货膨胀

通货膨胀（inflation），可以通俗地理解为国家发行的货币过多，导致货币降低了原有的购买价值，使得物价普遍的上涨。在经济学中，可以理解为信用货币制度下，流通中的货币数量超过实际经济需要而引起的货币贬值和物价水平全面而持续上涨。我们在导论中就提到过，当政府发行货币过多时，就会出现通货膨胀。这里要注意的是，通货膨胀指的是全面而持续的上涨，这就意味着，当只有某种商品的价格上涨时不能称之为通货膨胀，当所有物价指上涨 1 天然后回到初始价格，也不叫通货膨胀。

根据程度不同，通货膨胀可以分为三类：低通货膨胀、急剧通货膨胀和恶性通货膨胀。

低通货膨胀：一般指 1 位数的通货膨胀。这种通货膨胀是可以接受的，此时价格缓慢增长，人们相信自己买卖的商品相对价格在未来变动不会太离谱。大多数国家在过去十年都经历过低通货膨胀。

急剧通货膨胀：指价格总水平以每年 50%、100%、甚至 200% 的两位数或三位数的速率上涨。这种通货膨胀比较普遍，尤其是那些政府软弱、遭受战争或爆发革命的国家。这种通货膨胀一旦形成，就会出现严重的经济扭曲。

恶性通货膨胀：会对经济运行产生灾难性的影响，货币没有固定的价值，物价时刻在增长。在这样的通货膨胀背景下，经济运行失去控制，会面临崩溃的局面。

按照通货膨胀产生的原因分类，可以分为需求拉动型通货膨胀，成本推动型通货膨胀，输入型通货膨胀和结构型通货膨胀。

需求拉动型通货膨胀：主要是由于社会总体的需求过度增长，超过了社会总供给增长水平，导致物价持续全面上涨。成本推进型通货膨胀：主要是因为在社会没有超额需求的情况下，由于供给方成本的提高导致的一般价格水平持续和显著的上涨。输入型通货膨胀：主要是由于国外商品或者要素的价格上涨，带动了国内物价的持续上涨现象，一般受汇率影响较大。结构型通货膨胀：是由于社会需求结构发生差异性，在社会总需求不多的情况下，某些部门的产品需求过多造成的部分产品价格上涨现象。

3.2.6 消费者价格指数与通货膨胀率

1. 消费者价格指数

不同类型的通货膨胀对经济运行的影响差异很大，所以有必要测量通货膨胀的程度，才能制定适合的经济政策。为了解决测量的问题，经济学家通常采用消费者价格指数（CPI）。就像 GDP 把许多产品与服务的数量变成衡量生产的价值的单一数值一样，CPI 把许多产品和服务的价格变成衡量价格总体水平的单一指数。CPI 的计算公式如下：

> 一、"物价上涨"与"通货膨胀"的区别，物价上涨可能是短期个别商品物价上涨；而通货膨胀是指物价普遍持续的上涨，二者一定程度上并非同等概念。

$$CPI = \frac{一组固定产品与服务按当期价格计算的价值}{同一组固定产品与服务按基期价格计算的价值} \times 100$$

值得注意的是，公式后面乘上 100，而不是 100%，得出的结果我们称之为指数。

看起来简单的计算公式，统计局计算 CPI 的工作量却大得惊人，因为统计工作者需要用到成千上万的产品和服务的数据。我们希望通过简单的组合来说明计算 CPI 的具体步骤，因此我们只考虑两种产品组合：水蜜桃和凤梨。我们可以通过四个步骤完成 CPI 的计算（拉式指数计算方法）。

（1）**固定篮子**。人们常说的一篮子商品就是指为计算 CPI 选定合理的产品和服务组合，这个步骤非常重要，因为不同商品对消费者的重要程度有差异。如果普通消费者倾向于购买更多的水蜜桃，我们在衡量物价指数时就应该给水蜜桃赋予更大的权重。这里假定一篮子商品包括 4 个水蜜桃和 2 个凤梨。

（2）**确定价格**。根据不同年份的平均价格确定不同年份水蜜桃和凤梨的价格。假定统计了 2013 年、2014 年和 2015 年的数据，水蜜桃的价格为 2 元、3 元和 4 元，凤梨的价格为 1 元、1.5 元和 2 元。

（3）**计算一篮子商品的价值**。CPI 计算的是价格的变动，因此每一年一篮子商品的组合不变。三年的商品价值如下：

2013 年：2×4+1×2=10 元

2014 年：3×4+1.5×2=15 元

2015 年：4×4+2×2=20 元

（4）**选择基年并计算 CPI**。我们以 2013 年为基年，套用 CPI 的计算公式得到各年份的 CPI 如下：

2013 年 CPI=10 元÷10 元×100=100

2014 年 CPI=15 元÷10 元×100=150

2015 年 CPI=20 元÷10 元×100=200

不难看出，所有作为基期的 CPI 都是 100，2014 年和 2015 年的消费者物价指数上升了，居民的生活成本提高了。但是如何去衡量这种变化的程度呢？下面介绍关于通货膨胀的知识。

2. 通货膨胀率

宏观调控的一个目标是物价稳定，解决的就是通货膨胀问题。知道计算 CPI 的方法，再计算通货膨胀的程度变得很容易。我们用通货膨胀率测度通货膨胀的程度，它是从前一个时期以来物价指数变动的百分比。计算公式如下：

$$当年通货膨胀率 = \frac{当年的 CPI - 前一年的 CPI}{前一年的 CPI} \times 100\%$$

那么，前面的例子中，每年的通货膨胀率就可以计算出来。

2014 年通货膨胀率 = $\frac{150-100}{100}$ = 50%

2015 年通货膨胀率 = $\frac{200-150}{150}$ = 33.3%

从计算结果看出，2014 年的通货膨胀率是 50%，2015 年的是 33.3%，通货膨胀的程度加深了。虽然我们只用了两种产品计算 CPI 和通货膨胀率，但是基本的方法是完全正确的，统计局只是增加了更多的商品种类，我们更关注的是计算的过程所包含的意义。

通货膨胀不仅对人们的消费有影响，对债务人和债权人也有不同的影响。假如 Nicky 从银行那里借款 1000 元，约定一年后额外支付 5% 的利息。假如一年后的通货膨胀率为 10%。通货膨胀率大于利息率，虽然银行得到了 1050 元，但是现在只需 1000 元买到的商品一年后要卖 1100 元，这时银行发现，借出去的钱贬值了，相对的，Nicky 会发现，通货膨胀率越大，自己还钱越划算。

> 现在还借款 1000 元，真划算！

> 太亏了！这 1000 元钱贬值了。

债务人　　　　　债权人

图 3-2-4 通货膨胀对债务人和债权人造成的不同影响

> CPI 也是经济学中重要的量化指标之一，将一篮子商品的物价进行量化来研究物价的上涨或者下跌程度。

与通货膨胀相对应的一个经济学概念是通货紧缩。如果通货膨胀率为负，意味着价格水平下降，我们把这种情形叫做通货紧缩（deflation）。

通货膨胀和通货紧缩对经济生活都有重大影响。如果出现通货膨胀，通常就会出现纸币贬值，物价上涨，人们的购买力下降的情况。出现通货紧缩，可能情况要更糟糕，一般会出现市场萎缩，企业利润减少而减少投资，工人面临失业，人们收入减少，整个社会产出下降。通货紧缩意味着经济的衰退，所以，尽管通货膨胀不是人们期望的，人们更加不能接受通货紧缩的出现。

3.2.7 失业率与通货膨胀率之间的关系——菲利普斯曲线

1958 年，经济学家菲利普斯发表了一篇文章，提出了失业率与通货膨胀率之间具有负相关关系这个论点，并且给予了数据上的验证。

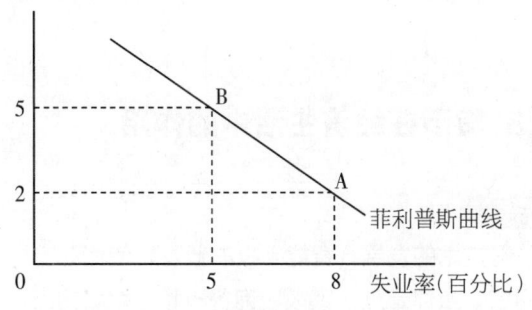

图 3-2-5 菲利普斯曲线

这个图形是一个典型的短期菲利普斯曲线，长期的菲利普斯曲线在大学课堂上会有更深入的推理过程。本书仅讨论短期菲利普斯曲线。从图中可以看出，在短期，失业率和通货膨胀率相互替代，失业率越高的年份通货膨胀率越低，失业率越低的年份通货膨胀率越高。

为什么会出现这样的经济现象呢？菲利普斯曲线的基本思想就是社会总需求的改变会影响市场价格，总需求的变化也会影响企业的产出，导致对劳动力需求的改变。假如 2016 年社会总需求提高了，在供求理论中我们讲过，需求上升会带来物价上升。此外，由于社会总需求上升，企业会提高产量，也就需要更多的工人，失业率随之下降。在图 3-2-5 中，A 点到 B 点的过程就是通货膨胀率由 2% 上升到 5%，失业率相应由 8% 下降到 5% 的过程。短期中，通货膨胀率和失业率总是朝着相反的方向移动。

那么，假如你是政策执行者，你是倾向于降低失业率而以高通货膨胀率为代价，还是倾向于以高失业率为代价换得低的通货膨胀率？菲利普斯曲线的提出方式是在两者之间进行权衡，达到适当的通货膨胀率和失业率并存。我们之前说过，宏观调控的经济目标存在矛盾在这里充分体现出来。

> 菲利普斯曲线主要表示通货膨胀率与失业率之间存在负相关关系。

3.3 货币在经济生活中的作用

> **本节导读**
>
> 互联网技术的发展，智能手机的普及，使移动支付逐渐成为人们的消费支付习惯，当你走进一家饭店饱餐一顿之后，掏出手机扫一下商家的收款二维码，输入了应付金额的数字，完成买单支付，在这笔交易中"数字"取代了"现金"。如今的"无现金生活"越来越受到年轻人的喜爱，使生活变得方便快捷。原本需要进行现金支付的消费行为，如今只需要简单的技术操作便实现了无现金交易，货币在交易过程中充当的交换媒介功能也逐渐被弱化。在经济社会发展进程中，传统的经济单位都在发生改变，货币也经历了不可思议的发展历史，但是它的内涵却始终不变。虽然现在可以实现移动支付的技术，但是本质上，货币在交易过程中仍然是很重要的"载体"。本节我们将学习货币的本质，了解货币在交易过程中的作用。货币本身也是一种特殊商品，它的价值也是由其供求关系所决定。本节内容，将重点介绍一些货币相关知识，让同学们了解货币在经济发展过程中的关键性作用，同时也有助于理解后面章节相关知识内容。

> **本节目标**
>
> 1. 了解货币的定义和分类
> 2. 了解货币的职能
> 3. 了解货币量的衡量指标
> 4. 掌握货币的供给与需求曲线

3.3.1 货币的定义与职能

1. 货币的定义和分类

货币是经济中人们经常用于相互购买物品和服务的一组资产，在经济学中货币有特定的含义，它只包括在物品与劳务交换中卖者通常接受的少数几种财富。根据货币是否具有内在价值可以将货币分为商品货币和法定货币。

商品货币是以有内在价值的商品为形式的货币。也就是即使它不作为货币，本身也具有价值。黄金是一种典型的商品货币，它可以作为工业和首饰的原材料。过去很长一段时间，黄金在全世界都作为货币而流通。还有一些特殊的商品可以作为商品货币，明代的中国不产胡椒，当时胡椒都是进口的贵重物品。胡椒既是上流社会餐桌上的必需品，还可以作为香料使用。在当时，官员的工资有时候也是用胡椒来代发，胡椒能够被大多数人认可作为交换的媒介，成为一种通货。

法定货币是没有内在价值、由政府法令确定作为通货使用的货币。人民币是中国政府规定的法定货币，在国内你可以用人民币去购买自己想要的商品和劳务。法币能够用于交换依赖于政府的法令以及人们是否愿意接受这种交换媒介。

> 通货是指流通中的货币，在商品和服务交换过程中，充当一般等价物。经济社会种常见的通货就是各国使用的法定纸币，比如人民币、美元、加币、泰铢、日元等。

2. 货币的职能

货币有三大职能，分别是价值储藏手段、计价单位和交换媒介。这三大职能可以有效地将货币和其他资产区分开来。

价值储藏的职能。即人们可以把现在的购买力转变为未来的购买力。实际上在很多时候我们拥有货币是为了能在未来买到自己想要的商品，假如你这个月赚了 7000 元，苹果 7s 下个月才发布，你可以持有这些货币等到苹果 7s 发布之后再用这些货币交换想得到的商品。同样的，大部分人都会储存一定的现金，为了满足未来的消费需求，此时的货币也是执行其价值储藏职能。

计价单位的职能。作为一种计价单位，货币提供了可以标记价格和记录债务的单位。例如，如果理一次发 20 美元，而一瓶可乐价值 0.5 美元，你绝不会支付给理发师 40 瓶可乐。类似的，假如你从银行贷款 10 万元人民币，到你偿还债款的时候，也是用同样的人民币来衡量，而不是用价值 10 万元买来的东西进行偿还。

交换媒介的职能。我们购买商品和服务可以用货币支付，之所以可以用货币交换你所需的东西，是因为它具有普遍接受性。因为货币的普遍接受性，它可以用来交换一切适用于交易的产品和服务。

3.3.2 货币量三兄弟（M0、M1 和 M2）

为了能够更加准确地计算货币量，经济学家提出了不止一种衡量指标。表格列出了最常用的衡量指标 M0、M1 和 M2。

表 3-3-1 货币量衡量指标

符号	包括的资产
M0	流通中的现金
M1	M0+活期存款
M2	M1+定期存款

M0 指流通中的现金，也就是在银行体系之外流通的现金。M1=M0+活期存款。活期存款指储户可以通过开支票而随时支取的银行账户余额。M2=M1+定期存款。M1 反映着经济中的现实购买力；M2 同时反映着现实和潜在购买力。如果 M1 增速较快，则消费和终端市场活跃。如果 M2 增速较快，则投资和中间市场活跃。中央银行可以根据这些指标来制定货币政策。M2 过高而 M1 过低，表明投资过热需求不足，有衰退风险。M1 过高而 M2 过低，表明需求强劲，投资不足，有通胀风险。

3.3.3 法定准备金与法定准备金率

随着货币和信用的发展，作为货币发行机构和中介机构的银行应运而生。现代经济生活中由中央银行（central bank）和商业银行（commercial-bank）为主要机构构成现代金融体系。和商业银行不同的是，中央银行履行三大职能：货币发行的银行、管理银行的银行和中央政府的银行。

商业银行从储户手中吸收存款，并用于放贷和投资。在正常情况下，一段时期内的储户存款与提款数额趋于相等，但是在某些时候也可能发生取款大于存款的情况。为了避免这种突发情况导致银行信用问题，银行对吸收的存款总会提留一定比例的准备金以保证储户提款，其余的存款才能用于放贷或投资。这个就是存款准备金制度。

中央银行作为管理银行的银行，对商业银行吸收存款规定了一个最低限度的准备金，这就是法定准备金。法定准备金占银行全部存款的比例称为法定准备金率。为了保险起见，银行备有的存款准备金往往会超过法定准备金，超过的部分称为超额准备金。

> 法定准备金率规定了商业银行需要留存存款的最低比例。

扩充阅读

银行系统的存款创造

在了解了存款准备金与法定存款准备金率以后，再来理解存款的创造过程就没那么困难了。为了分析方便，作如下的基本假设条件：中央银行在公开市场业务中向甲购进公债 10000 元，甲将出售公债所得 10000 元存入银行 A，此时的央行规定的法定存款准备金率为 20%，企业和个人在向银行进行贷款后，会将贷款全额存入银行，那么存款创造过程可以用表 3-3-2 表示。

从表 3-3-2 可以看出，通过这一过程，银行系统新增存款总额为：

$10000+10000(1-0.2)+10000(1-0.2)^2+10000(1-0.2)^3+\cdots+10000(1-0.2)^n=10000(1+0.8+0.8^2+0.8^3+\cdots+0.8^n)=10000\left(\dfrac{1}{1-0.8}\right)=10000\times\dfrac{1}{0.2}=50000$ 元

表 3-3-2 存款创造过程表

银行	新增存款 初始存款	新增存款 派生存款	新增存款准备金	新增银行贷款
A	10000（甲）		2000	8000（乙）
B		8000	1600	6400（丙）
C		6400	1280	5120（丁）
D		5120	1024	4096（戊）
…		…	…	…
合计	10000	40000	10000	40000

因此，当给定初始存款和准备金率，就可以很方便地利用等比级数计算出银行系统创造存款的乘数，即存款乘数（deposit expansion multiplier）。设 K_D 为存款乘数，r 为法定准备金率，A 为法定准备金，D 为存款货币，则

$$k_D = \frac{D}{A} = \frac{1}{r} \quad (0 < r < 1)$$

由此可见，存款乘数 k_D 是法定准备金率的倒数。法定准备金率越低，存款乘数越大；反之，越小。

3.3.4 货币需求与货币供给

货币的需求量是指家庭和企业愿意持有的货币量，而家庭和企业对货币的需求原因可以用三个动机来解释：交易动机、预防性动机和投机性动机。交易动机是指人们持有货币是为了能够在市场上交换商品和服务。预防性动机指人们为了预防不可测的事情，比如生病要去医院，就需要支付货币，这种对未来可能发生的不测所产生的需求就是预防性动机。投机性动机指人们根据对市场利率变化的预测，通过持有货币进行投机获利的动机。

任何决策都存在机会成本，否则人们就完全没有必要去考虑进行选择。尽管人们有很多持有货币的动机，但是也要依据某种机会成本来考虑持有货币的多少，这个机会成本就是利息。一个家庭将所有的货币收入都放在家里，实际上是承担损失的。家庭的损失就是该笔货币收入存入银行可以获得的利息收入。假如一个家庭今年收入 20000 元，没有存入银行，银行年利率为 5%，实际上一年后家庭本来应该拥有的货币是 21000 元。理性经济人在进行经济决策时，就会考虑到这些机会成本，所以才会有货币需求受到利率影响这样的经济现象。

在前面的导论学习中，我们有分析理性经济人喜欢通过名义和实际来

分析经济问题：比如我们前面讲到的实际 GDP 和名义 GDP 等问题。在分析利率问题时也是如此。在经济学中，利率有实际利率和名义利率之分，而且二者在分析具体问题中的含义也不相同。名义利率就是前面说的持有货币的机会成本，狭义来说，一般央行或者是商业银行公布出来的没有扣除通货膨胀因素的利率，都是名义利率，比如央行 2016 年 10 月下调了金融机构存款和贷款的基准利率，调整后 1 年期整存整取的存款利率为 1.5%，1 年（含一年）贷款基准利率为 4.35%，这两个利率都属于名义利率的范畴。广义上来讲，就是对于储蓄户或者是投资者而言，没有调整通货膨胀因素而得到的回报利率都可以称之为名义利率。相对应的，实际利率就是在名义利率的基础上，调整了通货膨胀因素的影响得到的利率，因此名义利率和实际利率的区分，关键在于看是否扣除或者是调整了通货膨胀对于利率的影响，对于二者之间的关系，著名的费雪公式就是最好的解释。

沿用前面的例子比较两种利率的差别。假如你在银行存款 20000 元，一年期后获得利息 1000 元，但是，今年价值 20000 元的东西一年后要卖 20600 元，这时你的实际利率是多少？通过定义，我们可以计算出名义利率等于 5%，而实际利率需要考虑通货膨胀因素的影响，今年价值 20000 元的东西，一年后涨价需要花 20600，那么可以算出物价其实上涨了 600 元，那么本来一年后可以获得的 1000 元的利息收入，实际上一年以后就只有 400 元，400 元的差值就是一年以后实际的利息收入所得，因此在扣减了通货膨胀因素后实际利率等于 2%。

实际利率还有更加一般性的表达，这就涉及通货膨胀。我们发现，前面的例子实际上就是因为通货膨胀导致了实际利率与名义利率的差异。我们用 i 表示名义利率，r 表示实际利率，π 表示通货膨胀率。前面例子中，产品价格从 20000 涨到 20600，通货膨胀率=3%。名义利率=5%，前面算出的实际利率=2%，通过计算可以看出实际利率=名义利率−通货膨胀率。重新整理一下这个等式可以将名义利率表示为实际利率与通货膨胀率之和，用字母表示这种关系如下：

$$i=r+\pi$$

> 费雪公式在实际生活中的应用性很强，在知道市场通货膨胀水平前提下，可以计算出市场的实际利率，作为财务决策、投资决策、消费决策等的重要参考。

这个公式就是著名的费雪方程。经济学经常会利用这个方程计算实际利率。在这个方程中，名义利率与通货膨胀率是同步的。根据费雪方程，通货膨胀率上升 1% 引起名义利率上升 1%，通货膨胀率的上升会造成名义利率上升同等数值。这种名义利率对通货膨胀率所进行的一对一调整被称为费雪效应。

货币需求（demand of money）是指影响人们愿意持有的货币数量的其他因素保持不变时，货币需求量与名义利率之间的关系。要注意，货币需求表示的是一种关系，要和货币需求量区分开。表 3-3-3 展示了简单的名义利率和货币需求量之间的数字对应。我们可以看出，名义利率每增加一个百分点，货币需求量就会降低 0.02 万亿美元。这与之前说到的持有货币的机会成本是相对照的。利率越高意味着持有货币的机会成本越高，人们愿意持有的货币就越少。

表 3-3-3 利率与货币需求的关系

符号	名义利率（%/年）	货币需求量（万亿美元）
A	6	0.98
B	5	1.00
C	4	1.02

在理解利率的基础上，我们把这些对应的数据画到坐标系中就得到了货币需求曲线。在这个坐标系中，横轴表示人们对货币的需求量，纵轴表示利率，从图 3-3-1 中可以看出，货币需求量随着利率上升而降低，两个箭头表示的是利率上升的效应和利率下降的效应。一般地，我们用大写字母 MD 表示这条曲线。掌握货币需求曲线的绘制方法很有必要，之后我们会经常用到这个图。

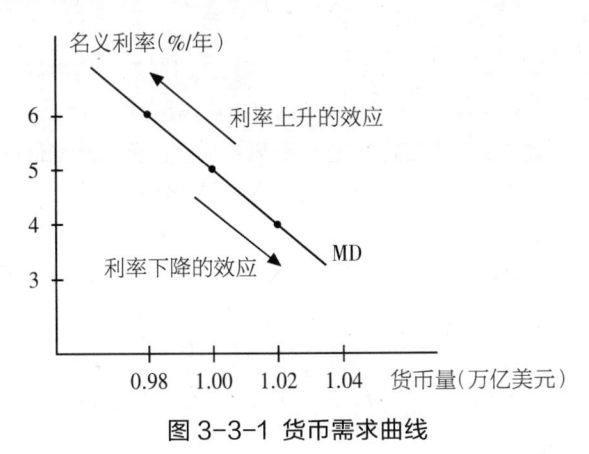

图 3-3-1 货币需求曲线

货币供给（money supply）是货币供给量和名义利率之间的关系。货币供给相对于商品供给而言有一个很大的不同，货币供给在短期内是固定的，无论是美国联邦储备还是中国的中央银行都无法在短期内增加或减少货币的供给量。在图中，我们用一条垂直于货币量的直线表示货币供给量，它表示在短期内，不论名义利率是多少，货币供给量是没有办法改变的。我们通常用 MS 表示货币供给曲线。在图 3-3-2 中，我们可以看出，短期内的货币均衡量是 1 万亿美元，短期均衡利率是 5%。如果利率大于 5%，货币需求量就低于供给量，反之需求量高于供给量。

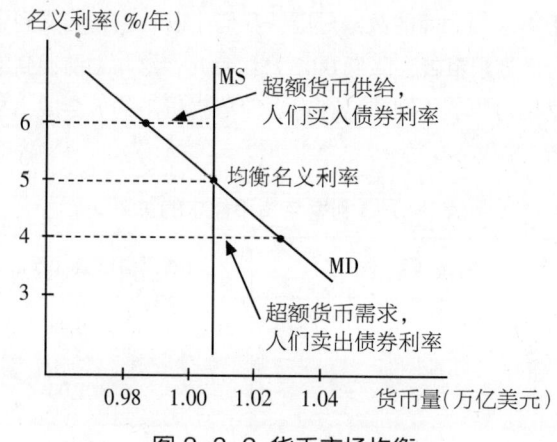

图 3-3-2 货币市场均衡

在分析了利率如何影响人们对货币的需求量,接下来我们将继续分析利率变化与债券价格的关系。假如政府发行了一笔债券,每年付息 100 美元。如果债券的价格是 1000 美元,利率就是 10%。如果债券价格是 500 美元,利率就是 20%。通过这个例子,我们就得出了利率的计算公式,也就是利率 = $\dfrac{债券每年付息}{债券价格}$。这就是我们一直讨论的利率由来。所以一般我们说债券价格和利率是负相关的,债券价格上升,利率降低,债券价格下降,利率上升。

对货币需求和货币供给的学习,有助于我们理解货币市场是怎样实现均衡。同产品市场均衡条件一样,货币市场均衡的条件就是货币供给量=货币需求量,此时可以确定市场的均衡利率水平。我们从前面的坐标图中可以看出实现均衡的过程。当利率超过 5%,就会出现超额货币供给,利率高时,人们会放弃持有货币,因为货币机会成本高了,人们转而用货币购买债券,此时债券的需求上升,价格就会上升,根据前面说的债券和利率的关系,利率就会下降。那么显而易见,利率会朝着均衡点移动。如果出现超额货币需求,人们卖出债券,利率上升。最终利率会保持在均衡点,也就是货币量会最终保持在货币需求量和货币供给量相等的均衡点。

3.4 认识汇率与对外贸易

本节导读

随着经济的发展和人们生活水平的提高，出国旅游和出国留学日渐成为大家常讨论和关注的话题。虽然学习和旅游是两个截然不同的出国目的，但是背后却有一个共同的话题：汇率。出国留学的同学，考雅思时都会使用英镑来支付相关报名考试费用，除了考试时间上的考虑，更多同学也会在汇率上下足功夫，会选择在汇率比较"划算"的时候支付考试费用。除此之外，更多的同学在选择留学目标国时，准备过程中也会综合考虑这个国家的经济发展水平以及汇率水平。而对于出国旅游的人来说，为了提高旅游体验感和性价比，选择兑换汇率较高的国家旅游绝对是个不错的选择。这也是汇率影响大家经济生活的微观表现。放眼于国家，汇率更是国家经济均衡健康发展、国际关系稳定的重要影响因素，汇率对经济最直接的影响，就是国家与国家之间的贸易往来。在开放的经济中，一个国家购买另一个国家的产品应该选择何种支付方式比较有效率？不同国家之间的货币基于什么条件进行兑换？为什么有的国家可以出口别的国家没有能力生产的产品？对外贸易会给我们带来好处么？本节内容将重点介绍国际经济与国际金融知识中关于汇率与对外贸易的相关基础知识，以帮助大家理解和分析以上与贸易相关问题。

本节目标

1. 掌握名义汇率的基本概念及相关计算
2. 理解固定汇率、浮动汇率和有管理的浮动汇率的含义
3. 理解外汇市场
4. 了解绝对优势和比较优势
5. 了解贸易对经济活动的影响

3.4.1 汇率

1. 名义汇率

假如某超市考虑从中国本土或者美国采购一批服装，该公司该如何考虑从中国本土购买服装还是从美国购买更节约成本呢？如果该公司想从美国购买，就要用美元支付，于是就要参考美国的服装价格以及人民币与美

元之间的兑换关系，最终敲定成本大小。

这里的兑换问题与名义汇率相联系。我们先了解什么是名义汇率，它是指用其他国家的货币衡量一国本币的价格。我们用名义汇率表示要用多少外币来购买一单位本国货币。经济学中用 e 表示名义汇率，它的计算方式如下：

$$e=\frac{交换外国货币的数量}{1 单位本国货币}$$

假设 1 美元=6.8 元人民币，同时 1 元人民币=0.1468 美元，这两个兑换关系等价。计算名义汇率要注意区别本币与外币。如果美国居民要计算美元兑换人民币的名义汇率。计算方式如下：

$$e=\frac{6.8 元人民币}{1 美元}=6.8$$

计算结果得出美元兑换人民币的名义汇率为 6.8。这表示你可以用 1 美元交换 6.8 元人民币。而中国居民要计算人民币兑换美元的名义汇率，方法是一样的：

$$e=\frac{0.1468 美元}{1 元人民币}=0.1468$$

此时人民币作为本币，人民币兑换美元名义汇率就是 0.1468。实际上，人民币兑换美元名义汇率就是美元兑换人民币汇率的倒数，两种货币之间兑换的名义汇率彼此互为倒数。名义汇率 e 的值越大，就表示一国本币能兑换更多的外币，我们称本币相对外币升值了。与之相对，名义汇率下降，本币能兑换的外币就越少，我们称本币相对外币贬值了。

回到前面超市购买服装的例子，美国的服装单价 5 美元，中国的服装单价 30 元人民币，我们为了简便运算忽略运输成本，仅考虑采购成本。此时，该超市在美国购买的服装成本用人民币计算是多少呢？比较成本的方法就是利用名义汇率，这里是用美元折算成人民币，所以美国购买的服装成本为：

人民币成本=美元成本×e=6.8×5=34 元人民币

美国服装单价用人民币计算为 34 元，大于在国内购买的价格，很明显国内购买的成本要低，所以该超市会在中国购买服装。这里汇率起到的作用就是为不同国家的交易提供了货币兑换的尺度。

2. 固定汇率、浮动汇率和有管理的浮动汇率

名义汇率在开放的经济环境下为不同国家的贸易活动提供了交换的价值尺度，但是在不同国家以及同一国家的不同时期，汇率制度是有差异的。

固定汇率就是政府规定本国货币和外国货币的兑换比例基本固定。图

> 经济全球化的推进，个人经济生活与世界经济的发展联动性也逐渐加强，跨国购物、境外旅游、境外投资、出国留学等，都离不开汇率的换算。

3-4-1 显示了 1999-2005 年美元兑人民币的汇率保持不变，是一条直线。这是因为中国政府采用了固定汇率制度。政府积极干预汇率变动，使汇率保持一个稳定的水平。

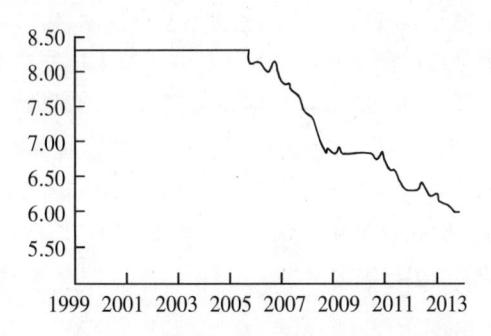

图 3-4-1 美元兑换人民币汇率走势图

浮动汇率是与固定汇率截然相反的汇率制度。在这种汇率制度下，政府几乎不干预汇率变动。图 3-4-2 显示了浮动汇率制度下美元兑换欧元的时间趋势。此时，汇率随着市场力量而上下波动，它的趋势就像图 3-4-2 显示的那样起伏，变动非常频繁。

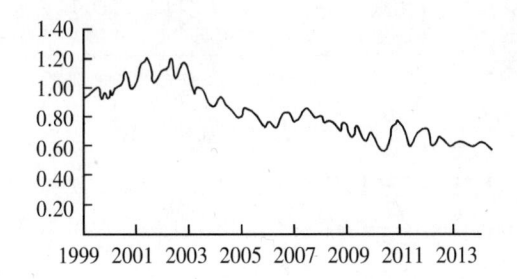

图 3-4-2 美元兑换欧元汇率走势图

政府强制干预汇率的变化对经济稳定不一定有好处，完全的浮动汇率又会造成可能存在的波动危机。于是中国政府逐渐过渡到了有管理的浮动汇率制度。中国政府影响着汇率的变动，按照有利于中国经济发展的方向变动。虽然汇率会发生变化，但是这些变化是相对稳定的。我们可以从图 3-4-1 中看出，2005 年 7 月 21 日起，我国开始实行以市场供求为基础、参考一篮子货币进行调节、有管理的浮动汇率制度。

3.4.2 外汇市场

在开放的经济中，货币就和商品一样也有供给和需求，买者和卖者，这些买者和卖者汇集在一起形成外汇市场。外汇市场是不同货币进行交易的场所。我们通过一个例子理解外汇市场运行的机制。假如中国汽车销售商从美国出口商那里进口了 100 辆特斯拉轿车,每辆价格 20 万美元,中国汽车销售商应该支付美国出口商 2000 万美元。事实上,中国公司日常交易使用的是人民币,但是国际贸易中应该用卖方所在国家的货币进行结算。中国公司需要 2000 万美元,该怎么办?幸运的是,外汇市场的发展为国际贸易提供了极大的便利。此时,美元兑换人民币汇率为 6.8,中国公司会在外汇市场用自己持有的 1.36 亿人民币去交换 2000 万美元,美元就成了商品,中国公司则是需求方。因为国际贸易有数量庞大的跨国交易,自然也有一些人需要用美元去交换人民币,他们就是美元的供给方。和商品市场一样,美元需求是由美元的需求量和美元价格来反映的一种关系,这种关系可以由美元需求曲线来表示。

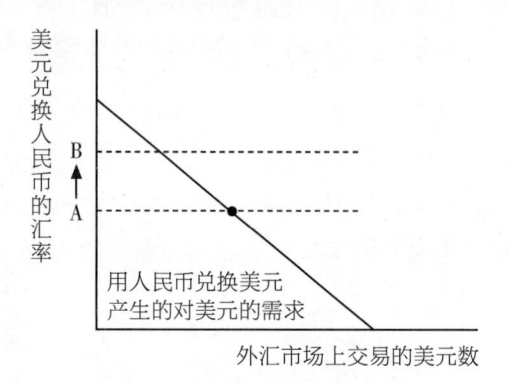

图 3-4-3 美元的需求曲线

图 3-4-3 表现了外汇市场各个贸易商用人民币购买美元形成的需求曲线。中国汽车销售商对美元的需求也反映在这条曲线中,成千上万的贸易商对美元的需求构成了这条需求曲线。我们有必要解释一下为什么需求曲线是向下倾斜的。考虑一下美元升值的情况,此时美元兑换人民币的汇率上升,这意味着 1 美元可以兑换更多人民币,而 1 元人民币只能购买更少的美元。原本一辆特斯拉轿车售价 20 万美元,折合人民币 136 万元,如果美元兑换人民币汇率涨到 7,一辆特斯拉轿车折合人民币就是 140 万元。价格越高,中国汽车销售商愿意购买的数量就越少,相应的,美元的需求量也降低了。图 3-4-3 中 A 点到 B 点的过程反映了汇率上升,美元需求减少,所以需求曲线是向下倾斜的。

美元的供给曲线在短期内是一条垂直向上的直线,这就表示在短期内美元的供给不受汇率变动的影响。例如,美国的一家投资公司想要购买中国公司的股票,打算投资 1000 万美元。初始的美元兑换人民币汇率为 6.8,那该公司投资额折合人民币为 6800 万元。如果汇率上升为 7,他折合人民币投资 7000 万元。虽然人民币数值不同,该投资公司的美元供给是固定的。因此,某一货币在外汇市场的短期供给曲线是垂直向上的直线。

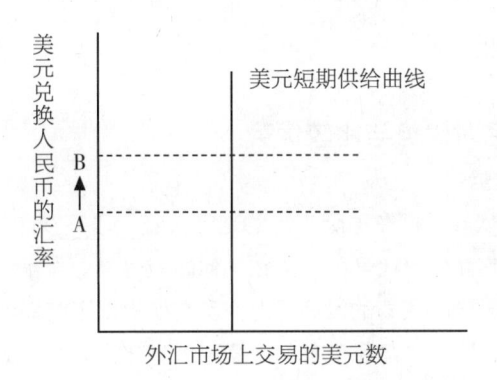

图 3-4-4 美元的供给曲线

和其他市场一样，外汇市场也有均衡点，外汇市场均衡由供给和需求相等时的均衡汇率体现。在浮动汇率制度下，均衡汇率由外汇市场均衡决定。如图 3-4-5，e′表示均衡汇率，q′表示外汇市场均衡时的美元供给数量。我们只考虑了美元和人民币的外汇市场，真实的外汇市场包括多种货币，但是这并不妨碍我们理解外汇市场的运行机制。

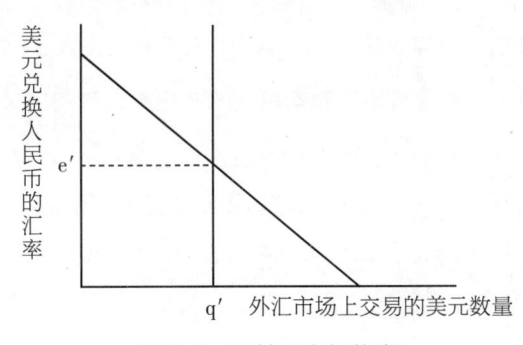

图 3-4-5 美元市场均衡

扩充阅读

人民币升值如何影响生活

汇率不光影响国家之间的贸易，它也切实影响我们的生活。出国留学是一项相对昂贵的支出。美元兑换人民币的汇率曾经长期保持在 8 以上的水平。如果你决定去美国留学四年，预计费用为 20 万美元，以 8 为兑换汇率折合人民币就需要 160 万元。美元兑换人民币目前的汇率为 6.8，20 万美元折合人民币就是 136 万元。可以看出，美元贬值，人民币升值让出国留学便宜了很多。人民币升值对我们生活的影响是多方面的。随着人们收入的提高，旅游成为常见的休闲方式。跨境旅游过去是比较昂贵的选择，但是人民币升值让中国人可以用更低的价格去国外旅游。

3.4.3 绝对优势与比较优势
1. 绝对优势

近年来，苹果手机在国际市场的走红，吸引了不少忠实果粉。同时，华为手机凭借其高性价比产品优势在其他国家也深受喜爱。大部分人会认为，这主要源于国际贸易的发展，为产品交换提供了前提条件，那么各个国家相互购买和交换产品和服务的本质原因是什么呢？经济学将这种经济问题归结为生产优势的差异。

在国际贸易理论中，优势理论主要分为绝对优势和比较优势理论。绝对优势理论由亚当·斯密提出，他认为某个国家之所以生产并销售给别国某些产品是因为他具有生产该种产品的优势，各个国家依据自己的绝对优势进行专业分工并参与贸易，从中获得收益。那么怎样来衡量一个国家有生产某种产品的绝对优势呢？

> 绝对优势主要通过劳动生产率和劳动成本进行比较。

确定绝对优势有两个方法：计算劳动生产率或者生产成本。为了简化表达，我们用 Q_j 表示某种产品的产量，L 表示劳动投入，j 表示某种产品的序号。劳动生产率就是单位要素投入的产出率，我们用 $\frac{Q_j}{L}$ 表示。这个比值表示平均每个人能够生产的 j 产品数量。劳动生产率越高，说明该国就有生产 j 产品的绝对优势。生产成本表示的是生产单位产品需要投入的要素，我们用 $\frac{L}{Q_j}$ 来表示。很明显，生产成本越低，就有生产的绝对优势。

下面用一个案例解释绝对优势如何影响各国的生产。假设有两个国家 A 国与 B 国。两国都生产面包和馒头。两国都有 100 劳动力。如果 B 国家全部劳动都用来生产馒头，每年能产 10000 个，如果全部都生产面包，每年能生产 5000 个。A 国家的生产情况对应的是 8000 个馒头或者 10000 个面包。

先来比较两国馒头的劳动生产率。根据 $\frac{Q_j}{L}$ 计算的结果是，B 国馒头的劳动生产率是 100 个/人，A 国家是 80 个/人。B 国面包的劳动生产率是 50 个/人，A 国家是 100 个/人。B 国馒头的劳动生产率大于 A 国，所以 B 国就有生产馒头的绝对优势；与此相对，A 国有生产面包的绝对优势。

如果让你们计算两国的生产成本，根据 $\frac{L}{Q_j}$ 可以计算出来。B 国馒头的生产成本等于 $\frac{1}{100}$，A 国等于 $\frac{1}{80}$。B 国面包的生产成本等于 $\frac{1}{50}$，A 国等于 $\frac{1}{100}$。这些数字表示生产每个面包或者馒头需要投入的劳动力。B 国生产馒头的成本要低，A 国生产面包的成本要低，所以 B 国有生产馒头的绝对优势，A 国有生产面包的绝对优势。可以发现，生产成本就是劳动生产率的倒数。

我们继续以该例子进行分析，看看绝对优势会带来怎样的结果。

情况 1：在封闭经济下，各国不进行交易。B 国和 A 国将劳动平均分配，则 B 国生产 5000 个馒头和 2500 个面包，A 国生产 4000 个馒头和 5000 个面包。此时，各国消费自己生产的产品。

情况 2：在开放的经济环境，各国可以相互交换。B 国全部劳动用来生产 10000 个馒头，A 国全部劳动用来生产 10000 个面包。如果 B 国要用 5000 个馒头换 A 国 5000 个面包，A 国会愿意么？很显然他是愿意的，因为在封闭经济下，A 国只能消费 4000 个馒头和 5000 个面包，交换之后 A 国可以消费 5000 个馒头和 5000 个面包。B 国同样愿意提出这种交换方式，因为交换之后 B 国可以消费馒头和面包各 5000 个，同样大于封闭经济下的消费。这种消费的增加就是贸易所得。

2. 比较优势

我们将前面的数据更改一下，两国还是各有 100 劳动力，B 国只能生产 5000 个馒头或者 5000 个面包。A 国能生产 8000 个馒头或 10000 个面包。我们计算两国的劳动生产率。B 国的馒头劳动生产率等于 50 个/人，面包劳动生产率等于 50 个/人，A 国的馒头劳动生产率等于 80 个/人，面包劳动生产率等于 100 个/人。我们发现，B 国在馒头和面包生产中都不具备绝对优势，此时运用绝对优势来判断是否会进行贸易交换就失去了意义。那么，在这种情况下，A 国与 B 国真的不会发生贸易往来吗？答案是否定的。

相对于绝对优势，比较优势理论则从相对劳动成本，相对劳动生产率以及机会成本来衡量国家之间的产品生产优势，从某种程度上解决了绝对优势理论无法解释的问题。

（1）相对劳动生产率，指的是不同产品劳动生产率的比率，计算方式如下：

$$产品 A（相对于产品 B）的相对劳动生产率 = \frac{产品 A 的劳动生产率}{产品 B 的劳动生产率}$$

在这个例子中，我们算出 B 国生产馒头的相对劳动生产率等于 1，A 国等于 0.8，所以 B 国有生产馒头的比较优势。面包的相对劳动生产率是馒头的相对劳动生产率的倒数，B 国生产面包的相对劳动生产率等于 1，A 国等于 1.25，很明显，A 国具有生产面包的比较优势。

（2）相对成本，指的是一种产品的单位生产成本与另一种产品的单位生产成本的比率，计算方法如下：

$$\text{产品 A 的相对成本（相对于产品 B）} = \frac{\text{单位产品 A 的要素投入}}{\text{单位产品 B 的要素投入}}$$

根据 $\frac{L_i}{Q_i}$ 计算得出，B 国生产馒头的单位成本等于 $\frac{1}{50}$，生产面包的单位成本等于 $\frac{1}{50}$。A 国生产馒头的单位成本等于 $\frac{1}{80}$，生产面包的单位成本等于 $\frac{1}{100}$。那么 B 国馒头生产的相对成本等于 $\frac{1}{50} \div \frac{1}{50} = 1$，A 国馒头生产相对成本等于 $\frac{1}{80} \div \frac{1}{100} = 1.25$。显而易见，B 国生产馒头的相对成本低，具有比较优势。生产面包的相对成本就是馒头相对成本的倒数。所以我们可以发现，两个国家一定都会对某种产品具有比较优势。

（3）机会成本，指的是为了多生产某种产品（例如面包）而必须放弃的其他产品（比如馒头）的数量。计算方式如下：

$$\text{生产面包的机会成本} = \frac{\text{减少的馒头产量}}{\text{增加的面包产量}}$$

我们可以通过图示来反映机会成本。

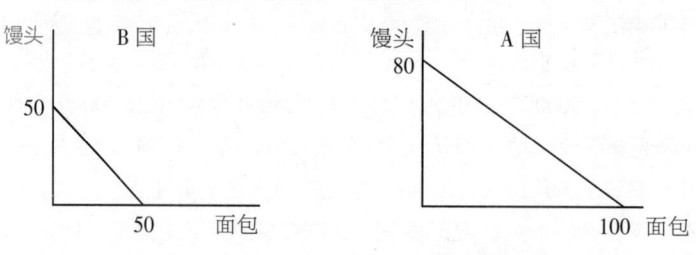

图 3-4-6 机会成本曲线

图 3-4-6 显示了两国生产的可能曲线。馒头和面包生产具有替代关系。B 国在生产中，每多生产 1 个面包，就要少生产 1 个馒头，所以 B 国生产 1 个面包的机会成本就是 1 个馒头。A 国每多生产 1 个面包就要少生产 0.8 个馒头，所以 A 国生产面包的机会成本要低，A 国具有生产面包的比较优势。我们可以通过斜率来计算机会成本，左图的斜率为 1，表示每增加一个面包，就会减少一个馒头；右图的斜率为 0.8，表示每增加一个面包就会减少 0.8 个馒头，它实际反映的就是馒头产出和面包产出之间的反比例关系，一种产品增加另一种产品就会减少。

依据比较优势理论，在开放经济环境中，两个国家通过专业分工和国际贸易能够在生产能力不变的情况下获得更高的消费，从而实现了社会福利水平的提高。这种福利水平提高归结为"交换所得"和"专业化生产分工所得"。"交换所得"指通过国际贸易实现的消费品和服务的跨国配置，"专业化生产分工所得"指生产资源的重新配置带来的效应。

比较优势可以通过相对劳动生产率、相对生产成本以及机会成本进行比较。

3.4.4 对外贸易与经济活动

比较优势理论解释了国际贸易产生的根源，中国出口联想电脑是因为中国具有生产电脑的比较优势，美国出口特斯拉轿车是因为美国有生产新能源汽车的比较优势，每个国家都能从进出口中增加社会总福利。在国际贸易过程中，各个国家国内生产不可避免受到了影响，这一小节讨论贸易对一个国家经济的具体影响。

1. 开放经济中的净出口和产出

在经济学中，开放经济指的就是一个国家的经济与外国有联系，如国际贸易和国际金融往来。在开放经济中，国内产出不一定等于国内支出。出口和进口的关系并不是对等的，这种不对等关系会导致国际收支不平衡，导致国内产出不一定等于国内的支出。

在支出法中，我们知道 GDP=C+I+G+NX，这个等式包含了外国对本国产品和服务的支出。如果我们不考虑外国的支出，可以得到国内支出（国内需求）等于 C+I+G。在开放经济中，NX 的值影响着国内支出和国内产出的关系。为了计算国内产出，我们需要考虑进口和出口额，也就是说，我们既要知道本国为本国居民提供的产出量，也要知道国外对本国产品和服务的购买量。

国际贸易中，外国会购买中国的产品和服务，我们用 Ex（export）将其表示为中国的出口额。同时，中国也会购买外国的产品和服务，我们用 Im（import）表示为中国的进口额。NX=Ex-Im，我们用出口减去进口的差额表示净出口额，这里相当于剔除了中国对外国产品和服务的购买。因为 Im 会计入国外的 GDP，中国的 GDP 会减少，Ex 会计入中国的 GDP，中国的GDP 会增加，"Ex-Im"则表示中国核算的 GDP 净增加值。

综合上面的分析，我们知道在开放经济中，国内产出等于消费、国内投资、政府购买和净出口之和，即：

$$GDP=C+I+G+NX$$

2. 贸易和净出口的决定因素

进口和出口作为国与国之间的主要经济活动，它们的水平是由什么因素来决定的呢？在这里不妨将进口和出口对比分析。影响一个国家进口的因素分为两类：国内收入和汇率。以中国为例，假如中国的 GDP 增加了，人民就会有更多的收入，就会购买更多的产品。中国人购买的产品包括进口产品，所以进口产品相应增加。其次，汇率会影响进口产品的相对价格。一辆特斯拉轿车售价 20 万美元，人民币兑换美元汇率为 6.8，特斯拉轿车的人民币价格为 136 万元，中国可能进口 100 辆。如果美元兑换人民币汇率上升到 7，一辆特斯拉轿车的人民币售价就会上升到 140 元，轿车的价格上升了，中国对特斯拉轿车的需求可能就会减少，比如只进口 90 辆。所以，一国货币贬值会减少其进口额。

影响一个国家出口的因素也分两类：外国居民收入和汇率。中国的出口就是外国的进口，所以中国出口额增加实际上是外国进口额增加。我们知道，影响进口的因素包括国内收入，如果美国的国内收入增加，美国人民会增加对中国产品的购买，结果就是中国的出口额增加。汇率同样影响一个国家的出口。假如中国出口到美国的海尔冰箱单价 1360 人民币，美元兑换人民币汇率为 6.8，冰箱卖给美国的单价为 200 美元。如果美元兑换人民币的汇率上升到 7，那么中国出口到美国的单价就是 194 美元，对于美国人来说，冰箱价格下降了，他们会增加购买，中国的出口会上升。一国货币贬值会增加其出口额。综合进口和出口的影响因素，我们归纳出以下结论：

一是 一个国家国内收入会增加进口，这会减少净出口额。

二是外国的居民收入增加会提高对本国产品需求，从而提高净出口额。

三是本国货币贬值一方面减少进口，另一方面增加出口，两种作用会提高本国的净出口额。

3. 贸易对 GDP 的短期影响

本小节最后讨论贸易对 GDP 的短期影响。在开放经济中，我们纳入了进口和出口这两个项目，这两项的变动反映了贸易对 GDP 影响的过程。我们通过下面的表格数据分析贸易对 GDP 的短期影响。表格数据以美国为例。

表 3-4-1 净出口加到经济的总需求中

存在对外贸易的产出决定（10 亿美元）						
（1）	（2）	（3）	（4）	（5）	（6）	（7）
GDP 初始水平	国内需求 C+I+G	出口 Ex	进口 Im	净出口 X= Ex-Im	总支出 C+ I+G+X	导致的经济趋势
4100	4000	250	410	−160	3840	收缩
3800	3800	250	380	−130	3670	收缩
3500	3600	250	350	−100	3500	均衡
3200	3400	250	320	−70	3330	扩张
2900	3200	250	290	−40	3160	扩张

表格第（1）列给出了 GDP 初始水平，我们有必要强调一下这个概念。GDP 初始水平表示一个经济体在一定时期内国内生产出来的产品和服务，它反映了一个国家的收入水平。第（2）列是国内需求，包括消费、投资和政府购买。由于出口受其他国家的自身因素影响，不受本国的经济影响，我们假定本国的出口额固定为 2500 亿美元，表格第（3）列给出了数据。一个国家的进口由国民收入决定，我们假定它是初始 GDP 的 10%，即国内收入的 10% 会用来购买外国产品，第（4）列给出了不同收入下的进口水平。净出口由出口减去进口所得，位于第（5）列。总支出就是由国内需求（国内支出）加上净出口所得，位于第（6）列。

第一行的结果中，算出了净出口为 −160，也就是出现了净进口，表示进口大于出口。总支出=国内需求+净出口，所以算出总支出等于 3840。初始 GDP 为 4100，我们发现，此时国内总产出不等于总支出，出现了非均衡的状态。我们可以这样理解，当初始 GDP 为 4100 时，国内需求是大于总支出的，所以国内的人就会转而消费外国的产品，使得净出口减少甚至为负值，根据总支出的核算公式，总支出会因进口增加而减小。于是就会出现这样的动态趋势，总支出减少会使国内产出降低，例如降到了 3800，国内产出降低会减少对外国产品的需求，进口就会减少，进口额减少到 380。这种趋势会一直循环，直到国内产出等于总支出的时候，这个动态变化就会停止。均衡位置在 3500 处，此时，国内需求无法被总支出满足的那 100 差额就会被产出中的 10% 进口需求填补。最终，GDP 不会上升也不会下降。如果初始 GDP 水平为 2900，则循环的方式与前面相反，最终在 3500 处达到均衡水平。

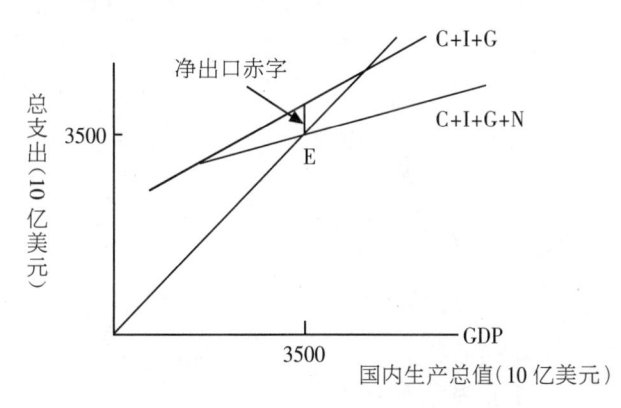

图 3-4-7 开放经济下的均衡 GDP

我们可以把上面的关系通过坐标图展示出来。横坐标表示国内生产总值，纵坐标表示总支出。我们用一条与坐标轴夹角为 45°的直线表示国内生产总值=总支出的均衡状态。另外两条直线分别代表国内需求和总支出的实际关系。在均衡点 E 处，国内需求大于总支出，这部分差值就是净出口赤字，也就是所谓的净进口。而且图中清楚地展示了均衡状态时总支出是等于国内生产总值的。

扩充阅读

国际经济组织

开放经济带来的好处已经是全球共识，各个国家为了更好地融入全球经济，实现自身的经济增长，或多或少参与了一些国际经济组织。目前全球范围内的国际经济组织很多，包括WTO（世界贸易组织）、IMF（国际货币基金组织）这些全球性的组织，以及东盟、欧盟这些区域性的经济组织。

3.5 常用宏观经济政策

本节导读

1929—1933 年，美国经历了历史上最严重的经济危机，美国经济倒退到 1913 年的水平。这场经济危机席卷了资本主义世界，整个世界的工业水平后退到 1908—1909 年。罗斯福上台后实施了国家干预经济政策，美国走出了危机的阴影，经济逐渐恢复过来。随着罗斯福新政的实施和凯恩斯主义的盛行，政府干预经济逐渐被世界各国所采纳。

如果经济面临严重衰退，整个社会的产出下降，失业率上升，仅仅靠经济的自动稳定很难解决通货膨胀、失业率升高等经济问题。本节将重点介绍宏观经济调控中最常用的两大经济政策，无论是严重的经济衰退还是高速通货膨胀，政府都可以通过制定和实施相应的政策来调节经济运行出现的问题。不同的政策工具以及政策的组合使用，可以帮助一个经济体实现充分就业、经济增长和物价稳定的宏观经济目标。同时，本节的内容也是对前面介绍的经济学相关知识的一个综合性的分析运用，只有在了解了前面的一些基本经济知识和原理，才能更好地理解政策的作用机制。

本节目标

1. 了解财政政策的内涵
2. 了解财政政策工具的影响
3. 了解货币政策的内涵
4. 了解货币政策工具的影响

3.5.1 财政政策

财政政策是政府变动税收和政府支出，以便影响总需求进而影响就业和国民收入的政策。国民收入核算恒等式 $Y=C+I+G+NX$，从某种程度上解释了财政政策对经济的调控是有效的。一个国家在某个时期内，C（消费）和 I（投资）会受到政府转移支付和税收产生变动，而 G（政府购买）可以根据经济目标而相对灵活变动。当经济运行不稳定，出现了严重衰退或者高速通货膨胀，政府调节收支来使实际产出稳定到潜在产出水平。

政府选择的财政政策工具最常用的有三个：政府购买、转移支付、税收。

政府购买就是国民收入核算恒等式中表示的各级政府购买的产品和服务。如果经济运行缓慢，面临衰退，整个社会需求不足。政府可以通过提高自己的购买来扩大国内的需求，进而提高就业和社会产出。如果出现高速通货膨胀，政府减少购买，降低社会总需求。政府购买可以直接作用于国内需求，是非常高效的财政政策工具。

转移支付主要是指各级政府之间为解决财政失衡而通过一定的形式和途径转移财政资金的活动，如社会保险、抚恤金、养老金、失业补助、各种补助费。它是通过增加居民可支配收入来影响经济运行。当经济下行，总需求减少，失业增加，政府通过提供失业补助等方式提高居民收入，进而扩大社会需求抑制经济衰退。出现通货膨胀时可以减少社会福利支出。转移支付起到了稳定经济的作用。

税收是政府财政收入的主要来源。税收调节经济，指的是调节税率和税率结构。当经济下行时，政府调低税率，减少税收，为居民和企业保留更多可支配收入，从而刺激消费和需求来增加就业和生产。反之，政府提高税收来抑制消费和需求，从而抑制通货膨胀。

我们把这种刺激社会需求，提高社会产出的财政政策称为扩张性财政政策，抑制通货膨胀的政策称为紧缩性财政政策。财政政策主要是通过影响社会总需求来调节产出水平，它是需求管理政策的一个重要部分。

> 扩张性的财政政策：增加政府购买；增加转移支付；减少税收。紧缩性的财政政策：减少政府购买；减少转移支付；增加税收。

3.5.2 货币政策

货币政策是政府货币当局即中央银行通过银行体系变动货币供给量来调节总需求的政策。货币政策发挥作用主要是通过利率的变动。我们有必要回顾货币和利率的相关知识。

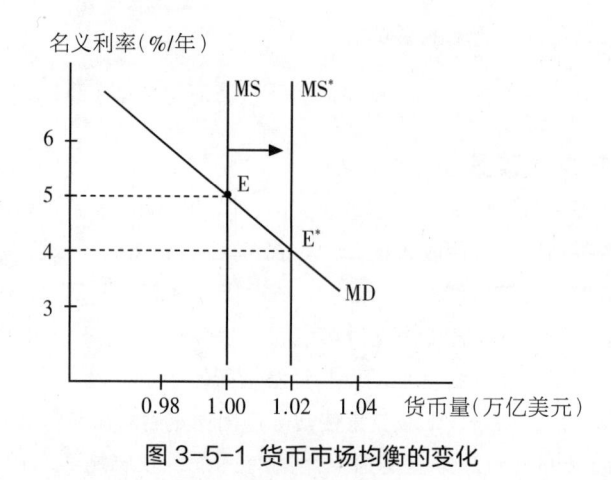

图 3-5-1 货币市场均衡的变化

我们已经知道货币量和名义利率之间的关系，如图 3-5-1，货币供给一般由一国中央银行所决定，不受利率的影响，当货币供给固定为 1 万亿美元时，均衡利率在 E 点，为 5%。如果央行增加了美元的供给之后，均衡点移动到 E*，此时的均衡利率为 4%，比之前下降了 1 个百分点。这说明均衡利率也会因为货币供给量的变化而变化。

我们更关心利率对于商品和服务需求量的影响。因为较低的利率会减少借款的成本和储蓄的收益。这时，家庭会减少在银行的储蓄，增加自己的消费，社会需求会随之提高。作为企业，由于贷款成本降低，社会需求增加，企业会贷更多的款去增加生产，结果是企业投资增加。所以，利率降低会提高社会总需求，利率上升会降低社会总需求。

由于货币供给量影响利率，利率会影响社会总需求，所以货币供给量会影响社会总需求。当央行增加货币供给量，均衡利率会下降，进而社会总需求会增加。我们把这种通过增加社会总需求的货币政策称为扩张性货币政策。当央行减少货币供给量，均衡利率会上升，进而社会总需求会减少。我们把这种减少社会总需求的货币政策称为紧缩性货币政策。

一般情况下，货币政策当局主要是通过再贴现率、公开市场业务和法定准备金来调节货币供给，进而影响市场利率，达到调节社会总需求的目的。

再贴现率是中央银行对商业银行及其他金融机构的放款利率。有的时候商业银行会面临客户突然要将一大笔存款转移的情况，这会使商业银行准备金不足。这个时候，商业银行就可以将自己持有的政府债券或者合格的客户票据向中央银行办理贴现或申请贷款。再贴现率就是中央银行扣除这些债券或票据的票面价值的比率。比如 100 万的债券，再贴现率为 5%，中央银行就会借给商业银行 95 万元，5% 相当于借款利息。贴现率越高，商业银行向央行借款的成本就越高，因此再贴现的需求就会降低，社会的货币供给量相应也会有所减少。

公开市场业务是指中央银行在金融市场上公开买卖政府债券以控制货币供给和利率的政策行为。当中央银行在公开市场上购买政府债券时，中央银行支付的货币通常会存入商业银行，这些货币增加了商业银行的准备金，结果是增加了经济中的货币供给量。当中央银行卖出债券时，存入银行的货币从银行体系提取出来，减少了货币的供给量。

一般商业银行获得存款，不会将全部金额贷出去，而是留下一定比例金额以备客户提款，这个比例称为法定准备金率。比如 A 存入建设银行 100 万元人民币，如果法定准备金率是 5%，建设银行就可以将 95 万元作为贷款贷出去，剩下的 5 万元作为法定准备金留存在银行内。因此，降低法定准备金率可以通过货币创造乘数增加货币供给。如果提高法定准备金率，就会减少货币供给。

> 扩张性的货币政策：降低再贴现率；央行在公开市场购买政府债券；下调法定存款准备金率。紧缩性的货币政策：调高再贴现率；央行在公开市场出售政府债券；调高法定存款准备金率。

3.6 本章小结

宏观经济学研究的是经济体总体的经济行为，和微观经济学研究个体经济行为有着较大的差异。在熟练掌握微观经济学的基础上，我们要转变自己的思维，将个体的行为综合起来，去认识和了解更为宏大的社会经济现象。学习宏观经济知识的过程中，我们可以假设自己是一个国家或地区的领导人，面对纷繁复杂的经济问题，政策制定者希望经济体如何运行，经济运行出现故障应该实施怎样的政策去解决，这有助于我们去感受宏观经济的现实意义。总体经济的状况必然和每个个体都有联系，所以学习宏观经济学能够让我们了解自己所处的经济环境，可以积极地应对宏观经济的变化。宏观经济学对一个国家或是个人都具有重要的意义，下面对宏观经济学的重要知识点进行梳理和总结。

1. 宏观经济学的基本内容

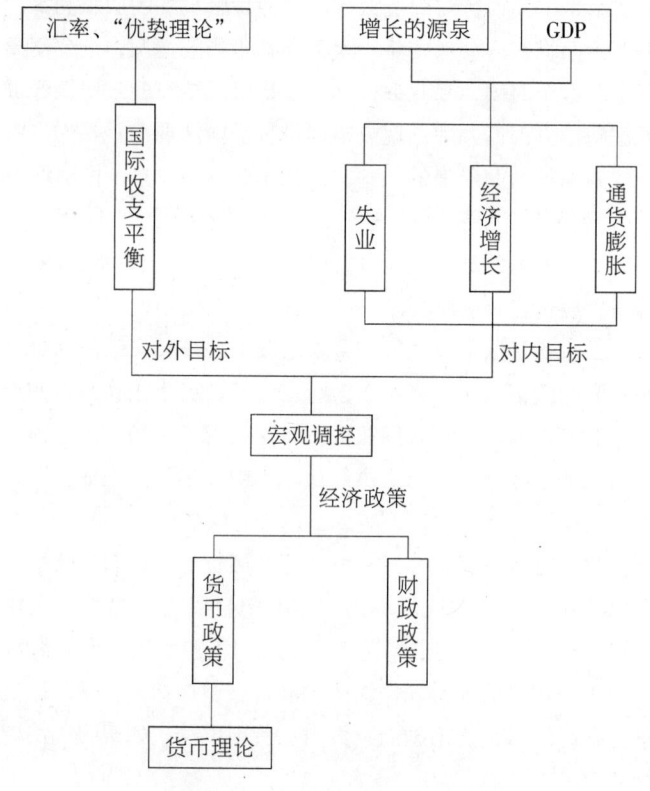

图 3-6-1 宏观经济学内容框架

宏观经济学研究国民经济总体活动，宏观调控目标包括经济增长、降低失业、物价稳定和实现国际收支平衡。要想实现这几个调控目标就需要相应的宏观经济政策，例如财政政策和货币政策。本书宏观部分的内容框架如图 3-6-1 所示。

2. 重要知识点回顾
(1) 国家收入
①国内生产总值（gross domestic product，GDP）就是一定时期内在一国境内生产的所有最终产品与服务的市场价值。在计算 GDP 时，我们要考虑市场价值、生产什么、何处生产以及何时生产的问题。

②名义 GDP 是用现期价格衡量的产品和服务的价值，实际 GDP 是使用一组不变价格衡量的产品和服务的价值。名义 GDP 没有考虑价格变化的影响，不能很好地衡量经济福利的变化，所以经济学家经常会用到实际 GDP 来衡量经济状况。

③支出法计算 GDP 是根据购买最终产品和服务的机构不同，将社会支出分为消费、投资、政府购买和净出口，我们通常用 Y 表示 GDP，那么 GDP 的核算公式如下：

$$Y=C+I+G+NX$$

在具体核算过程中，我们要理解这四类支出的具体含义，尤其是投资和政府支出的内容。

(2) 经济增长
①经济增长是通过经济增长率来衡量的。我们通常采用的经济增长核算指标是实际 GDP 增长率和人均实际 GDP 增长率，两者的计算公式如下：

$$实际\ GDP\ 增长率=\frac{当年的实际\ GDP-前一年的实际\ GDP}{前一年的实际\ GDP}\times100\%$$

$$人均实际\ GDP\ 增长率=\frac{当年的人均实际\ GDP-前一年的人均实际\ GDP}{前一年的人均实际\ GDP}\times100\%$$

人均实际 GDP 增长率考虑的是一个国家或地区人口的变化，更能反映人民的生活水平变化。

②影响实际 GDP 增长的因素可以划分为以下两类：总劳动时数和劳动生产率。总劳动时数主要受到每个国家人口的影响，人口增长可以提高总的实际 GDP，但是并不能提高人均实际 GDP。劳动生产率的影响因素可以分为实物资本、人力资本、自然资源和技术知识。

(3) 失业
①经济学中将失业认为是一个人有能力为获取报酬而工作，但尚未找到工作的状况。按照失业产生的原因，宏观经济学中，将失业分为三类：

自愿性事业、非自愿性事业和隐蔽性失业。自愿性失业是因为劳动力主观上不愿意就业而造成的,无法通过经济手段和政策来消除。非自愿性失业是指有劳动能力、愿意接受现行工资水平但仍然找不到工作的现象,主要分为摩擦性失业、结构性失业和周期性失业。

(4)通货膨胀

①通货膨胀指的是在信用货币制度下,流通中的货币数量超过实际经济需要而引起的货币贬值和物价水平全面而持续上涨。根据程度不同,可以将通货膨胀分为三类:低通货膨胀、急剧通货膨胀和恶性通货膨胀。

②CPI(消费者价格指数),把许多产品和服务的价格变成衡量价格总体水平的单一指数,它的计算公式如下:

$$CPI = \frac{一组固定产品与服务按当期价格计算的价值}{同一组固定产品与服务按基期价格计算的价值} \times 100$$

③通货膨胀率是用来测量通货膨胀程度的指标,是基于 CPI 计算出来的,其计算公式如下:

$$当年通货膨胀率 = \frac{当年的 CPI - 前一年的 CPI}{前一年的 CPI} \times 100\%$$

(5)货币

①货币是经济中人们经常用于相互购买物品和服务的一组资产,在经济学中,货币有特定的含义,它只包括在物品与劳务交换中卖者通常接受的少数几种财富。

②货币有三大职能,分别是价值储藏手段、计价单位和交换媒介。

③货币衡量的指标有很多,常见的衡量指标有 M0、M1 和 M2。

④中央银行作为管理银行的银行,对商业银行吸收存款规定了一个最低限度的准备金,这就是法定准备金。法定准备金占银行全部存款的比例称为法定准备金率。

⑤货币的需求量是指家庭和企业愿意持有的货币量,而家庭和企业对货币的需求原因可以用三个动机来解释:交易动机、预防性动机和投机性动机。

⑥货币供给是货币供给量和名义利率之间的关系。货币供给相对于商品供给而言有一个很大的不同,货币供给在短期内是固定的。

(6)汇率与贸易

①汇率指用其他国家的货币衡量一国本币的价格。我们用名义汇率表示要用多少外币来购买 1 单位本国货币。经济学中用 e 表示名义汇率,它的计算方式如下:

$$e = \frac{交换外国货币的数量}{1 单位本国货币}$$

②在不同国家以及同一国家的不同时期,汇率制度是有差异的。我们

将汇率制度分为固定汇率、浮动汇率和有管理的浮动汇率制度。

③确定绝对优势有两个方法：计算劳动生产率或者生产成本。劳动生产率就是单位要素投入的产出率，我们用 $\frac{Q_j}{L}$ 表示。这个比值表示平均每个人能够生产的 j 产品数量。劳动生产率越高，说明该国就有生产 j 产品的绝对优势。生产成本表示的是生产单位产品需要投入的要素，我们用 $\frac{L}{Q_j}$ 来表示。很明显，生产成本越低，就越有生产的绝对优势。

④比较优势理论从相对劳动成本、相对劳动生产率以及机会成本来衡量国家之间的产品生产优势。

相对劳动生产率，指的是不同产品劳动生产率的比率，计算方式如下：

产品 A（相对于 B）的相对劳动生产率 = $\frac{产品 A 的劳动生产率}{产品 B 的劳动生产率}$

相对成本，指的是一种产品的单位生产成本与另一种产品的单位生产成本的比率，计算方法如下：

产品 A 的相对成本（相对于 B）= $\frac{单位产品 A 的要素投入}{单位产品 B 的要素投入}$

机会成本，指的是为了多生产某种产品（例如面包）而必须放弃的其他产品（比如馒头）的数量。计算方式如下：

生产面包的机会成本 = $\frac{减少的馒头产量}{增加的面包产量}$

（7）宏观经济政策

①财政政策是政府变动税收和政府支出，以便影响总需求，进而影响就业和国民收入的政策。政府选择的财政政策工具最常用的有三个：政府购买、转移支付、税收。

②货币政策是政府货币当局即中央银行通过银行体系变动货币供给量来调节总需求的政策。货币政策主要是通过调整再贴现率、公开市场业务和法定准备金来影响货币供求。

第四章 金融学

4.1 金融市场

本节导读

金融是最容易与同学们经济生活产生交集的一门学科，对这方面比较多的认识可能来自于新闻或网络。而且，为了提高公民防范金融诈骗的意识，很多银行和主管单位也会不定期地举行一些金融知识普及活动，部分同学可能参与过一些类似的金融知识普及活动，所以大家对于金融的理解并非是零基础。金融作为现代经济的核心，对个人、企业以及整个国家都有重大的意义，尤其是金融市场作为货币资金交易的渠道，在其特有的运作机制下，使得居民、企业、政府的储蓄汇聚成巨大的资金流，推动着整个商品经济市场持续运转，这也是"金融市场的发展水平影响一个国家经济发展水平"原因之一。本节将对金融以及金融市场的基本概念进行阐述和分析。

本节目标

1. 了解金融市场的含义
2. 掌握金融市场的特征
3. 了解金融市场的类型
4. 掌握金融市场的功能
5. 了解金融市场的发展趋势

4.1.1 金融市场的含义

提到金融市场（financial market），不得不说资金（funds）。金融市场是资金供应者和资金需求者双方通过信用（credit）工具进行交易而融通资金的市场。经济社会通常由家庭、企业和政府这三种基本经济单位组成，每种经济单位都有自己的收入和支出预算。在某个时期内，总会有一部分经济单位由于收入增加但是没有更多的消费需求，或者没有找到适当投资机会，或者为了预防风险，他们会将这部分盈余积累起来，我们将之称为盈余（surplus）单位。同时，总有一部分经济单位会处于入不敷出的情况，我们称之为赤字（deficit）单位。

这盈余单位和赤字单位都有各自的需求，金融市场的存在恰好化解了这种矛盾。金融市场提供了盈余单位和赤字单位之间进行资金有偿流转的场所：包括银行及非银行金融机构的借贷；企业通过发行债券、股票实现的融资和投资人通过购买债券、股票实现的投资；外汇市场不同货币的交易；黄金这种特殊的商品货币交易；通过租赁、信托和保险等途径进行的资金的集中与分配。

4.1.2 金融市场的特征
1. 交易对象为金融资产

在前面的几章，我们重点介绍的是产品市场的一些特性，金融市场和产品市场的区别在于金融市场交易的不是最终产品，而是用于配置资源进行投资的金融资产（financial assets）。金融资产是以价值形态存在的资产，属于无形资产。金融资产种类繁多，按照现在金融学理论，它包括银行可转让大额定期存单、商业票据、政府债券、公司股票和债券、金融期权、期权等衍生性金融资产等。金融资产具有流动性、期限性、收益性和风险性等特征。

资产流动性指资产能够以一个合理的价格顺利变现的能力，它是一种投资的时间尺度（卖出它所需多长时间）和价格尺度（与公平市场价格相比的折扣）之间的关系。比如一所房子在短时间很难以合理的价格卖出去，而股票可以非常迅速地按市场价格卖出去。期限性说的是金融资产通常都有偿还期限。例如中国政府发行的一年期国债，一年后政府要偿还本金给购买债券的人并支付投资回报。

2. 收益性与合理收益率

金融资产的交易并不是通过消费来完成，我们不能用效用来理解它的价值以及如何定价。金融资产的交易价格表现为合理的收益率。盈余单位将自己的资金转移给赤字单位并不是无偿的，他们期望能够获得一定的收益，这种预期回报和资产原值的比率就是合理收益率。

如果你手上持有 10000 元的闲置资金，你可以选择购买 A 公司的股票，也可以购买年利率为 5% 的国债。股票的价格波动较大，你可能会获得超过 30% 的收益，一年后卖出股票可能获得本金与投资回报 13000 元，但是也有可能损失 30%，资金最后剩余 7000。国债的收益率虽然较低，但是风险很小，到期后你基本上能拿到 10500 元。合理收益率是相对于风险而言的，风险越大，你希望得到的收益越高，也就是你期望的合理收益率越高。

3. 风险性

风险就是未来结果的不确定性，不确定程度越高，风险越大。金融资产交易往往具有一定的期限，到期后赤字单位需要履行偿付本金和利息的义务，但是存在很多因素使得赤字单位不愿意或者没有能力去完成这些偿付行为。还有可能经济波动造成金融市场波动，许多金融资产价值下跌导致投资者面临贬值损失等。比如，B 投资公司看中了 C 企业的一个项目，B 投资公司购买了 C 企业发行的 1 年期企业债券 100 万元，回报率为 10%。一年后，C 企业经营不佳，C 企业的项目流产，亏损严重，公司申请了破产。结果，B 投资公司无法取得预期的 5% 收益和 100 万元的本金。任何金融市场的交易行为都要承担风险，只是由于不同金融市场的特性，风险的程度不同。

4. 交易场所有形或无形

我们一般认为产品市场是有形的，人们需要聚集在固定场所买卖商品。金融市场中，人们既可以在各种交易厅这种有形市场交易金融资产，也可以通过经纪人或交易商的电讯联系而进行交易。计算机网络技术的发展，全球的交易终端都联系起来，所有的金融交易都可以在无形市场中进行。

4.1.3 金融市场的类型

按照不同的分类标准，金融市场可以分为不同类型。下面介绍几种常见的金融市场分类。

1. 货币市场和资本市场

货币市场和资本市场按照金融资产的期限长短划分。货币市场是期限在 1 年以内的短期金融工具交易市场，交易主体主要是资金暂时闲置者和资金暂时需求者，交易的对象主要是国库券、商业票据和银行承兑汇票。

资本市场是期限在 1 年以上的长期金融工具交易市场，交易对象主要是公司债券和股票。

2. 一级市场和二级市场

一级市场又称为发行市场，指的是公司或政府向最初购买者出售新发行的债券或股票等有价证券进行筹资的金融市场。二级市场又称为流通市场，指的是买卖已经发行的债券或股票的金融市场。2014 年 9 月 19 日，阿里巴巴集团在纽约证券交易所正式挂牌上市，阿里巴巴以 68 美元的价格发行了 3.2 亿股公司股票。这种首次发行股票就是在一级市场进行的，而之后阿里巴巴的股票交易都属于二级市场交易。

3. 现货市场和期货市场

按照金融交易的交割期限，金融市场可以分为现货市场和期货市场。在现货市场，一般在成交后的 1 到 3 天内立即付款交割。在期货市场，付款交割是在成交日之后合约所规定的日期进行。证券、外汇和黄金通常采用期货交易方式。目前，期货交易的数量已经远远超过现货市场。

4. 不同类型金融工具市场

根据金融市场交易对象不同，可以分为证券市场、保险市场、外汇市场和黄金市场等。

金融市场的分类繁多，最常见的是把金融市场分为货币市场和资本市场。这两个市场的发展程度对一个国家的金融发展水平影响很大。下面的关系图给出了货币市场和资本市场包含的若干子市场。

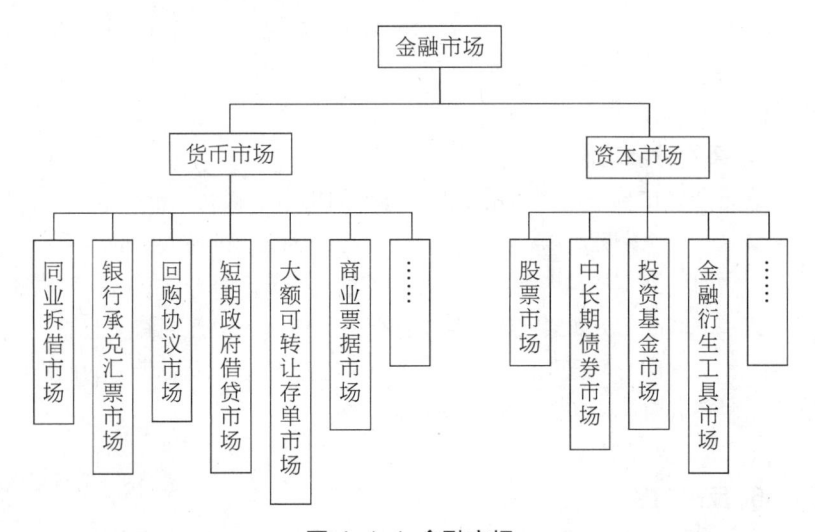

图 4-1-1 金融市场

4.1.4 配置功能

金融市场在现代经济发展中发挥着巨大的作用，它具有以下几种功能。

1. 资金融通功能（聚集资金功能）

"金融"的本义就是资金融通，金融市场能够提供一个理想场所，让资金的需求方和供给方联系起来，满足双方不同的需求。在金融市场没有形成之前，如果 A 公司想要扩大自己的经营但是又没有多余的资金，A 公司很有可能放弃扩张计划。有了金融市场，A 公司就可以在市场上通过发行债券或股票来获得资金，扩大自己的产出。由此可见，金融市场这种资金融通功能为经济增长提供了极大的活力，所以，资金融通功能是金融市场最基本的功能。

2. 调节功能（调控功能）

金融市场为国家宏观调控提供了很大的便利。货币政策必然要通过金融市场发挥作用，我们所学的三大货币政策工具包括再贴现率、法定准备金率和公开市场操作，而其中相关主体是商业银行和中央银行，他们都是现代金融市场的主要参与者。因此，货币政策影响这些金融主体，他们的行为会影响经济运行的状况。

> 货币政策的执行以及政策效力的发挥，主要通过金融市场实现。

3. 提高资金使用效益的功能

由于金融市场提供了多种金融工具，资金使用期限和数量比较灵活，资金使用风险和收益容易比较，资金的供求双方选择也比较灵活。资金能够灵活融通，合理使用和流通，促进了资金使用效益的最大化。

4. 风险分散功能

这是金融市场一个非常重要的功能。如果一个家庭一年有 10 万元的盈余资金，这个家庭可以将 10 万元分别购置 5 种不同的金融产品，各买 2 万元，也可以只买一种金融产品。假如 5 种资产有一种贬值 20%，家庭还可以拥有 96000 元，如果买的一种资产贬值 10%，家庭还拥有 9 万元。几种不同的资产部分贬值相对于只买一种资产出现贬值，后者带来的损失更大。这种多元资产购买方案有助于分散风险。

5. 反映功能

金融市场被称为国民经济的"晴雨表"和"气象台"，因为它可以反映市场信息。以利率为例,它反映的是金融资产的价格,利率的变动也影响国民经济的运行状况。金融市场中利率的变动反映了当时经济是增长还是衰退。

4.1.5 金融市场的发展趋势

第一,资产证券化。资产证券化是指以基础资产未来所产生的现金流为偿付支持,通过结构化设计进行信用增级,在此基础上发行资产支持证券的过程。

假如张先生开了一家面包店,每月收益是2万元,一年收益就是24万元。张先生嫌店面太小,扩大店面要20万,于是张先生就想去银行贷款20万,银行认为张先生没有高额贷款能力就拒绝了他。这个时候一家机构说自己可以帮张先生完成融资,这个机构要求张先生将未来1年的所有收入都给他,张先生可以得到20万元的贷款。实际上,张先生一年收益24万,相当于打了4万元折扣给了这个机构。这家机构又把这未来价值24万元的所有权做成证券,拆分成2000份卖给投资者,每份价格110元,卖出22万元,机构实际获利2万元。以后每个月的2万元收入由2000个投资者获得。这个机构将张先生的未来收益做成可以交易的证券就是资产证券化过程。

第二,金融市场全球化。20世纪70年代末期以来,西方国家兴起的金融自由化浪潮,使世界各国纷纷放宽对金融活动的管制。各国逐渐放松对跨境资本流动管制,资本在国际间的流动越来越自由。这种变化增进了跨国的金融交易,金融活动在世界范围内按照全球统一规则运行,同质的金融资产价格趋于相等,巨额资金在全球范围内快速运转,从而形成全球性的金融市场。在这个全球金融市场,各个国家的金融活动都相互联系。美国2008年的次贷危机波及了整个世界,金融全球化已经成为共识。

第三,金融市场自由化。这种趋势指的是西方发达国家逐渐放松甚至取消对金融活动管制措施的过程。金融市场自由化主要包括利率自由化、合业经营、业务范围自由化、金融机构准入自由、资本自由流动这些方面。我们也称金融市场自由化为"金融深化"。在自由化过程中,产生了许多新型信用工具和交易手段,极大方便了市场参与者的投融资活动,降低了交易成本。金融市场自由化还促进了资本国际自由流动,有利于资源在国际间配置,促进国际贸易和世界经济发展。

4.2 资本市场

> **本节导读**

资本市场（capital market）作为金融市场的重要组成部分，在金融活动中扮演着非常重要的角色。它是个人、企业以及政府筹措长期资金的地方。一般包括长期借贷市场以及长期证券市场，长期借贷一般是银行对于个人的长期信用借贷；长期证券市场主要为股票市场，长期债券市场以及基金市场，它的主要目的在于满足企业的中长期投融资需求和政府弥补财政赤字的需要。由于资本市场主要涉及长期的投融资活动，它对于长期的经济运行有着举足轻重的影响，具有投融资功能、资源配置功能、产权功能以及资本定价功能。资本市场是一个非常宽泛的概念，实际上它有着更加具体的内涵。我们需要把它更加细分才能掌握资本市场是以什么为对象进行运作的，才能了解不同的金融工具到底承担着怎样的职能。本节内容我们重点讲解股票市场、债券市场以及基金市场。

> **本节目标**

1. 掌握股票的含义及其种类
2. 掌握股票的发行和交易市场
3. 掌握债券的含义及其类型
4. 了解投资基金的含义及其类型
5. 了解金融衍生工具的含义、特征及其类型

4.2.1 股票市场

1. 股票的含义

股票（stock）是股份公司发行的所有权凭证，是股份公司为筹集资金而发行给各个股东作为持股凭证并借以取得股息和红利的一种有价证券。A 公司想要筹集资金实施一个项目，A 公司申请在上海证券交易所发行股票，以每股 10 元价格发行 1 亿股。投资人在上交所购买相应的股票成为 A 公司的股东。每股股票的金额相等，每股都代表股东对公司有一个基本单位的所有权，我们称之为"同股同权"，所以拥有的股份越多，对该公司的所有权就越大。股东凭借股票可以获得公司的股息和红利，参加股东大会并行使自己的权利，同时也承担相应的责任和风险。股票是资本市场

主要的长期信用工具，持有者可以在股票市场转让、买卖，但不能要求公司返还其出资。

2. 股票的类型

按照股东的权利，股票可分为普通股和优先股。普通股是股票发行中最重要、最基本的一种，它是构成股份公司的基础。优先股是股份公司在筹集资本时发行的赋予某些优先条件的股票。

按照上市地点和面向投资者的不同，股票可分为 A 股、B 股、H 股和 N 股等。A 股即人民币普通股，是由中国境内公司发行，供境内机构、组织或个人以人民币认购和交易的普通股股票。B 股的正式名称是人民币特种股票。它是以人民币标明面值，以外币认购和买卖，在中国境内（上海、深圳）证券交易所上市交易的外资股。B 股公司的注册地和上市地都在境内。H 股也称国企股，指注册地在内地、上市地在香港的外资股。H 股为实物股票，实行"T+0"交割制度，无涨跌幅限制。中国大陆地区只有机构投资者可以投资 H 股。N 股，是指那些在美国纽约（New York）的证券交易所上市的外资股票，取纽约的第一个字母 N 作为名称。

目前世界主要的股票市场为美国的纽约证券交易所和纳斯达克证券交易所，英国的伦敦证券交易所，日本的东京证券交易所，中国的香港交易所等。中国股票市场主要是上海证券交易所和深圳证券交易所。

> 股票是一种所有权关系。

知识小百科

世界第一只股票

17 世纪初，随着大工业的发展，企业生产规模不断扩大，由此而产生了资本短缺。为了能够筹资更多的资本，保证工业发展的需求，出现了由股份共同出资经营的企业组织。这些企业组织将筹集资本的范围扩大到社会，产生了以股票这种表示投资者投资入股的有价凭证，以吸收和集中分散在社会上的资金。世界上最早的股票市场可以追溯至 1602 年，荷兰人开始在阿姆斯特丹买卖荷兰东印度公司的股票，这是全世界第一只公开市场的股票，而世界上的第一个股票交易所也诞生于荷兰阿姆斯特丹。

4.2.2 债券市场

1. 债券的含义

债券是一种有价证券，是政府、金融机构和企业等各类经济主体为筹集资金而向债券投资者出具的、承诺按一定利率定期支付利息并到期偿还本金的债权债务凭证。债券上载有发行单位、面额、利率、偿还期限等内容，是表明债权债务的凭证，具有法律效力。债券的发行和购买形成债权和债务关系，债券发行人是债务人，债券购买人是债权人。

例：A 公司为了开发人工智能技术向社会公众公开发行债券，发行面值为 100 元，每张售价 100 元，共发行 1000 万张，筹资 10 亿元人民币，利率为每年 3%，债券到期时间为 5 年。下面分析 A 公司发行的债券的具体内容。

债券作为证明债权债务关系的凭证，具有特殊的票面格式，一般具有五个票面要素。

第一，票面价值。它是债券发行人在债券到期后应偿还的本金数额。A 公司发行的债券面值为 100 元，这就是该债券的票面价值，5 年后债券持有者可以向 A 公司要求每张偿还 100 元。100 元是债券的发行价格，根据发行价格和面值大小关系可分为溢价发行、折价发行和平价发行，A 公司是折价发行行为。

第二，票面利率。债券的票面利率指的是债券发行人承诺定期支付给债券持有人的报酬占债券面值的比率。票面利率是债券发行的主要成本。A 公司发行的债券票面利率为每年 3%，也就是每年的固定时期会支付每张 3 元的利息给持有人。

第三，偿还期。债券偿还期指的是债券发行人偿还本金的期限，也就是发行日到偿还本金日之间的间隔。A 公司的偿还期为 5 年，也就是如果 A 公司 2017 年 1 月 1 日发行，该公司要在 2022 年 1 月 1 日偿还所有本金。一般，偿还期越久，票面利率越高。

第四，付息期。债券付息期指的是债券发行后支付利息的时间。如果 A 公司规定 6 月 6 日为付息期，那么 A 公司每年的 6 月 6 日都会支付持有者利息直到到期日结束。付息期可以是半年也可以是 3 个月。

第五，发行人名称。发行人名称指明了债券的债务主体，为债权人追回本金和利息提供依据。上面的案例中，A 公司就是发行人。

> 债券表示的是债务与债权的关系。

2. 债券的类型

债券根据不同的标准有着不同的分类。

（1）根据发行主体不同，可分为政府债券、金融债券和公司债券，发行的主体分别为政府、银行或非银行金融机构、公司。不同主体为了各自的经济目标而发行这些债券。

（2）根据债券发行条款中是否规定在约定期限向债权人支付利息，可分为贴现债券、附息债券和息票累计债券。贴现债券指票面不规定利率，发行时按某一折扣率，以低于票面金额的价格发行，我们称之为折价发行。A 公司发行债券可以每张卖 95 元，不支付利息，到期偿还 100 元就可以。附息债券就是定期支付利息的债券。息票累计债券指到期后一次性还本付息的债券。

（3）根据募集方式不同，可分为公募债券和私募债券。公募债券，指的是发行人向不特定的社会公众投资者公开发行的债券。私募债券，指的是向特定的投资者发行的债券，发行对象一般是特定机构投资者。A公司发行的债券面向的是社会大众，所以发行的是公募债券。

（4）按是否担保，可分为有担保债券和无担保债券。有担保债券，指的是以抵押财产为担保而发行的债券。发行债券可以用土地、房屋等不动产作为抵押，也可以用股票等动产或权利作为抵押。无担保债券又称为"信用债券"，仅凭发行人的信用而发行，不需要任何抵押品或担保人。A公司能够发行的债券完全是公众相信该公司未来能带来收益，A公司的信用很高。

（5）根据偿还期限，可以分为短期债券、中期债券和长期债券。短期债券指期限在1年以内的债券，中期债券指期限在1年以上10年以下的债券，长期债券指期限在10年以上的债券。

> 政府也可以作为债券发行主体。

4.2.3 基金市场
1. 基金的含义

投资基金是一种利益共享、风险共担的集合投资方式。证券投资基金通过发行基金单位，将不特定投资者的资金汇集起来，委托专业的投资管理机构进行分散化投资，达到集合投资、专家理财、分散风险的目的。投资基金的投资范围非常广泛，包括一系列金融资产以及事业资产，如债券、商业票据、短期政府债券、股票、期货、外汇、房地产等。

简单来说，投资基金提供了一种新的理财方式。比如你们家今年有5万元的盈余，妈妈掌管这笔闲钱。现在通货膨胀比银行存款利率高，妈妈觉得存银行不划算。但是妈妈又不是很精通理财。这时候有一家基金公司准备募集2亿元基金，募集对象是社会公众，投资者的收益取决于这笔资金在投资后产生的收益。这家基金公司将这笔资金交给另一家专门的基金管理公司管理操作，基金管理公司将2亿元投入到债券和股票市场，一年后这笔募集的资金共获得收益2000万元。妈妈当初购买了5万元的份额，现在该基金机构可能会给妈妈3500元作为投资收益。可以看出，基金投资相对于债券投资，具有更高的回报率，相对于股票市场具有更小的风险。

2. 基金的类型

证券投资基金依据不同的标准可以分为不同的类型。

（1）根据基金组织形式不同，可分为契约型基金和公司型基金。契约型基金指的是将投资者、管理人、托管人三者作为信托关系的当事人，通过签订基金契约的形式发行收益凭证而设立的一种基金。契约型基金通过基金契约来规范三方当事人的行为，基金管理人负责基金的管理操作，基金托管人作为基金资产的名义持有人，负责基金资产的保管和处置，对基金管理人的运作实施监督。公司型基金是依据公司章程设立，在法律上具有独立法人地位的股份投资公司。公司以发行股份的方式募集资金，投资者购买股票成为股东，享受股东权益。由董事会选聘基金管理公司，管理公司负责资金操作。

（2）根据基金运作方式，可分为封闭式基金和开放式基金。封闭式基金指的是经核准的基金份额总额在基金合同期限内固定不变，基金份额可以在依法设立的证券交易所交易，但基金份额持有人不得申请赎回的基金。也就是在合同期限内，不会新增或减少基金份额，但是投资者可以在二级市场进行买卖。开放式基金指的是基金份额总额不固定，基金份额可以在基金合同约定的时间和场所申购或者赎回的基金。因为资金可以赎回，开放式基金通常会从所筹资金拨出一笔留存为现金，以备投资者赎回之用，这会降低资金的使用效率。

（3）根据基金的投资标的，可分为债券基金、股票基金、货币市场基金和混合基金等。债券基金以债券为主要投资对象；股票基金以股票为主要投资对象；货币市场基金以货币市场工具为主要投资对象；混合基金按资产配置划分，可分为偏股型基金、偏债型基金、股债平衡型基金和灵活配置型基金。

（4）根据基金募集方式，可分为公募基金和私募基金。公募基金指的是面向社会公众公开发售的基金。私募基金指的是向特定投资者发售的基金，是以非公开方式募集资金的基金。

知识小百科

市场上的各类"宝"系产品
——货币型基金介绍

基金市场为家庭提供了另一种理财方式，随着互联网金融的发展，基金市场的形式也正在发生一些改变。互联网+金融的迅速发展，使得投资货币型基金变得十分便捷，只要你有一台电脑或者一部智能手机，就可以随时随地参与基金理财。

谈到"宝"类产品，不得不说蚂蚁金服于2013年6月推出的互联网理财产品——余额宝。余额宝实质是一种货币型基金，蚂蚁金服是该基金的发起人，天弘基金是基金的管理人，将汇集的资金投入到股票或者债券等市场来获得收益。客户可将自己的现金转移到余额宝账户中就相当于购买了该款货币型基金，客户可以获取利息，也可以随时转出资金，具有一定的流动性和收益性，所以余额宝也是一种开放式基金。目前，余额宝也是中国规模最大的货币型基金。

除了余额宝，汇添富基金发行的全额宝理财产品，也属于互联网客户专属的货币型基金。全额宝利用微信作为主要的产品购买平台，也是最大地利用了微信庞大的客户数据，运作的方式与支付宝相似。

现在除了由一些互联网科技公司联合专业基金管理公司主导的"宝"系产品，各大商业银行也陆续推出有竞争力的宝系产品。朝朝盈就是由招商银行在最新版手机银行上推出的银行宝系理财产品，实质上是一种货币基金，对接的货币基金为招商招财宝货币基金。目前，朝朝盈只针对招商银行持卡客户才可以购买。

4.2.4 金融衍生工具市场

1. 金融衍生工具

金融衍生工具又被称为金融衍生产品，是与基础金融产品相对应的一个概念，指建立在基础产品之上，其价格取决于基础金融产品价格变动的派生金融产品。这里所说的基础产品是一个相对的概念，不仅包括债券、股票等现货金融产品，也包括金融衍生工具。也就是说，一个金融衍生工具也可能是另一个金融衍生工具的基础产品。

以股票市场为例。甲持有 A 公司的股票 1 万股，现在的股价为 10 元每股。乙和甲签订一份股票期权合约，约定乙在 1 个月后可以以 11 元每股的价格购买甲持有的所有股票，乙支付甲 5000 万元作为期权费。一个月后，A 公司的股票实际价格为 13 元，尽管比 11 元高，甲也必须按照合约规定以 11 元价格卖给乙，乙卖出股票后净赚了 15000 元。如果一个月后股价实际不是涨到 13 元而是跌到 10.5 元，乙可以选择不买进股票，他亏了 5000 元。在这里，股票期权合约就是金融衍生工具。可以看出，双方交易的是一份权利。作为期权买方，乙只承担期权费用，甲作为卖方要承担股价波动的损失。

2. 金融衍生工具的特征

金融衍生工具具有如下特征：

跨期性。金融衍生工具是交易双方通过对利率、汇率和股价等因素变动趋势的预测，约定在未来某一时间按照一定交易条件进行交易或选择是否交易的合约。

经济杠杆主要调节和控制社会生产、交换、分配、消费等方面的经济活动；财务杠杆也称融资杠杆和资本杠杆，主要是指公司融资过程中，如何通过负债来调整资本结构实现收益，提高企业的资金使用效率和经营效率。

杠杆性。金融衍生工具交易一般只需要支付少量保证金或权利金就可以签订大额的合约。

联动性。金融衍生工具的价值与基础产品联系在一起。

不确定性。金融衍生工具价值依附于基础产品,基础产品本身价格具有波动性。巨大的杠杆让这种不确定性具有更大的投资风险。

3. 金融衍生工具的分类

金融衍生工具依据不同的标准可以分为以下几种类型:

(1)根据基础工具,金融衍生工具可以分为以下几种。股权类产品的衍生工具是指以股票或股票指数为基础工具的金融衍生工具。货币衍生工具是指以各种货币作为基础工具的金融衍生工具。利率衍生工具是指以利率或利率的载体为基础工具的衍生工具。信用衍生工具是指以基础产品所蕴含的信用风险或违约风险为基础变量的衍生工具。商品衍生工具是指以商品为合约标的资产的衍生工具,主要包括大豆期货、黄铜期权、石油期货等大宗商品。

(2)根据产品形态分类,金融衍生工具可分为独立衍生工具和嵌入式衍生工具。

(3)根据交易场所分类,金融衍生工具可分为交易所交易的衍生工具和OTC(over the counter market,场外交易市场)交易的衍生工具。

4.3 金融机构

本节导读

当我们走进一家银行存取款时，就是在和金融机构进行金融交易。现代金融活动中金融机构作为最活跃的参与主体，对于金融市场的正常运作至关重要。金融机构是家庭、企业、政府和其他主体进行融资活动的媒介，为金融主体的资金融通提供必要的服务，提高了金融交易的效率。现代金融机构主要包括中央银行、商业银行、证券经营机构、保险经营机构和政策性金融机构。这些金融机构各自履行不同的职能，经营不同的业务，拥有不同的目的，中央银行和政策性金融机构出于政策性目的参与金融活动，商业银行、证券经营机构、保险经营机构则是以盈利为目的参与金融活动。尽管这些金融机构的职能和目的不同，但是都促进了现代金融市场的发展。本节详细阐述了各种金融机构的概念、职能和业务。

本节目标

1. 掌握中央银行的类型和职能
2. 了解中央银行的业务
3. 掌握商业银行的职能与业务
4. 了解证券经营机构
5. 了解保险经营机构
6. 了解政策性金融机构

4.3.1 中央银行

1. 中央银行的类型

中央银行（central bank）是由政府组建的机构，负责控制国家的货币供给和信贷条件，监管金融体系的运行，比如监管商业银行和其他储蓄机构的行为。中央银行是一国最高的货币金融管理机构，在各国金融体系中居于主导地位。

由于各个国家的历史进程、经济结构和政治制度的差异，各国的中央银行体制之间也存在区别。目前全世界的中央银行制度大致可分为单一型、复合型、准中央银行和跨国型四类。

单一型中央银行制度指的是国家设立单独的中央银行机构，全面、纯粹地行使中央银行职能的制度。美国联邦储备系统,简称美联储负责履行美国中央银行的职能,是典型的单一型中央银行制度。

复合型中央银行制度是指一国之内,不设立专门的中央银行,而是由一家大银行来同时扮演中央银行和商业银行两种角色。苏联以及1990年以前的多数东欧国家都实行这种体制。中国在1983年之前也实行这样的制度。

准中央银行制度是指某些国家或地区只设置类似中央银行的机构,或由政府授权某个或几个商业银行,行使部分中央银行职能的体制。新加坡是准中央银行制度的典型代表。新加坡不设中央银行,而由货币局发行货币,金融管理局负责银行管理、收缴存款准备金等业务。香港也曾实行过准中央银行体制。采取这种体制的是地域较小而同时又有一家或几家银行一直处于垄断地位的国家或地区。

跨国型中央银行制度是指由若干国家联合组建一家中央银行,由这家中央银行在其成员国范围内行使全部或部分中央银行职能的中央银行制度。实行跨国中央银行制度的国家主要在非洲和东加勒比海地区,目前,西非货币联盟、中非货币联盟、东加勒比海货币区属于跨国中央银行的组织形式。1998年7月1日欧洲中央银行正式成立,1999年1月1日欧元正式启动。

2. 中央银行的职能

中央银行作为重要的金融市场主体,主要具有三大职能:发行的银行、银行的银行和政府的银行。

在现代银行制度中,中央银行首先是货币发行银行,它垄断货币发行特权,是全国唯一的货币发行机构。中央银行垄断货币发行特权是其发挥职能作用的基础。整个金融体系流通的货币来源于中央银行,货币就像血液一样维持着金融体系的活力,中央银行就像金融市场的心脏一样为其输送血液。

银行的银行指的是中央银行一般不与工商企业和个人发生往来,只和商业银行及其他金融机构直接发生业务关系,它对所有金融机构进行指导、管理和监督,同时也为金融机构提供服务。银行的银行这一职能主要体现在以下三个方面:保管商业银行的存款准备金、对商业银行提供信贷和办理商业银行之间的清算业务。

政府的银行是指中央银行既作为政府管理金融的工具,又为政府提供金融服务。这一职能包括代理国库、对政府提供信贷、管理金融活动、调节国民经济、代表政府参加国际金融活动,进行国际金融事务的协调和磋商。

知识小百科

香港纸币的发行方式

香港的货币发行银行比较特殊，因为香港实行货币发行局制度，货币基础的流量和存量必须有充足的外汇储备支持，所以香港并没有真正意义上的货币发行局。香港纸币大部分由3家发钞银行即汇丰银行、渣打银行、中国银行（香港）发行。

3. 中央银行的业务

中央银行的业务主要包括以下三类：负债业务，资产业务，清算业务。

负债业务指的是中央银行获得资金来源的业务，主要有存款业务、货币发行业务以及其他负债业务。中央银行的负债业务不同于商业银行的存款业务：一是有利于调控信贷规模和货币供给量，二是有利于维护金融业的安全，三是有利于国内的资金清算。所以中央银行在货币政策的制定与实行中扮演重要角色。

资产业务指的是中央银行运用其资金的业务活动，主要包括中央银行给商业银行的贷款、再贴现、证券买卖和国际储备业务。

清算业务指的是组织票据交换清算和办理异地资金转移。

4.3.2 商业银行

1. 商业银行的职能

商业银行（commercial bank）是一个以营利为目的，以多种金融负债筹集资金，多种金融资产为经营对象，具有信用创造功能的金融机构。因为银行与同学们日常的生活密切相关，所以同学们对于银行的理解应该也比较熟悉，同学们可能每个月都要光顾银行好几次，主要是为了存款、取款或者是转账，而这些银行通常都是商业银行的范畴。一般的商业银行没有货币的发行权，传统的商业银行的业务主要集中在经营存款和贷款（放款）业务，即以较低的利率借入存款（deposit），以较高的利率放出贷款（loan），存贷款之间的利差就是商业银行的主要利润（profit）。

商业银行本身具有的性质决定了其具有以下几种职能：充当信用中介、变货币收入和储蓄为资本、充当支付中介和创造信用流通工具。

充当信用中介，是商业银行最基本的、最能表现其经营特征的职能。这一职能的实质是通过银行的负债业务（存款业务），把社会上的各种闲散货币集中到银行里来，再通过资产业务（贷款业务或者投资业务），把它投向经济各部门，商业银行是作为货币资本的贷出者与借入者的中介人来实现资本的融通。比如你的家庭有一笔10万元的闲置资金，而A企业急需一笔10万元的运营资金，双方都不知道彼此，他们只需要找到银行就可以满足自己的需要。你的家庭可以存入银行获取利息，而A公司可以向银行借到10万元，你们双方不需要认识彼此，银行作为中介有效地解决了这个问题。

变货币收入和储蓄为资本，指的是商业银行可以把零星的、暂时闲散的货币以吸收存款和储蓄的方式集中起来，使之成为一笔巨大且相对稳定的货币额，然后将这些货币以贷款或证券投资等方式，使之成为生产和商品流通所需要的资本。经济社会中类似具有闲置资金的家庭非常多，通过这样的方式，银行可以集聚很多这样的闲置资金，作为向企业提供信贷服务的主要资金来源之一，通过这样的方式，整个社会的资金也就流动起来，可以创造出更多的资金价值。而银行在这个过程中充当了很好的信用中介服务功能，存款利率和贷款利率之间的差额，就构成了中介服务费用的主要收入来源。

充当支付中介，指的是商业银行为自己客户在其账户办理相互间款项划转的时候，银行代替客户执行这个操作。例如，甲在B商业银行存款10万元，某一天甲因为业务关系需要支付给乙10万元款项。甲不是通过提取现金支付给乙，而是通过银行转账的方式支付款项。这个时候，B银行接收到甲的支付命令，直接从甲的银行账户划拨10万元到乙的银行账户就可以了。

信用流通工具，指的是在信用基础上产生的代替现实货币流通的凭证。除了在国家信用基础上产生的信用流通工具，大量的信用流通工具是在银行信用的基础上产生的。在金融活动中，银行信用基础产生的信用工具有银行券、支票、银行本票、银行汇票、可转让定期存单以及其他转账结算凭证。

2. 商业银行的业务

商业银行的业务主要包括四类：负债业务、资产业务、中间业务和表外业务。

(1)负债业务

负债业务指的是商业银行筹措资金，从而形成资金来源的业务，是商业银行资产业务的前提和条件。商业银行的负债业务主要包括自有资本和吸收外来资金两大部分。

自有资本是其开展各项业务活动的初始资金，是其业务活动的本钱，主要部分有成立时发行股票所筹集的股份资本、公积金以及未分配的利润。

外来资金包括存款负债和非存款负债。存款负债指的是商业银行对存款客户的负债,存款(deposit)业务按支取方式可以划分为活期存款、定期存款和储蓄存款,按所有者类别可以划分为公共存款、企业存款、个人存款和同业存款。刚刚提到的社会中诸多具有闲置资金的家庭,主要就是个人存款。当然,很多盈利的企业,也会将企业的一部分现金存入银行作为公司的流动资产,而这一部分资金也是银行的主要存款来源之一,这部分资金构成了银行的企业存款。还有一种是银行与银行之间的相互存款,指的是非银行金融机构和其他商业银行因业务往来而存放在商业银行的款项。非存款负债指的是商业银行除存款外,主动到市场上借款、发债、筹集资金以增加资金来源的负债。

> 存款业务中,银行是债务人,存款客户是债权人。

(2)资产业务

商业银行的资产业务是其资金运用业务,主要分为放款业务和投资业务两大类。资产业务是商业银行收入的主要来源。商业银行吸收的存款除了留存部分准备金以外,全部可以用来贷款和投资。

商业银行最重要的资产业务是贷款业务,贷款业务是商业银行获取收益的主要手段。贷款(loan),也是经济生活中出现频次较高的一个经济术语,可以通俗地理解为"有偿借钱"。贷款业务根据偿还期限不同,可划分为活期贷款和定期贷款;根据贷款保障程度不同,可划分为信用贷款和担保贷款;根据偿还方式不同,可划分为一次还清贷款和分期偿还贷款。

商业银行的投资业务是商业银行将资金用于购买有价证券的活动。主要是通过买卖股票、债券进行投资。商业银行的投资业务有分散风险、保持流动性、合理避税和提高收益等意义。投资业务的对象主要包括国库券、中长期国债、政府机构债券、市政债券或地方政府债券以及公司债券。

> 贷款业务中,银行是债权人,贷款客户是债务人。

(3)中间业务

中间业务是指商业银行从事的按会计准则不列入资产负债表内,不影响其资产负债总额,但能影响银行当期损益,改变银行资产报酬率的经营活动。

中间业务主要包括结算业务、代理业务、信用证业务、咨询业务、电算业务、保管及其他业务。

(4)表外业务

表外业务指的是商业银行从事的按照通行的会计准则,不列入银行资产负债表内,不影响当期银行资产负债总额,但构成银行的或有资产和或有负债的交易活动。例如,银行作为其他金融主体的担保人,如果被担保主体出现了破产而无法履约,银行作为担保人就要承担债务。

知识小百科

我国主要的商业银行介绍

我国大型国有商业银行有中国工商银行、中国农业银行、中国银行、中国建设银行、中国邮政储蓄银行、交通银行。

全国性股份制商业银行有招商银行、浦发银行、中信银行、中国光大银行、华夏银行、中国民生银行、广发银行、兴业银行、平安银行、恒丰银行、浙商银行、渤海银行。

除此之外，还有100多家城市商业银行以及众多村镇银行、农村商业银行和乡村银行。

扩充阅读

互联网银行的发展与移动支付的兴起

互联网银行的形成基于现代科技的发展，主要是通过借助现代数字通信、互联网、移动通信及物联网技术，利用云计算、大数据等方式在线实现为客户提供存款、贷款、支付、结算、汇转、电子票证、电子信用、账户管理、货币互换、P2P金融、投资理财、金融信息等快捷、安全和高效的互联网金融服务机构。

2004年支付宝进入金融支付领域，移动支付逐渐普及，商业银行的支付、结算和转账等功能逐渐被分离出来。2013年6月，蚂蚁金服旗下的余额宝功能正式开放，人们可以将自己的闲置资金存在余额宝中收取利息，相比较商业银行的利率，余额宝刚开始的利率高达7%，加上它随时可以存取，无论是流动性还是收益性都优于商业银行，当时也掀起了一股全民"理财"的风潮。2014年9月底，中国银监会批复同意浙江网商银行、前海微众银行、上海天津金城银行、温州民商银行首批5家民营银行获准筹建。其中，网商银行由阿里巴巴旗下的蚂蚁金服筹建，微众银行由腾讯筹建，是目前在国内是比较有代表性的两家互联网银行。

互联网银行的发展，以及互联网技术的逐渐进步，移动支付方式也被大家所熟知和使用。目前国内市场的移动支付方式，也主要以支付宝支付和微信支付两种方式占主导地位。如今所有一二线城市，基本上都能实现"无现金"生活，只需要通过支付宝和微信，就能够在便利店、商场进行消费，甚至诸多的个体户经营商家，也通过微信和支付宝进行服务和产品的收费。除了在国内，在东南亚的一些主要旅游城市，支付宝以及微信支付同样受到欢迎，在曼谷的所有711便利店，基本都能够选择以上两种移动支付方式，这无疑给境外旅游提供了很多便利。互联网科技的发展正在改变这个世界的运作模式，而互联网+金融的发展，也正在改变人们的经济生活。

4.3.3 非银行金融机构

非银行金融机构以发行股票和债券、接受信用委托、提供保险等形式筹集资金，并将所筹资金运用于长期性投资的金融机构。非银行金融机构分为以下三类：证券经营机构、保险经营机构、政策性金融机构和其他非银行金融机构。

证券经营机构是对从事证券业务的金融机构的统称，一般包括证券公司、证券投资基金管理公司、证券投资咨询公司等证券专营机构。

保险公司指通过收取保险费建立保险基金，并对发生保险事故进行经济补偿的金融机构，一般包括保险公司和保险中介机构。保险公司根据业务内容的不同，可以分为财产保险公司和人寿保险公司；根据保险的对象不同，分为保险公司和再保险公司；根据出资人的不同，分为国有保险公司、股份制保险公司、外资保险公司、中外合资保险公司等。保险中介机构指从事保险中介业务的组织。保险中介机构根据其主营业务的不同，分为保险专业中介机构和保险兼业代理机构；根据从事业务的内容不同，分为保险代理机构、保险经纪机构和保险公估机构。

政策性金融机构是指那些由政府或政府机构发起、出资创立、参股或保证的，不以利润最大化为经营目的，在特定的业务领域内从事政策性融资活动，以贯彻和配合政府的社会经济政策或意图的金融机构。政策性金融机构主要指各类政策性银行。按照业务范围，可以分为经济开发政策性金融机构、农业政策性金融机构、进出口政策性金融机构、住房政策性金融机构、中小企业政策性金融机构。1994年，我国组建了三家政策性银行——国家开发银行、中国进出口银行和中国农业发展银行。2008年12月16日，国家开发银行股份有限公司成立，成为我国第一家由政策银行转型而来的商业银行。

其他非银行金融机构包括农村信用社、财务公司、邮政储蓄机构、信托机构等。

常见的非银行金融机构：证券公司,保险公司,政策性银行,农村信用社,信托公司,基金公司等。

4.4 信用与风险

本节导读

我们经常会说一个人有信用，意思是这个人诚信，这是一种道德观上的定义和理解，但是在金融学的范畴里，信用是完全不同的概念。金融学里的信用是一种借贷行为，这种行为的实质是一种有偿转让，例如企业向银行借钱去扩大经营，银行不会免费借给企业，而是要求企业到期后支付一定的贷款利息。这种借贷行为就是金融学所说的信用，信用的发展提高了金融活动的效率。经济发展有一定的周期性，金融活动也往往会出现问题。我们在参与某项经济活动或者进行某项投资时，经常担心遭受损失，而且这种损失是有可能发生的。一般地，我们将这种损失出现的可能性称为风险，认识风险和解决风险问题对于金融活动意义重大。本节解释了金融学意义上的信用概念，同时分析了风险如何产生以及怎样处理风险。

本节目标

1. 了解信用的含义和分类
2. 了解风险及风险管理的概念

4.4.1 信用的含义与分类

信用（credit），常常与"赊购""债务"相联系，可以广泛地理解为"债权债务"关系。金融学发展过程中，信用是一个很重要的概念，甚至部分经济学派将信用等同于货币，认为信用创造货币，信用形成资本。目前，广泛认为信用是一种以偿还本金和支付利息为条件的借贷行为，其特征是货币或商品的所有者将其货币或商品暂时转让给别人使用，借贷双方约定期限，借者按期归还本金，并支付给贷者一定利息。最常见的就是存款行为，你们家今年有5万元的闲置资金，把这笔钱存到银行，银行会按期偿还本金并支付利息给你们。这就相当于你们把资金借给了银行，银行如期还本付息。

信用依据提供主体，可分为商业信用、银行信用、国家信用和消费信用等。商业信用是指工商企业之间在买卖商品时，以延期付款形式或预付货款等形式提供的信用，如赊销、分期付款、预付货款等。银行信用是指以银行为中介，以存款等方式筹集货币资金，以贷款方式对国民经济各部门、各企业提供资金的一种信用形式。国家信用是以国家为债务主体进行的一种信用活动。国家按照信用原则以发行债券等方式，从国内外货币持有者手中借入货币资金，因此国家信用也是一种国家负债。它包括国内信用和国际信用。国内信用是国家以债务人身份向国内居民、企业、团体取得的信用，它形成国家的内债，比如说国家发行的国债，就是这样一种信用方式。国际信用是国家以债务人身份向国外居民、企业、团体和政府取得的信用。消费信用是由商业企业、商业银行以及其他信用机构以商品形态向消费者个人提供的信用，包括赊销、分期付款和消费信贷等。

> 信用卡是生活中最常见的消费信用工具。随着互联网+金融的快速发展，无卡信用消费逐渐成为一种趋势。

知识小百科

信用卡与新型信用消费

消费信用最常见的就是各大商业银行发行的信用卡（credit card），又叫贷记卡，是商业银行（或信用卡公司）对具有一定信用的客户发行的一种赋予信用的证书，也可以理解为是经济生活中个人信用最常见的一种表现形式，持卡者在消费时不必支付现金，而是由发卡银行或公司帮持卡人代付消费支出，持卡人在规定的时间内清偿代付的金额即可。除此之外，持卡人还可以通过信用卡从发卡机构取得一定额度的需要偿还利息的贷款。信用卡发放的前提是客户需要具备未来清偿透支额度的能力，所以银行（或信用卡公司）会对申请信用卡的客户进行信用审核，然后发放具有一定额度的信用卡。而且对于逾期还款的行为有非常严重的惩罚机制，直接与自己的个人信用账户挂钩，而个人信用账户直接关联到自己生活和工作的方方面面。

随着互联网技术的发展，互联网银行和传统商业银行的功能有所重叠，通过互联网以及移动客户端进行支付结算越来越普及，信用卡的功能也部分地分离出来。现在各大互联网巨头企业，都基于自己庞大的客户数据资源，探索发展互联网消费金融，其中互联网信用消费业务，比如京东白条、蚂蚁花呗，都是通过赋予客户一定额度的信用额，让客户可以提前消费，这也是"信用卡"无卡消费模式的一种新的创新模式。

4.4.2 风险与风险管理

1. 风险（risk）

风险（risk）一词的由来，最为普遍的一种说法是，在远古时期，以打鱼捕捞为生的渔民们，每次出海前都要祈祷，祈求神灵保佑自己在出海时能够风平浪静、满载而归。他们在长期的捕捞实践中，深深体会到"风"给他们带来的无法预测、无法确定的危险，他们认识到，在出海捕捞打鱼的生活中,"风"即意味着"险","风险"一词由此得来。

风险在经济生活中是一个非常重要的决策参考因素之一,通常可以将其定义为损失的不确定性。通俗地说,风险是指一个事件产生我们所不希望的后果的可能性。例如,投资者 A 以 10 元每股的价格买了 10000 元 A 公司的股票,他当然希望股价上涨,股价也很有可能上涨,但是也不能排除股价可能会下跌。因此我们说这种投资行为是有风险的,股价下跌是投资者不希望的,但它是有可能发生的。

风险是由多种要素构成的,这些要素共同作用决定了风险的存在、发生和发展。一般认为,风险由风险因素、风险事故和损失构成。这三个要素具有如下关系:风险因素引发风险事故,风险事故导致损失。大部分人是不喜欢经济生活中可能发生的风险问题的,比如普通的老百姓可能都比较愿意将富余资金存入银行,而不愿意去购买投资风险较大的股票。经济学家将这种风险回避行为称之为风险厌恶(risk aversion);而有的人更愿意选择投资股票,去获得更高的投资回报,称之为风险偏好行为。在我们日常生活当中,回报与风险都是共存的,高回报往往伴随着高风险。

> 在进行风险分析时,除了政策性风险和道德风险多采用定性分析外。一般都将风险通过具体衡量指标进行量化,方差和标准差是风险衡量最常用的量化指标。

扩充阅读

如何衡量风险

风险是决策分析的重要参考因素,因此,如何度量风险大小就变得非常有价值。由于风险本身的不确定性,完全测量风险不可能实现。但随着大数据的挖掘以及统计技术的发展,许多风险测量手段都被开发出来,进而测算出风险衡量的参考指标。目前主要的风险衡量指标有方差,标准差以及标准离差率。

方差分析是在期望值的基础上,是"各种可能的结果与期望值差额的平方"的加权平均数;标准差是对方差开平方的结果;标准差除以期望值得到标准离差率。在衡量风险时,在期望值相同的情况下,如果方差(标准差)越大,表示数据之间的差异大,整体不平稳。标准离差率越大,风险越大。对于一个决策来说,人们希望结果是稳定的,变化太大不容易预测,而且可能带来难以承受的损失。

2. 风险管理(risk management)

风险是一种客观存在,各个经济单元在参与经济生活过程中都面临风险。风险有一个非常重要的特点,就是风险不可能被彻底消除,但是人们可以在一定的时间和空间条件下改变风险存在和发生的状态,降低风险发生的频率和损失程度,就是通常所说的降低风险,我们通常把这种主动应对风险的过程称为风险管理。

风险管理是指人们对各种风险的认识、控制和处理的主动行为。一般通过研究风险发生和变化的规律，估计风险对社会经济活动可能造成损害的程度，一般情况下会选择通过量化分析的方式。在评估出风险的大小情况后，通过选择有效的手段，有计划、有目的地处理风险，希望通过损失最小的代价来实现最大的安全保障。风险管理的决策过程通常包括风险识别、风险估测、风险评价，并在此基础上选择与优化组合各种风险管理技术，对风险实施有效控制和妥善处理。下面简单介绍一下常见的四类风险管理技术：风险规避、损失防护与控制、风险保留与风险转移。

(1)风险规避

风险规避是在风险事故存在或发生的可能性较大时，主动放弃或改变某项可能引起风险损失的活动，以避免可能产生风险损失的一种控制方法。风险规避是一种彻底的风险控制技术。例如，新兴科技公司的存活率很低，有些创业者在一开始就干脆放弃了成立科技公司，这也确实避免了创业失败带来的损失。但是风险规避也是一种消极的控制风险方法。科技公司的创业风险很大，但是成功之后的回报巨大，现实生活中这样的例子也非常多，比如京东就顶住了创业失败的压力，成功之后带来的巨大收益完全弥补了初始投资，而且每年都能带来丰厚的利益，经营规模也会越来越大。

(2)损失防护与控制

损失防护与控制是指采取措施减少致损事故发生的概率，或者采取措施，在损失发生后减轻损失程度。这种行动可以在损失出现之前、损失出现时和损失出现后采取。它是一种积极、合理有效的风险管理技术。例如投资股票时选定一个止损率，当股票价格下跌超过5%时，及时抛出股票，避免股票继续下跌带来更大的损失，这是很多股票投资者采取的策略。

(3)风险保留

风险保留是指承受风险并用自己的资源弥补损失。企业选择风险保留一般包括这几个原因。第一，风险不可保，比如地震和洪水等这些突发事件，采取风险保留往往是出于无奈。第二，进一步采取风险管理技术可能成本更高。第三，风险承担者能够承担最坏的结果。

(4)风险转移

风险转移指的是将风险转移给他人。风险转移一般包括三种方法：对冲、投保和分散化。

对冲指的是为了降低损失而采取行动放弃获利的可能性，一般同时进行两笔行情相关、方向相反、数量相当、盈亏相抵的交易。在金融投资领域，一般利用期货、期权等金融衍生产品以及对相关联的不同股票进行买空卖空、风险对冲的操作技巧，在一定程度上规避和化解投资风险。比如期货现货的套利对冲，就是利用期货市场与现货市场上的价格差距，按照

"低买高卖"的原则，来缩小两个市场上的价差。而生活中，"对冲"的概念也有很多具体的体现和运用，比如咖啡味苦，大部分人会选择利用加奶或者是加糖来淡化掉这种苦味，形成如拿铁、焦糖玛奇朵、卡布奇诺的咖啡组合，而这个组合的目的就是为了实现咖啡苦味淡化的对冲。

投保是指为了避免损失支付保险费，通过购买保险将可能遭受的更大损失的可能性转化为一种确定的损失。这是在经济生活中最常见的一种风险管理方式，比如购买车险似乎是每个车主都不会吝惜的一笔支出，为了降低未来车子遭受损坏、盗窃以及其他事故带来的损失，车主还是愿意花几千元来将这种可能的高额损失通过保费的形式转移到保险公司。

分散化指的是持有多种风险资产而不是将所有资金集中于一项风险资产。生活中，人们常说的"不要把鸡蛋放在同一个篮子里"，可以避免所有的鸡蛋在一次意外中全被打碎，这就是风险分散化最直观的思维体现。在金融投资领域进行股票投资时，一般专业的投资人都会将自己手中的资产，通过一定的技术分析，分配到不同的投资产品（不同的篮子）当中，这在很大程度上减弱了亏本破产的可能性，并且有可能获得一定的投资组合回报，而这些不同的投资产品，称为投资组合。

——•
在金融市场进行投资前，各大金融机构都会对投资人进行综合的风险评估，以界定投资人风险承受能力。

4.5 本章小结

金融学是一门与人们生活紧密相关的学科,在现代社会中,金融学的地位越来越高,对经济生活的影响也越来越深刻。学习金融学可以帮助我们了解金融活动发生的原因,分析和预测经济运行的态势,从而指导我们合理参与金融活动。下面对金融学的重要知识点进行梳理和总结。

1. 金融学基本内容

金融学研究在金融市场中的金融主体的行为。本书主要介绍了金融市场的相关知识,重点分析了资本市场的内涵以及金融机构的相关知识。本书的内容框架如图 4-5-1 所示。

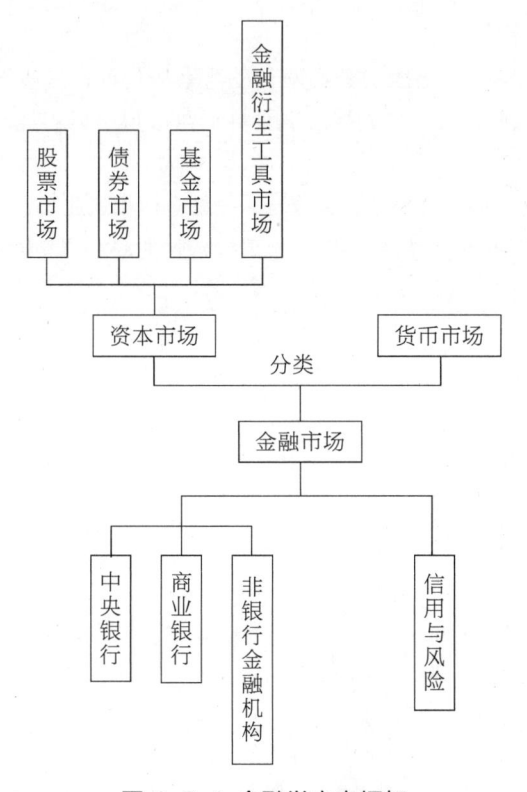

图 4-5-1 金融学内容框架

2. 重要知识点回顾

(1)金融市场

①金融市场是资金供应者和资金需求者双方通过信用（credit）工具进行交易而融通资金的市场。

②金融市场具有以下几个特征：交易对象为金融资产、收益性与合理收益率、风险性、交易场所有形或无形。

③按照不同的分类标准，金融市场可以分为不同类型。按照金融资产的期限长短，金融市场可以划分为货币市场和资本市场；一级市场又称为发行市场，指的是公司或政府向最初购买者出售新发行的债券或股票等有价证券进行筹资的金融市场；按照金融交易的交割期限，金融市场可以分为现货市场和期货市场；根据金融市场交易对象不同，金融市场可以分为证券市场、保险市场、外汇市场和黄金市场等。

④金融市场在经济活动中发挥重要的作用：资金融通功能（聚集资金功能）、调节功能（调控功能）、提高资金使用效益的功能、风险分散功能、反映功能。

(2)资本市场

①股票（stock）是股份公司发行的所有权凭证，是股份公司为筹集资金而发行给各个股东作为持股凭证并借以取得股息和红利的一种有价证券。

②债券是一种有价证券，是政府、金融机构和企业等各类经济主体为筹集资金而向债券投资者出具的、承诺按一定利率定期支付利息并到期偿还本金的债权债务凭证。

③投资基金是一种利益共享、风险共担的集合投资方式。证券投资基金通过发行基金单位，将不特定投资者的资金汇集起来，委托专业的投资管理机构进行分散化投资，达到集合投资、专家理财、分散风险的目的。

④金融衍生工具又被称为金融衍生产品，是与基础金融产品相对应的一个概念，指建立在基础产品之上，其价格取决于基础金融产品价格变动的派生金融产品。

(3)金融机构

①中央银行（central bank）是由政府组建的机构，负责控制国家的国币供给和信贷条件，监管金融体系的运行，比如监管商业银行和其他储蓄机构的行为。目前全世界的中央银行制度大致可分为单一型、复合型、准中央银行和跨国型四类。

②中央银行作为重要的金融市场主体，主要具有三大职能：发行的银行、银行的银行和政府的银行。

③商业银行（commercial bank）是一个以营利为目的，以多种金融负债筹集资金，多种金融资产为经营对象，具有信用创造功能的金融机构。

商业银行本身具有的性质决定了其具有以下几种职能：充当信用中介、变货币收入和储蓄为资本、充当支付中介和创造信用流通工具。

④非银行金融机构以发行股票和债券、接受信用委托、提供保险等形式筹集资金，并将所筹资金运用于长期性投资的金融机构。非银行金融机构分为以下三类：证券经营机构、保险经营机构、政策性金融机构和其他非银行金融机构。

(4)信用与风险

①信用是一种以偿还本金和支付利息为条件的借贷行为，其特征是货币或商品的所有者将其货币或商品暂时转让给别人使用，借贷双方约定期限，借者按期归还本金，并支付给贷者一定利息。

②风险指的是损失的不确定性。通俗地说，风险是指一个事件产生我们所不希望的后果的可能性。

③风险由风险因素、风险事故和损失构成。这三个要素具有如下关系：风险因素引发风险事故，风险事故导致损失。

④风险管理是指人们对各种风险的认识、控制和处理的主动行为。常见的四类风险管理技术分别是风险规避、损失防护与控制、风险保留与风险转移。

第五章 企业管理

5.1 认识企业及企业管理

本节导读

相信大家都知道，在经济运行发展过程中，除了个人参与到消费与生产过程，企业（生产者）在经济运行发展中，也起着至关重要的作用。现代经济学理论认为，企业是人们从事生产、交换、分配等经济活动的基本单位，能够实现社会资源的优化配置，降低整个社会的交易成本。现代管理学认为，有效的企业管理能够合理地利用资源，进而组织企业生产、销售等基本经营业务活动。管理过程也是通过计划、组织、领导、控制等一系列职能，对企业的资源进行优化配置，合理利用，以顺利实现企业的目标。从经济学和管理学的定义可以看出，在市场经济的资源优化配置机制中，企业发挥着关键性的作用。学习企业管理的相关知识，主要是为了帮助同学们能够更好地理解市场经济各大参与主体在经济运行过程中发挥的不同作用，也能够帮助大家系统了解经济运行机制。本节将介绍一些企业管理的基础知识，大家需要从企业概念入手，了解企业的运作过程、企业的基本类型以及企业管理需要实现的基本职能，将作为大家了解企业、了解企业管理的基础。

本节目标

1. 了解企业的概念及其运作过程
2. 了解现代企业的基本制度
3. 了解企业的分立与设立过程
4. 理解并掌握企业管理的基本职能

5.1.1 现代企业类型及企业如何运作

1. 企业的概念

企业（enterprise）是从事生产、流通与服务等经济活动的营利性组织，能够通过生产经营活动创造物质财富，提供满足社会公众物质和文化生活需要的产品和服务。在我们前面提到的两部门经济循环图中，企业可以理解为是具体的"生产者"，通过各种资源的配置，实现产品和服务的提供。

对于企业概念的理解，可以概括为以下三点：

（1）企业是从事生产、流通与服务等基本经济活动的组织。

（2）企业是商品生产与商品交换的产物。

（3）企业的本质是以市场为导向，以盈利为目的的营利性组织。

从法律的角度看，凡是依法登记注册、依法经营的经济组织，都属于企业；从经济的角度看，凡是从事产品生产、流通和服务性活动等实行独立核算的经济组织，都属于企业。生活中常见的一些大型集团，如中国移动、中国联通、中国电信、腾讯、阿里巴巴、百度等都属于企业，他们都是以盈利为目的的营利性组织，但各自的主营业务存在差异，前三个企业是国内主要的三家移动通讯服务的运营商，而腾讯、阿里巴巴、百度目前是国内具有代表性的互联网标杆企业。所以，通常会通过业务形态来区分企业具体属于哪一种类型。

> 企业作为市场经济的重要参与主体，是产品和服务的主要供应者。企业最大的特点就是以营利为目的。

知识小百科

非政府组织（NGO）是企业吗？

非政府组织指那些在地方、国家或国际级别上建立起来的，以促进经济发展与社会进步为目的的社会组织。简单来讲，非政府组织是非营利性的，主要提供各种各样的人道救助服务。根据企业的概念，企业的一个显著特点就是以营利为目的，但是非政府组织通常是非营利性。因此，从盈利角度来看非政府组织不属于企业。世界上著名的自然基金会（WWF）就是一家致力于环保事业，保护世界多样性及生物的生存环境的一家非政府组织。

2. 现代企业类型

现代企业作为一个有机整体，存在多种属性。可以按照不同分类标准，将现代企业划分为多种类型。

（1）根据企业的财产组织形式不同，可以将企业分为个体企业、合伙企业和公司制企业。

①个体企业。即由个人出资创办、完全归个人所有和控制的企业。比如个人经营的餐饮店、便利店等。该类型企业在生活中更多的被称为个体工商企业。

②合伙企业。指由两个或两个以上的合伙人共同出资、共同经营、收益共享和风险共担的企业。一般会计师事务所、律师事务所都属于合伙企业，比如为大家所熟知的四大会计事务所都是合伙制企业。

③公司。指由两个或两个以上自然人或法人出资设立的，具有独立法人资格和法人财产的企业。比如，我们生活中常说的一些企业都属于公司类型的企业，如麦当劳、肯德基、星巴克、711便利店这些都属于公司制的企业。

——
经济生活中最常见的合伙制企业：会计师事务所和律师事务所。

扩充阅读

认识四大会计师事务所

四大会计师事务所是指世界上最为著名的会计师事务所，包括普华永道、毕马威、德勤和安永，四大会计师事务所都是合伙企业。

普华永道会计师事务所（PwC）是世界上顶级的会计师事务所之一，由原来的普华国际会计公司和永道国际会计公司合并而成。其总部在英国伦敦，目前在中国大陆共有500多名合伙人，其主要的客户包括IBM、强生公司和福特汽车等。

毕马威（KPMG）是一家网络遍布全球的专业服务机构，主要提供审计、税务和咨询等服务，其总部位于荷兰阿姆斯特丹，在中国16个城市设有办事处，其主要的客户包括奔驰、百事可乐和雀巢等。

德勤会计师事务所（Deloitte & Touche）是世界四大会计师事务所之一，为德勤全球（Deloitte Touche Tohmatsu）在美国的分支机构，1917年进入中国，在上海设立办事处，其主要的客户包括微软公司、通用汽车公司等。

安永会计师事务所（E&Y）的前身是于美国克利夫兰的Ernst & Ernst会计公司和美国纽约的Arthur Young会计公司，是全球领先的审计、税务、财务交易和咨询服务机构之一，在中国26个城市设立办事机构，其主要的客户包括可口可乐、沃尔玛和麦当劳等。

（2）根据生产资料所有制形式不同，可分为全民所有制企业、集体企业、私营企业、混合所有制企业和外商投资企业。

①全民所有制企业。指企业财产属于全民所有，依法自主经营、自负盈亏、独立核算的生产和经营单位。全民所有制企业也通常被称为国有企业。

②集体企业。指以生产资料的劳动群众集体所有制为基础，实行共同劳动，在分配形式上以按劳分配为主的集体经济组织，主要是指乡镇企业。

③私营企业。指由自然人投资设立或由自然人控股，以雇佣劳动为基础的营利性经济组织。现在的物流企业，大部分都是私营性质的企业，比如顺丰、圆通、韵达等。

④混合所有制企业。指由公有资本（国有资本和集体资本）与非公有制资本（民营资本和外国资本）共同参股组建而成的新型企业形式。2015年，国务院发布《国务院关于国有企业发展混合所有制经济的意见》，意见中明确指出"国有资本、集体资本、非公有资本等交叉持股、相互融合的混合所有制经济，是基本经济制度的重要实现形式"，这也是我国新一轮国有制企业改革的一项重要举措。中石化属于商业二类国企行业，2016年进行混合所有制改革，将竞争比较激烈的油品销售环节对民营资本进一步开放，吸引了25家境内外投资者以超千亿元的资金入股中石化油品销售公司。

⑤外商投资企业。指依照中华人民共和国法律的规定，在中国境内设立的，由中国投资者和外国投资者共同投资或者仅由外国投资者投资的企业。目前，国内大部分国际品牌汽车生产经营企业都属于外商投资企业，如上海通用企业有限公司、北京现代汽车有限公司等。

（3）根据企业组合方式不同，可以分为单一企业、多元企业、经济联合体、企业集团和连锁企业。比如华润集团，旗下有多个业务，包括房地产、矿泉水等，业务多元化，属于多元企业。而常见的一些便利店和超市，如711便利店、沃尔玛超市等属于连锁型企业。

（4）根据企业生产经营领域不同，可以分为工业企业、商业企业、生产型企业、流通型企业、服务型企业和金融型企业。比如中国工商银行就是金融企业，美的集团股份有限公司就是以生产家用电器为主的生产型企业。

（5）根据企业规模的不同，可以分为大型企业、中型企业和小型企业。

（6）按生产要素的结构不同，可以分为资金密集型企业、劳动密集型企业和知识密集型企业。

资金密集型企业是指企业的生产要素主要集中于资金。比如高瓴资本集团，主要业务是投资股票、债券等金融资产，其主要的生产要素为资金。劳动密集型企业是指企业的生产要素主要集中于劳动。比如五粮液股份有限公司，其主要业务是生产销售五粮液等白酒，主要生产要素为劳动力。知识密集型企业是指企业的生产要素主要集中于知识（企业家才能）。比如会计师事务所，主要业务是提供审计、税务服务以及其他财会管理咨询服务，这些专业服务对于人才的专业知识技能要求普遍较高。

（7）按企业出资者承担责任的性质不同，可以分为无限责任企业和有限责任企业。

无限责任企业是指企业所有者承担无限责任，比如合伙企业的合伙人对合伙企业的债务承担无限责任。有限企业是指企业所有者以出资额为限度承担有限责任，大多数企业都是承担有限责任。新《公司法》规定，有限责任公司全体股东的首次出资额不得低于注册资本的20%，也不得低于法定的注册资本最低限额，注册资本的其余部分需要由股东自公司成立之日起2年内缴足。

3. 企业运作过程

企业的运作过程（PPSD）实质上是指企业内部各业务流程之间的不断过渡和转化，主要包括企业采购（purchase）、生产（production）、销售（sale）与分配过程（distribution）。

表 5-1-1 企业运作过程 PPSD

企业运作过程	运作方式
采购	企业在一定的条件下从供应市场获取产品或服务作为企业资源，以保证企业生产及经营活动正常开展的一项企业经营活动。主要包括设备采购、原材料采购等。
生产	产品的设计、研发、制造等经营活动。其目的是为社会提供相应的产品、劳务或服务进而获取相应的收入。
销售	产品的推销、配送以及售后服务等过程。企业生产出的产品必须通过销售来获取收益。
分配	企业收益的分配、发放、投资等过程，主要是处理社会、企业、员工三方面的利益关系，也是处理企业积累与消费的关系。可以通俗地理解为：企业通过生产经营，获取了相应的利润，最后在投资与投资者之间进行利润分配。

> 企业运作的过程：采购、生产、销售、分配。

企业运作过程中，为了实现企业的经营目标，通常必须完成三个方面的职能：执行、管理和经营。执行是为了保证能够顺利地提供产品和服务；管理是为了提高企业的生产效率；经营是为了应对复杂的内外部环境以及市场竞争，并发现市场机会和不断的创新。这三个层次共同构成了企业的空间结构。

5.1.2 现代企业制度

现代企业制度是依托市场经济为基础，主体是企业法人，核心是公司制度，主要包括企业法人制度、有限责任、自负盈亏、产权清晰、权责分明等特点。分开来看，企业法人是指现代企业是一个法人组织；有限责任是指企业的出资者是以出资额为限承担有限的责任，比如某人出资500万成立了一家服装销售公司，由于公司经营不善导致破产亏损了800万，清算时他只需要以出资额500万为限度承担公司的相应责任；自负盈亏是指公司的经营效益由公司承担，不论是盈利还是亏损都不能由其他无关联的公司进行承担；权责分明是指公司作为独立法人，具有一定的权利和责任，权利和责任划分清楚。

> 现代企业制度关键词：主体是企业法人，核心是公司制度。

5.1.3 企业的设立

企业设立是指企业设立人依照法定的条件和程序，为取得法人资格而必须采取和完成的法律行为。大家要注意一下，这里的"设立"和"成立"有很大的区别：企业设立是一种法律行为；企业成立不是一种法律行为，而是一种事实状态或法律后果，可以理解为"设立"行为发生在"成立"行为之前。

企业设立有两种方式：发起设立和募集设立。发起设立又被称为"同时设立"、"单纯设立"等，指企业的全部股份或首期发行的股份由发起人自行认购而设立企业的方式。有限责任公司只能采取发起设立的方式，由全体股东出资。

募集设立又被称为"渐次设立"或"复杂设立"，指由发起人认购公司应发行股份的一部分，其余部分向社会公开募集或者向特定对象募集而设立。股份有限公司可采取发起设立的方式，也可以采取募集设立的方式。

> 企业的设立是法律行为；企业的成立是法律结果。

扩充阅读

并购（M&A，Merger and Acquisition）

并购（M&A）可以理解为两家以上公司的合并，有兼并与收购两层含义，主要有公司合并、资产收购、股权收购三种形式。并购对于企业的发展有着重要的积极作用，最直接的好处就是可以实现资源优化配置，达到优势互补，资源共享，提高资源利用率，进而改善和提高生产与经营效率。生产方面，并购企业通过各自的技术和资源的相互补充调整，形成最佳经济规模，能够降低生产成本。经营方面，企业通过并购不同的企业或者是生产线，从而提供多类型的产品和服务，以满足更多不同客户需求。并购也有利于扩大市场占有率，拓宽销售渠道以及获取新技术，有助于形成规模经济，增加并购后企业的综合市场竞争力。并购是企业最重要的经营战略以及投资策略，需要多部门的协同共同推进，其中最主要的是资金、财务、法律等。近年来，中国企业跨境并购的案例非常多，比如万达集团收购美国传奇影业公司100%股权，成为迄今中国企业在海外最大的文化产业并购案；2016年还有比较火热的滴滴与Uber（中国）的合并，在"共享经济"领域也刮起一阵热议。

5.1.4 企业管理的基本职能
1. 企业管理概念

企业管理（business management）是指管理者对企业的生产经营活动进行计划、组织、指挥和控制等一系列职能的总称。在企业经营过程中，无时无刻不存在企业管理，如何安排生产、如何筹集资金等都属于企业管理的范畴，企业管理水平的高低将会直接影响到企业的生存与发展。

2. 企业管理的基本职能

——·
企业职能关键词：计划、组织、领导、控制。

所谓企业管理的基本职能，就是指企业管理的主要功能，包括计划职能（planning）、组织职能（organizing）、指挥职能（command）和控制职能（control），如图5-1-1所示。

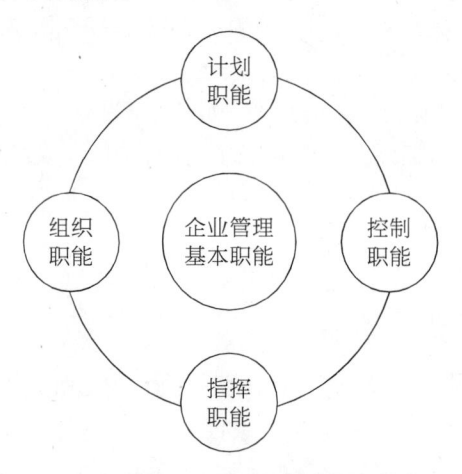

图 5-1-1 企业的四大基本管理职能（POCC）

（1）**计划职能**。计划职能是企业管理的首要职能，企业中的实际工作均围绕计划而展开。计划主要是指管理者为经营组织设计一个行动蓝图，在制订计划时，企业管理者需要科学合理地分析各种企业内外部因素，制订企业的短期、中期以及长期的计划。

在实际管理中，经常使用SMART方法制定目标。S为specific，即要求目标明确、清晰；M为measurable，即要求目标必须是可衡量的；A为attainable，即要求目标具有实现性，具有可操作性，要符合实际情况；R 为 relevant，即目标具有相关性，各种目标之间要有关系，不能独立存在；T 为 time-bound，即制定目标必须有一个时间限制，才能方便工作展开。

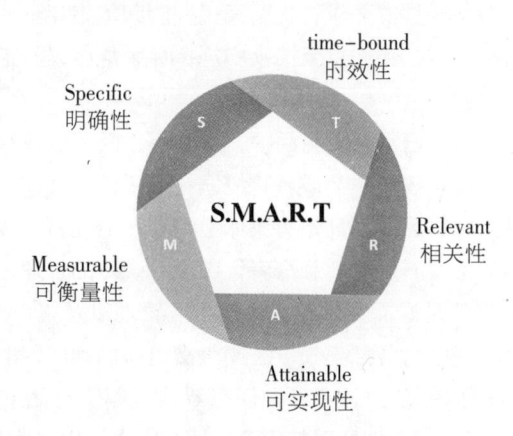

图 5-1-2 SMART 分析框架

（2）**组织职能**。组织是指为了有效地完成既定的计划，通过建立组织机构，确定好各机构的职责与权力，协调好相互间的关系，从而使得整个组织内部各要素连结成一个有机整体，使得人力、财力、物力等各类生产要素得到合理使用的管理活动。

组织职能可以分为四个内容：一是建立合理的组织机构，正确划分管理层次。二是根据业务性质的不同，确定各部门的职责范围，并分配相应的权力。如财务部主要负责财务记录，法律部主要负责公司处理经济、诉讼、劳动争议等案件。三是明确上下级之间的领导关系和相互之间的协作关系，方便内部信息得到有效沟通。四是对各类人员进行配置，并建立合理的奖惩制度等。

（3）**指挥职能**。指挥职能也称为领导职能，是管理者运用管理权力指导各类人员努力达到目标的过程，即领导工作。而领导工作是实际管理活动中最为困难、最富有挑战的工作，既要懂得如何激励和调动人员的积极性，又要了解不同人群的行为规律与沟通方式。

（4）**控制职能**。控制是使计划按预定轨迹运行的管理活动。在实际管理中，尤其是执行计划过程中，由于受到各种因素的干扰，经常出现偏离。为了保证目标以及为此而制订的计划得以实现，因此需要对经营活动进行控制。按既定的目标、计划，对企业生产经营活动过程中各方面的实际情况进行检查和考察，发现差距、分析原因，并采取措施予以纠正，使工作能按原计划进行，或根据客观情况的变化，对计划做适当的调整，使其更符合实际。控制需要借助于定量的分析方法，更需要管理者的经验和灵感。

四大基本职能是相互联系，相互渗透，相互制约。企业的管理过程源于计划，计划职能是确定企业要做什么和怎样做的问题。组织职能就是按照计划的要求组织生产要素，具体落实各项任务。与此同时，执行任务的过程与结果是否符合计划的要求，又要通过控制职能来保证。管理者是根据计划，通过组织、控制和信息反馈来实施指挥职能，领导工作的好坏决定了其他三项工作的质量[1]。

　　不只是企业管理，日常经济生活中，我们都会面临很多管理性质的事项，比如很多同学在学校学生会或者是校园社团任职，又或者是参与过学校组织的各种素质拓展活动，凡是有集体组织存在的地方，都存在着管理工作。组织中一般都会有一名"领导者"做全盘统筹的管理，然后会有具体的分工协调，也就是说需要做好自己的个人管理以及工作管理。比如，如果你在校学生会任职财务部部长，主要负责组织活动所用的各种经费进出账的管理，此时你就会去思考，如何有效地管理所有活动经费，校园"经济活动"由此产生，而你此时就需要发挥自己的"财政大权"，有效执行资金管理工作，你一定会去思考：计划、组织、领导、控制四个问题。

---

[1]彼得·德鲁克.管理的实践[M].北京:机械工业出版社,2009.

5.2 公司组织架构

本节导读

公司的组织结构是企业流程运转、部门设置以及职能规划的基本依据，是企业内部各个部门、各个层次之间固定的排列方式，是一种决策权划分体系和分工协作体系，在形式上主要包括了集权、分权、直线以及矩阵式。同时，组织结构也是实现企业各种目标的一种手段，为了确保效率和合理性，组织结构与企业战略是相互适应的。本节虽然内容上在以公司为主体进行内容介绍，但是其中的理论知识也可以运用到实际生活当中，比如我们在参加或者策划一项活动时，都是以"集体"为单位的团队协作，此时的集体可以理解为是一个组织。有组织的地方，就存在具体的分工协作，因此组织架构的理论基础就显得格外重要。合理的分工和组织结构设计，可以大大提高我们所执行工作的效率。本节内容将介绍 6 种常见的公司组织结构形式，来帮助大家理解，选择什么样的组织结构形式，可以帮助提高生产工作效率。

本节目标

1. 了解直线制组织结构
2. 了解职能制组织结构
3. 了解直线职能制组织结构
4. 了解事业部制组织结构
5. 了解矩阵制组织结构
6. 了解网络型组织结构

5.2.1 直线制组织结构形式

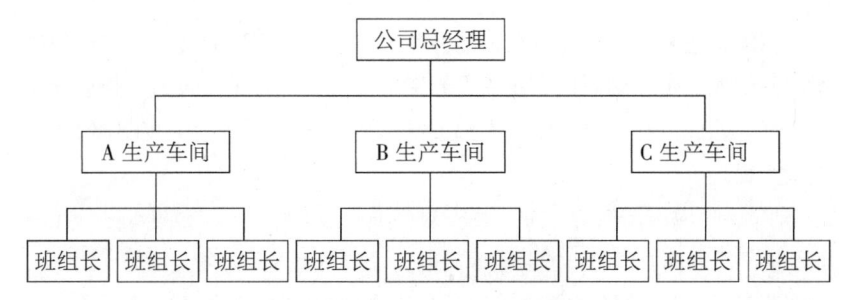

图 5-2-1 直线制组织架构形式

直线制组织结构(line organization) 是一种最古老的组织结构，也是多数小型企业的标准组织结构。直线制组织结构的特点是没有职能机构，职权直接从最高层开始向下流动，企业所有者或管理者对若干下属实施直接控制，并由其下属执行一系列工作任务，大部分公司在初创期间，都是直线制组织架构形式。如图 5-2-1 所示，某公司总经理直接负责 A、B 和 C 生产车间的管理，即为直线制组织结构形式。

直线制组织结构的主要特点是相应的主管人员拥有绝对的控制职权，对该业务活动行驶决策权、指挥权和监督权。其优点在于结构比较简单，命令统一，信息沟通简捷方便。其缺点在于管理层的管理职能比较集中，权力较大，同时没有相应的职能机构进行辅助管理。简而言之，就是管理人员负责管理公司的具体业务，包括财务、人力、后勤等各方面。

> 适用于企业规模不大，职工人数不多，生产和管理工作都比较简单的企业。

5.2.2 职能制组织结构形式

不同于直线制组织结构，职能制组织结构（functional organization structure）是一种按职能差异划分的纵向职能结构，也被称为倒 U 形结构。通常企业按内部不同职能，如生产、销售、财务、人力等划分为若干部门，各部门均由企业最高管理层进行管理和指挥，常见职能制组织结构如图 5-2-2 所示。

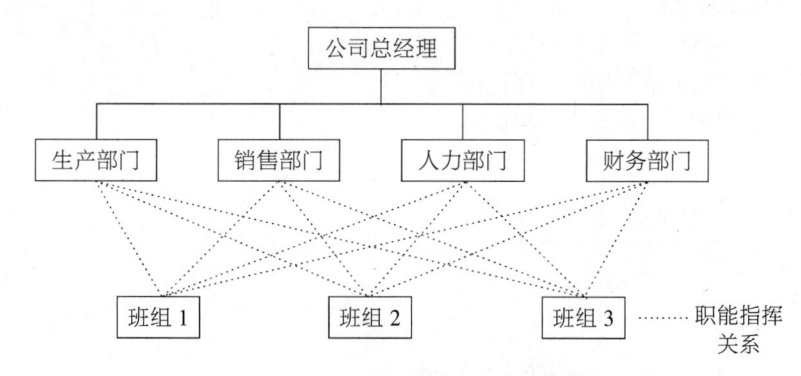

图 5-2-2 职能制组织结构示意图

职能制组织结构的优点在于能够通过集中某一部门的资源来实现规模经济，如人力资源部通过专业的人力资源管理知识对企业人力资源进行专门管理。除此之外，由于企业内部进行职能化分工，因而内部工作效率可以大大提高。

> 主要适用于中小型的、产品品种比较单一、生产技术发展变化较慢、外部环境比较稳定的企业。

职能制组织结构的缺点是，由于对各项业务流程进行了过度细分，在不同职能部门之间协作时可能会出现问题，导致各自为政，多头领导。比如人力资源部门与财务部门之间有矛盾，这就会影响到公司整体的经营活动。

5.2.3 直线职能制组织形式

从上面两种组织结构可以看出，直线制与职能制组织结构都有各自的优点与缺点，如果将直线制与职能制组织结构相结合，就会形成一种新的组织结构，即直线职能型组织结构（linear functional organization structure），它是现代市场经济活动中最为常见的一种组织结构。具体而言，是以直线制组织结构的基础框架，同时按职能制结构进行专门管理，即通过设置不同部门，如生产、销售、供应、人力、财务等职能部门进行专门管理。在直线职能型组织结构下，下级机构既受上级部门的直线指挥管理，又受同级职能管理部门的业务指导和监督。比如车间部门既要受到总经理或生产经理的管理，同时也会受到行政部门如财务部门的指导与监督，但是职能部门和人员仅是直线主管的参谋，只能对下级机构提供建议和业务指导，没有指挥和命令的权力。总的来讲，这是一种按经营管理职能划分部门，并由最高经营者直接指挥各职能部门的体制，所以也是集权与分权最好的管理组织形式，其组织结构如图 5-2-3 所示。

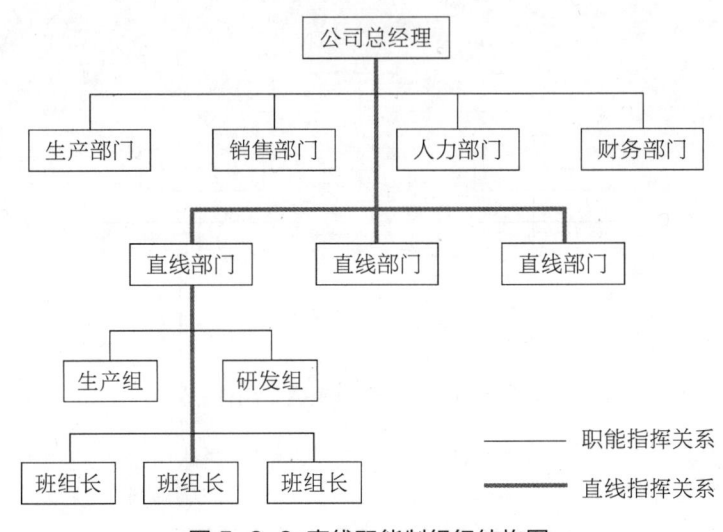

图 5-2-3 直线职能制组织结构图

直线职能制组织结构的优点在于结合了直线型和职能型组织结构的优点，既能够集中统一指挥管理，还能注重专业化管理，发挥专业职能部门的作用，职责清晰、工作效率高。直线职能制组织结构的缺点在于权力集中在管理层，下级工作人员缺乏相应的自主决定权。各职能部门之间的横向联系非常差，容易产生矛盾。与此同时，信息沟通不畅，市场反映信息较慢，难以适应日益复杂的环境变化。

在日常生活中，学校的组织结构大多数是直线职能制，学校的老师要受校长等校级领导的直接领导,还要受到学校的教务处等职能部门的监督。这既能发挥老师的专业性,还能发挥教务处的监督作用。但也存在缺点,比如老师的自主决定权较少,难以调动工作的积极性。

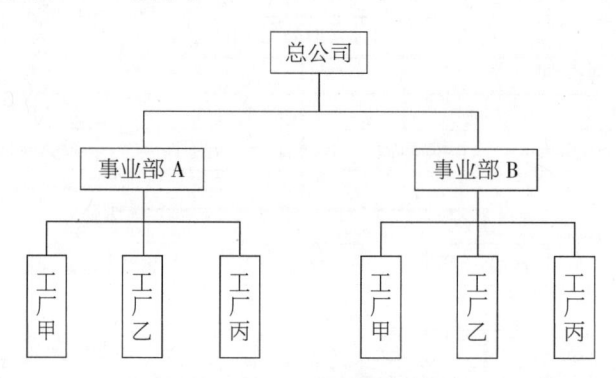

5.2.4 事业部制组织结构形式

事业部制组织结构(department system organizational structure)也叫"联邦分权化",或"M型结构",实行集中政策,分散经营,是一种高度集权化下的分权管理体制。比如公司分为多个事业部,每个事业部负责不同的业务,具体表现为战略决策和经营决策相互分离,即总公司负责战略决策,而各事业部负责具体的经营决策。在实际生活中,通常按产品、客户、地区等设立半自主性的经营事业部,公司的战略决策和经营决策由不同的部门和人员负责管理,从而使得高层管理者从繁重的日常经营管理活动中解脱出来,集中精力对企业的长期经营决策进行监督和管理。公司总部只保留人事决策、预算控制和监督权利,以便对各事业部进行控制,其组织结构如图5-2-4所示。

图 5-2-4 事业部制组织结构

事业部组织结构的优点在于不同产品的生产与销售可以通过事业部来予以协调和配合,各个事业部可以集中精力于所在事业部的经营业务活动。事业部组织结构的不足在于各个事业部会为了争夺公用资源产生矛盾和摩擦,管理可能存在重叠,进而对公共资源造成浪费。

试想一下,如果康师傅控股有限公司实行事业部制组织结构,可以分为方便面事业部、饮料事业部和糕点事业部,总公司主要负责总体战略,各事业部具有很大的自主权。方便面事业部就可以自主决定该生产哪些类型的方便面,以及品牌宣传推广方案的制定与执行,营销方案策划等,这样各事业部就能集中精力专注经营业务活动。

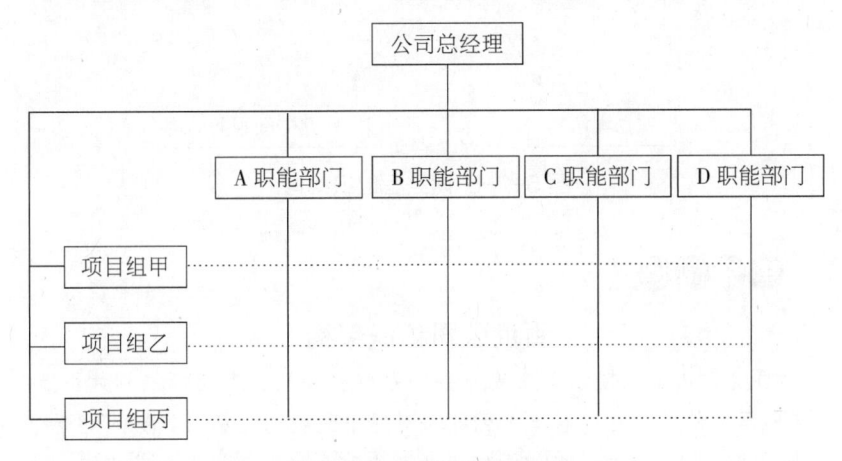

5.2.5 矩阵制组织结构形式

矩阵制组织结构（matrix organization）是指划分为两个维度，把职能划分的部门和按项目划分的小组结合起来组成的一个矩阵，矩阵制组织结构能够将企业的各个办事点更有效地结为一体。这样结合通常是为了完成某项工作任务或项目，从组织的工作单位中抽调各类专业人员组建一个团队，该团队由专门的项目经理进行领导。而项目组的其他成员不仅要接受原组织部门的领导，在实践中更要接受项目经理的领导，其组织结构如图5-2-5所示。

图 5-2-5 矩阵制组织结构

矩阵制组织结构的优点是指各部门人员不定期组合有利于信息交流，促进信息的沟通；企业内部横向与纵向相结合，有利于工作人员协作生产，提高效率。矩阵制组织结构的缺点在于项目负责人的责任大于权力，因为参加项目的人员都来自不同部门，隶属关系仍在原组织部门，所以项目负责人对他们管理困难。

我们经常在学校参加各种活动，比如你准备参加一个素质专项能力竞赛，你不仅要接受原来所在班级班主任的指导和管理，还要受到竞赛指导老师的指导和管理。虽然竞赛指导老师的指导和管理是短期关系，一旦竞赛结束，就要回到原来的班级。这样为某一项目而短时期合作就可以看作矩阵制组织结构。

5.2.6 网络型组织结构形式

网络型组织是建立在现代 Internet 和 IT 技术基础之上的一种新型组织结构形式。其基本结构形式如图 5-2-6 所示。它与基于行政控制关系或产权控制关系联结的企业传统组织不同,是一种基于契约关系联结的虚拟型的新型组织形式。在结构上,网络型组织一般以某个经理公司为虚拟总部,面向特定的市场需求,将完成此项任务所需的各种独立的专业机构或公司,通过契约关系,借助于网络和IT技术联结成一个虚拟型组织结构形式,来完成特定的任务或实现某种市场机会。

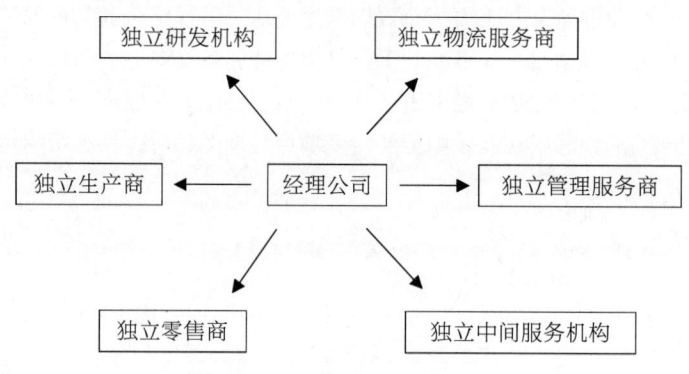

图 5-2-6 网络型组织架构

> 扩充阅读

百度公司组织架构

百度是一家以搜索为主要业务的互联网公司,其组织结构如图5-2-7所示。从图中可以看出,百度采用的组织结构为事业部制,主要分为移动服务组、新兴业务组、搜索业务组和金融服务组四大事业组。除此之外,互联网三大巨头BAT中的阿里巴巴和腾讯,也采用了事业部制的组织结构形式。

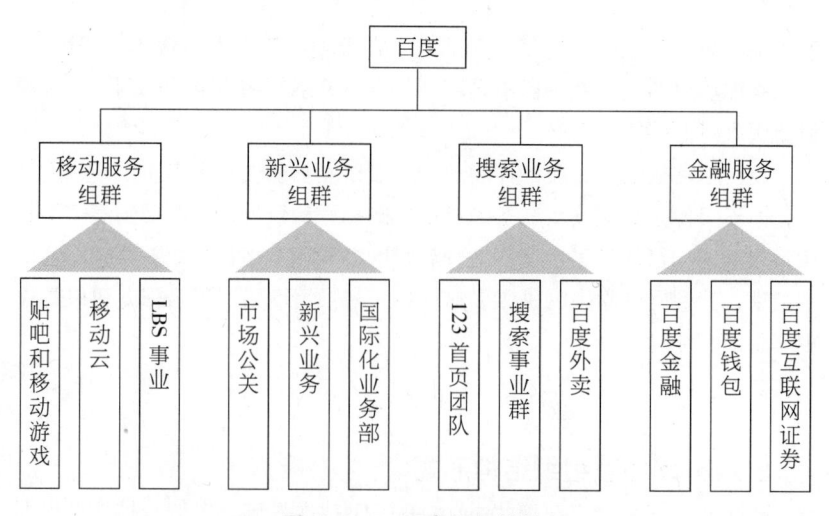

图 5-2-7 百度组织结构

5.3 企业战略管理

本节导读

战略一词最早源于军事，有"谋略"之解。《孙子兵法》是中国最早对战略进行全局筹划的经典著作，"上兵伐谋，不战而屈人之兵"的战略思想就出自其中。20世纪60年代，战略思想开始运用于商业领域，并与达尔文"物竞天择"的生物进化思想共同成为战略管理学科的两大思想源流。世界著名管理大师H.Mintzberg通过计划（plan）、计策（ploy）、模式（pattern）、定位（position）和观念（perspective）5个方面来定义现代企业战略的概念，认为战略表现为企业在竞争中采用的一种计谋。从企业未来发展的角度来看，战略表现为一种计划；从企业过去发展历程的角度来看，战略则表现为一种模式；从产业层次来看，战略表现为一种定位；从企业层次来看，战略则表现为一种观念。

企业在生存和发展过程中，管理者需要在个体利益和社会利益之间进行权衡，从战略选择到战略实施，管理者需要进行战略分析以及战略评估，综合起来就是企业战略管理的整个过程。本节主要介绍企业战略管理的含义和企业战略分析方法与战略选择过程。通过对企业战略管理的学习，有助于帮助同学们培养全局观，提升思考问题的高度。

本节目标

1. 了解战略管理的概念
2. 了解并掌握 PESTN 模型与波特五力模型
3. 了解战略目标设定与选择过程

5.3.1 战略管理概述

1. 战略的概念

公司战略（enterprise strategy）是指公司为之奋斗的阶段性终点与实现路径的结合物，简单来说就是公司的奋斗目标是什么以及该选择什么途径来实现这些目标。实际上，公司战略就是目标和策略的组合。公司战略的核心是方向的确定和策略的选择。

对于公司战略来讲，其主要包括四类要素，如表 5-3-1 所示。

表 5-3-1 公司战略四要素

战略要素	要素内容
经营范围	经营范围是指企业从事生产经营活动的领域，即该企业所处的行业。如格力电器要生产的产品为家用电器，包括空调，电冰箱，洗衣机等。
资源配置	资源是企业生产经营活动的基础，主要是指人力资源、实物资源和技术资源等。资源配置是所有资源有效利用的水平与程度，选择多少实物资源，选择多少人力资源。比如一家小面馆，其资源配置可能就是五个工作人员，八张桌子和其他制作小面的餐具等。
竞争优势	竞争优势是指企业通过经营活动的决策和资源配置的模型，在市场上形成与竞争对手不同的竞争地位。竞争优势既可以来源于企业在产品和市场上的地位，也可以来自企业对特殊资源的运用。如招商银行相对于其他银行的竞争优势是其优秀的零售能力，卓越的服务能力。
协同作用	协同作用是指企业总体资源所带来的总收益大于各部分资源收益之和。也即通过资源的整合，产生 1+1>2 的效应。比如企业的销售部门与生产部门相互协作其带来的收益比单个部分的收益更高。

2. 战略体系

我们一般可以将公司战略分为三个层次，三个层次共同组成战略体系 (strategy system)，如图 5-3-1 所示。

一是总体战略，即公司层面战略。是指根据企业的目标，选择企业可以竞争的经营活动领域，合理配置企业经营活动所必需的资源，使各项经营业务相互支持，相互协调。比如永辉超市总体战略就是绿色永辉、科技永辉，实际上就是选择采用绿色、科技等方式来发展。

二是业务单元战略，也称为竞争战略。是指针对不断变化的外部环境，在各自的经营领域中有效竞争。比如康师傅的方便面业务是该选择直接销售还是间接销售，是选择产品定价还是成本定价等各方面的战略。简单来讲，就是针对某项业务所做出的战略就是业务单元战略。

三是职能战略，也称为职能层战略。是指企业内部各职能部门的战略，如营销、财务、研发、人力资源等。

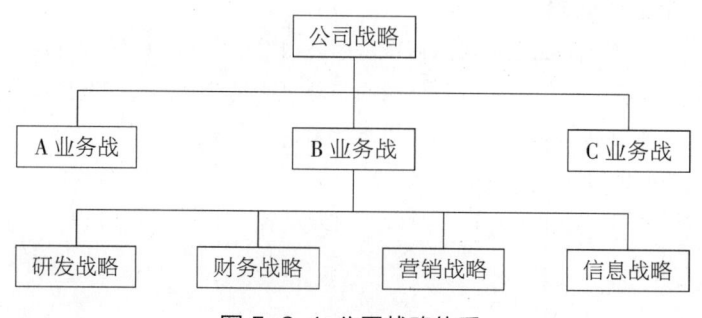

图 5-3-1 公司战略体系

3. 战略管理过程

上面我们学习了战略管理的概念，那么如何确定具体的战略呢？这就涉及战略管理过程，也就是我们经常所讲的步骤。战略管理主要包括三个关键步骤，如图 5-3-2 所示。

一是战略分析，是指了解企业或经济组织所处的环境和相对竞争地位。战略分析是整个战略管理流程的起点。二是战略选择，即战略制定、评价和选择。战略选择所要回答的问题是"企业应向何处发展"。三是战略实施，即采取措施使战略发挥作用。主要包括确定和建立一个有效的组织结构，选择适当的组织协调和控制系统，协调好企业战略、组织结构、企业文化和控制好各方面的关系。

假如你是一家互联网公司的董事长，主要工作就是负责战略管理，首先就要分析公司所处的市场经济环境，其竞争优势在哪，接着你就要制定公司的战略，根据分析选择具体的战略，选择好战略以后，就是执行公司的战略。

图 5-3-2 战略管理三大组成部分

5.3.2 PESTN 与波特五力在战略分析中的运用

1. 外部环境分析

从公司战略角度分析公司所处的外部环境，就是要把握环境的现状及变化趋势，利用有利于公司发展的机会，避开外部环境可能带来的不利影响。企业的外部环境分析可以从宏观环境、产业环境两个层面具体展开。

(1)宏观环境分析——PESTN 分析

宏观环境分析主要包括政治法律环境要素（political and legal environment）、经济环境要素（factors of economic environment）、社会和文化环境要素（sociocultural envioronment、技术环境要素（technology envinonment）和自然环境要素（natural environmental elements）等五个方面的内容，也就是我们常说的 PESTN 模型分析，如图 5-3-3 所示。

政治法律环境要素。通常来讲，一些政治因素对企业的经营活动有直接影响，比如政府所推行的基本政策，如产业政策、税收政策、进出口政策等，法律法规也会间接影响企业的经营活动。同时企业所在国家和地区的政局稳定状况对经营活动也有一定的影响，比如中东地区常年爆发战争，对当地的企业经营管理产生严重负面影响。

图 5-3-3 PESTN 分析模型

经济环境要素。经济环境因素主要包括社会经济结构、经济发展水平、财政政策、货币政策、失业率和通货膨胀率等经济因素。海尔公司在进军美国市场前，就通过国际市场调研，对当地的经济发展水平就进行过详细的调研分析。

社会与文化环境要素。社会与文化环境要素主要包括人口因素、消费心理、生活方式、文化传统和价值观等。消费者大致有四种消费心理，分别是从众、攀比、求异和求实。"小孩的钱好赚"，主要分析的因素就是消费心理。

技术环境要素。技术环境要素包括国家科技体制、国家科技政策、科技水平和科技发展趋势。如诺基亚公司曾是世界上最大的手机产品及相关服务的生产和供应商，智能手机技术的发展导致诺基亚公司的生产经营陷入重大困境，导致诺基亚公司经营陷入窘境的主要外部环境因素就属于技术环境。

自然环境要素。自然环境是指企业所处的生态环境和相关的自然资源，主要包括土地、森林、海洋、矿产等各方面的发展变化。比如中国石油天然气公司在战略分析时就必须考虑哪些地区石油蕴藏量丰富，这就是考虑自然环境要素。

除了对宏观环境的分析，还必须对企业所处的行业进行产业环境分析，才能对企业的外部环境有一个充分的认识。

(2)产业环境分析——波特五力模型

著名管理大师波特认为企业要取得竞争优势，其来源必须是企业所控制的战略资源。在每一个产业中均存在五种基本竞争力量，即潜在进入者、替代品、购买者、供应者和现有竞争者之间的抗衡。这五种力量共同决定产业竞争的强度以及整个行业的利润率水平。最强的一种或几种力量占据着统治地位，在战略决策时起到关键性作用，如图 5-3-4 所示。

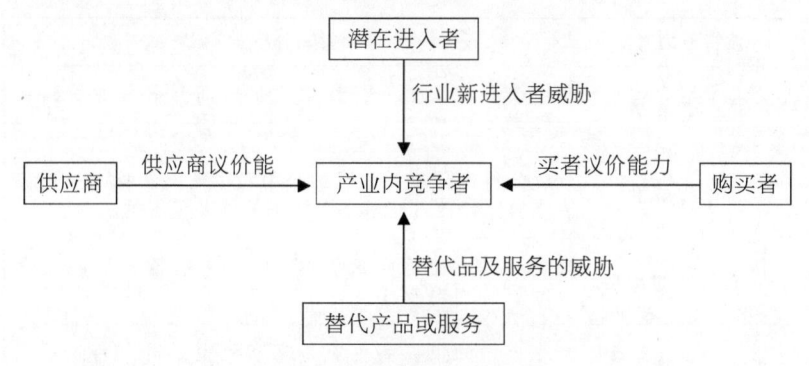

```
                    ┌─────────┐
                    │ 潜在进入者 │
                    └─────────┘
                         │ 行业新进入者威胁
                         ↓
┌───────┐ 供应商议价能  ┌─────────┐  买者议价能力  ┌───────┐
│ 供应商 │─────────────→│产业内竞争者│←─────────────│ 购买者 │
└───────┘               └─────────┘               └───────┘
                         ↑
                         │ 替代品及服务的威胁
                    ┌─────────────┐
                    │ 替代产品或服务 │
                    └─────────────┘
```

图 5-3-4 波特五力模型

潜在进入者的威胁。对于一家企业来讲，进入一个行业的可能性取决于进入的障碍和在位者的反击程度。比如川渝地区，如果一家火锅店企业没有特殊的优势，很容易面临其他进入者的威胁。

替代品的替代威胁。即指由能起到相同作用的产品非直接地取代另外一种产品。比如电动车替代自行车。

供应者讨价还价的能力。当少数几家公司控制着供应者集团，在其将产品销售各零散的购买者时，供应者通常会在价格、质量等方面对购买者施加很大的压力。

购买者讨价还价的能力。当购买者的购买力非常集中时，该购买者讨价还价的能力就会增加。比如学校集体定制 5000 件校服，那么校方肯定会和服装生产厂进行议价，争取最大的优惠，这实际上就是购买者的讨价还价能力。

产业内现有企业的竞争格局。当企业所处的行业内有众多的竞争对手，行业发展缓慢，行业中存在过剩的生产能力时，该行业的竞争格局则比较激烈。相反，行业竞争格局就相对较小。我国通信服务行业，主要是中国移动、中国联通和中国电信三家公司，竞争对手较少，其整个行业的利润就会较高。

案例分析

波特五力模型分析运用

光缆公司是我国一家电信运营商，主要的业务是宽带接入。该公司的供应商是三家大型电信运营商，其客户主要是中小企业，对光缆公司产品的价格较为敏感。而光缆公司所处的行业竞争不是很激烈，但产品单一，容易被竞争对手复制。

以波特五力模型为基础，下面对该光缆公司进行分析。

表 5-3-2 光缆公司波特五力分析表

波特五力	影响分析
潜在进入者的威胁	光缆公司产品单一，技术要求不高，很容易受到新进入者的威胁。
替代者的威胁	光缆公司产品单一，有的公司可以研发新技术来代替传统的宽带接入技术。因此也面临替代者的威胁。
现有竞争者的威胁	光缆公司所处行业竞争不是很激烈，因此面临竞争者的威胁相对较小。
供应者的威胁	光缆公司的供应商主要是三家大型公司，因此对光缆公司的讨价还价能力较强。
购买者的威胁	光缆公司的主要客户是中小企业，对价格非常敏感，因而使客户具有较强的讨价还价能力。

综合以上分析，光缆公司战略分析过程中，为了应对外部环境对企业发展造成的影响，在产品研发战略（提高产品的竞争优势），技术研发战略（新技术开发，提升技术优势），采购方案制定（预算，议价能力评估），营销战略（产品定价等）等方面进行综合分析和评价。

2. 内部环境分析

除了对企业进行详尽而全面的外部环境分析之外，战略分析的另一方面是对企业进行内部环境分析，即企业拥有的独特资源与能力分析，了解企业发展的优势与劣势。

(1) 资源分析

资源分析主要包括四个方面：一是分析现有资源，二是分析资源的利用情况，三是分析资源的应变力，四是资源的平衡分析。而企业的资源可以分为三种：有形资源、无形资源和人力资源。

有形资源（tangible Resources），是指可见的、能够直接用货币进行计量的资源，通常包括物质资源和财务资源。如福特汽车公司的厂房、自动化生产线等。

无形资源（intangible resources），是指企业长期积累的、没有实物形态的、甚至不能简单用货币进行精确度量的资源，主要包括品牌、商誉、技术、专利和企业文化等。如可口可乐公司的饮料配方是该公司最为重要的无形资源。

人力资源（human resources），是指为企业服务的工作人员的技能、知识以及逻辑推理与决策能力。在现代企业发展过程中，人们所说的"人

PESTN 模型用于分析企业外部宏观环境；波特五力模型用于分析企业所处产业环境。

才"就是指企业发展所需的人力资源。人力资源在生产和经营过程中,作为各环节主要的劳动力,是企业创新的源泉,也是企业进行各项战略制定的最重要的"智囊"。

(2)能力分析

企业能力是指企业整合内外部资源,使价值创造不断增加的技能。企业能力主要包括企业融资投资能力、技术研发能力、生产管理能力、市场营销能力、组织管理能力和企业文化力等。从企业本质上来看,核心能力就是企业发展独特技术、开发独特产品和创造独特营销手段的能力,具有三个明显的特征:一是能够为客户和企业带来巨大的价值,二是能够支撑多种核心产品,三是竞争者难以复制或模仿。

表 5-3-3 企业核心能力组成要素

核心能力组成要素	具体内容
企业员工体系	全体员工的知识和技能的水平与结构。
企业的技术体系	包括技术的硬件体系和软件体系。
企业的管理体系	包括企业的管理思想、管理理念、管理方式、管理方法及手段,企业战略管理及其他职能管理等。
企业文化	企业文化是企业核心竞争力的重要组成部分,是竞争对手很难模仿的。

(3)经营状况分析

经营状况分析是从价值创造方面对企业最近的表现进行分析评价,包括财务和非财务两个方面的评价。常通过财务报告、对顾客和员工的调查或会谈、市场分析或研究报告、内部职工配备的标准以及生产力报告等来进行。分析的方法有两种:趋势分析法和基准分析法。前者的计算是基于时间的变化率,是与以往的经营状况比较;后者就是与本行业平均水平、主要竞争对手或既定的目标进行比较。

(4)经验效益分析

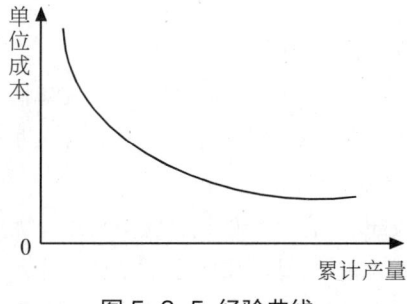

图 5-3-5 经验曲线

经验效益是指企业在生产某种产品或服务的过程中，随着累计产品产量的增加，生产单位产品的成本下降（经验是指到目前为止的累计产量或服务量）。经验效益分析就是分析企业所经营的业务经验效益是否明显，以及挖掘经验效益来源的可能性。经验曲线如图 5-3-5 所示。

经验效益的获得并非与企业规模有必然联系，规模无论大小都可从经验效益中获益。其来源主要有，劳动生产率提高、分工与工作方法的重新设计、采用新生产工艺、提高设备利用率、产品标准化或重新设计和有效地利用资源等。

（5）价值链分析

迈克尔·波特提出的价值链是用于战略制定的一个重要的工具。价值链是指企业内部所有相互不同但又相互关联的增值活动所构成的集合体，如图 5-3-6 所示。

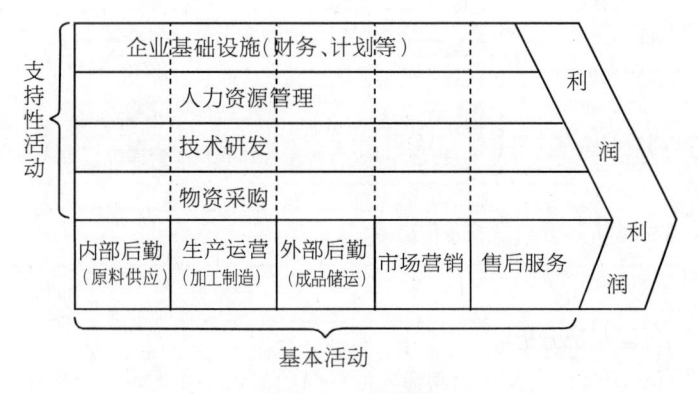

图 5-3-6 价值链

价值链中的价值活动分为两大类，即基本活动和支持性活动。基本活动涉及生产实体产品、销售产品以及提供售货服务等活动。而支持性活动是以提供生产要素投入、技术、人力资源以及企业范围内的各种职能等，来支持企业的基本活动。

5.3.3 SWOT 分析模型

SWOT 分析模型是根据企业的内部资源与外部环境进行综合分析，进一步分析企业内部的优势与劣势以及企业外部环境的机会和威胁。在实际工作中，SWOT 分析主要包括四个方面：

一是优势（strength），是指能够给企业带来竞争优势的独特能力，比如华为公司卓越的技术能力，招商银行优秀的服务能力。

二是劣势（weakness），是指对企业发展有限制作用，并且有待改进的方面。比如乐视网的资金短缺问题，这就是限制乐视发展的一大问题，也是乐视网的劣势所在。

三是机会（opportunities），是指随着企业外部环境的改变而产生的有利于企业发展的时机。如发改委制定的煤炭供给侧改革政策，可能会对煤炭企业带来一定的机遇。

四是威胁（threats），是指随着企业外部环境的改变而产生不利于企业发展的时机或条件。如购买者的讨价还价能力增强。

SWOT 评价的一般步骤：

（1）根据外部环境分析，列出企业的发展机会（O）和威胁（T）。

（2）根据内部条件分析，列出企业目前所具有的优势（S）和劣势（W）。

（3）绘制 SWOT 矩阵。这是一个以外部环境中的机会和威胁为一方，企业内部条件中的优势和劣势为另一方的二维矩阵。

（4）进行组合分析。对于每一种外部环境与企业内部条件的组合，企业可能制定或选择的战略方案有：SO 方案、WO 方案、ST 方案和 WT 方案。

> SWOT 分析又称态势分析方法，简单实用，同时兼顾内部和外部的影响因素进行综合分析。在战略分析，营销分析，竞争对手分析，产品分析时都可以考虑 SWOT 分析模型。

表 5-3-4 SWOT 分析模型矩阵

战略方案 \ 外部环境 \ 内部条件	S 优势 1. 文化理念新 2. 技术条件优 3. 经营机制活 4. 信誉程度高	W 劣势 1. 冗员多素质偏低 2. 专业人员难控制 3. 管理基础工作弱 4. 资金调度能力弱
O 机会 1. 本行业发展迅速 2. 劳动力资源充裕 3. 消费需求变化快 4. 城市设施压力大	SO 方案 利用机会 积极发展	WO 方案 加快变革 主动适应
T 威胁 1. 竞争对手多 2. 法规不健全 3. 价格战激烈 4. 投资额度大	ST 方案 发挥优势 减轻威胁	WT 方案 调整决策 实行整合

5.3.4 战略目标设定与战略选择

1. 战略目标设定

所谓战略目标（strategic objectives），就是对企业战略经营活动预期取得的主要成果或成绩的期望值。战略目标的设定，一般包括三个方面的内容：

（1）公司目的。组织一般可以分为营利性组织和非营利性组织。营利性组织的主要目的是为其所有者带来经济价值，如通过扩大市场份额提高利润率。非营利性组织的主要目的是增进社会公平，提高社会福利。

（2）**公司宗旨**。公司宗旨主要阐述了公司长期的战略意向，并说明公司目前和未来所要从事的经营业务活动是什么，反映了公司的定位、产品服务定位、目标客群定位。

（3）**经营哲学**。是指企业为其经营活动方式所确定的价值观、基本信念和行为准则，是企业文化的高度概括。

2. 战略选择

企业战略管理是一个体系，包括公司战略、业务单元战略和职能战略。

(1)公司战略

公司战略是企业最高层次的战略，是统筹各项分战略的全局性纲领。我们可以将公司总体战略类型分为三类，分别是发展战略、稳定战略和收缩战略。

①发展战略（development strategy）

发展战略也称为进攻型战略或增长型战略，主要从产品和市场两个维度进行突破，如图5-3-7所示，通过利用外部市场机会，挖掘企业内部有利资源，从而促进企业的经营活动能够得到更高层次的发展。按照资源的整合程度，可以分为内部增长战略和外部增长战略。内部增长战略，通过整合公司自身的人力、物力和财力等要素资源来实现公司发展，可选择一体化战略、多元化战略、密集战略。外部扩张战略，以资金或契约为纽带整合利用外部资源，实现公司快速增长的战略，可选择战略联盟、虚拟运作、业务外包、并购等战略措施。

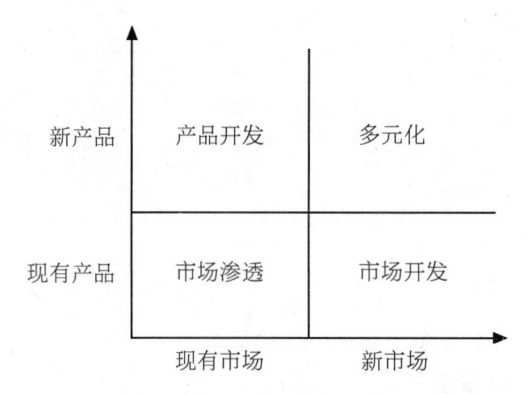

	现有市场	新市场
新产品	产品开发	多元化
现有产品	市场渗透	市场开发

图5-3-7 企业增长型战略途径模型

②稳定战略（stability strategy）

稳定战略也被称为维持战略，有无增长战略与微增长战略，是指限于经营环境和内部条件，企业在战略期所期望达到的经营状况基本保持不变。不需要改变自己的使命与目标,只需要集中企业内部经营资源用于原有的经营范围和产品,以增加其竞争优势。采用稳定型战略特点主要有三点:

·企业对于过去取得的经营成绩非常满意,决定追求既定的经营目标。
·企业准备用过去相同的或基本相同的产品或劳务服务于客户。
·防止企业由于过快发展、过急发展造成的失衡状态。

如自来水公司,一般由政府全资控股,其使命是为该地区所有的企事业单位和个人提供生产、生活用水服务,经营比较稳定,经营业绩也令人满意,通常会采用稳定发展战略。

③收缩战略(retrenchment strategy)

收缩型战略也称为防御性战略,是指企业从目前的战略经营领域和基础水平收缩和撤退,与稳定型战略和增长型战略相比,收缩型战略是一种消极的发展战略。

(2)业务单元战略

业务单元战略也被称为竞争战略,根据类型的不同,可以分为成本领先战略、差异化战略和集中化战略。

①成本领先战略(overall cost leadership strategy)

又称为低成本战略,指企业通过对内部资源的有效控制,降低自己的生产和经营成本,主要包括研发、生产、销售和服务等方面的成本,以低于竞争对手的产品价格,获得市场占有率,并获得同行业平均水平以上的利润,从而成为行业中的成本领先者。以苹果、三星为代表的智能手机市场,均价大概在5000元人民币左右。小米通过成本领先战略降低了生产成本,推出了1500元左右的中低端智能手机,打开了小米手机的销售市场,得到"高性价比"的市场反馈,市场占有率进一步得到提高。

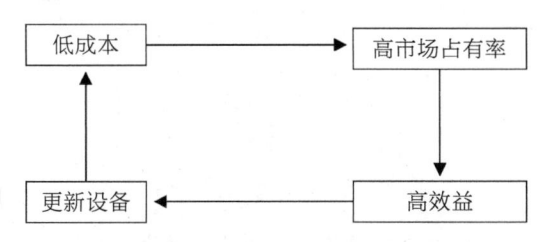

图 5-3-8 成本领先战略的良性循环

②差异化战略(differentiated strategy)

差异化战略是指企业向顾客提供的产品和服务与行业内其他企业不同,具有自己的特色,而这种特色能够给企业带来额外利润。差异化战略包括产品差异化、服务差异化和形象差异化,选择差异化战略可以培养用户对企业品牌的忠诚。如贵州茅台的品牌差异化,主要定位高端酒,从其他同类酒中有效区别开来。

③集中化战略（focus strategy）

集中化战略是指针对某一特定的购买群体、产品细分市场或区域细分市场，采用成本领先或产品差异化来取得一定的竞争优势。可以分为集中成本领先战略和集中差异化战略。比如妈妈宝玩具厂为了实现规模经济效应，拟针对3—5岁的儿童设计专门的玩具产品，该产品具有开发大脑，增强记忆的功能，这就是比较直接的集中差异化战略。

④竞合战略（competitive cooperation strategy）

传统的竞争都是你死我活的竞争，为此企业之间不惜打价格战，甚至恶性竞争，不仅浪费资源，而且过度竞争会对企业经营业绩造成负面影响。而竞合战略是为了获取竞争优势，与对手既展开必要的竞争，又进行必要的合作，是一种双赢的合作战略。

(3)**蓝海战略**(blue ocean strategy)

蓝海战略是指通过避开竞争对手，将视线转移至购买群体的消费需求，跨越市场的现有竞争边界，将不同市场的买方价值元素筛选并重新排序，从而摆脱已知市场空间的血腥竞争，开创新的市场空间。蓝海战略的基石是价值创新。价值创新对"价值"和"创新"需同样重视。只有当企业把创新与效益、价格、成本整合一体时，才有价值创新。如果创新不能根植于价值之中，那么技术创新者和市场先驱者往往会落入为他人做嫁衣的下场。开创蓝海，就是要压低成本，同时提升买方所获得的价值。买方价值由企业向买方提供的效用和价格组成，而企业一方所获价值来源于价格和成本，价值创新只有在企业对有关效用、价格、成本的活动都能适当地协调一体的情况下才能实现，如图5-3-9所示。

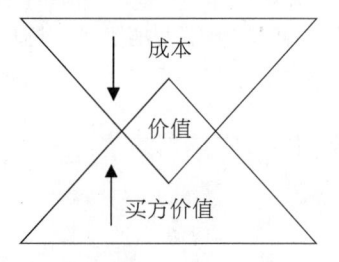

图 5-3-9 价值创新

太阳马戏团是一个比较典型的蓝海战略案例。传统马戏团因受制于"动物保护"、"马戏明星供方定价"和"家庭娱乐竞争买方定价"而萎缩。面对越来越严峻的市场环境，太阳马戏团从传统马戏的儿童观众转向既需要马戏的刺激又具有艺术欣赏力的客户群，并借鉴百老汇演出模式，通过创新表演的方式和内涵，以马戏的形式来表达戏剧的情节。基于以上客户创新和产品创新来开拓新的市场，使太阳马戏团彻底甩掉了原有的市场竞争，创造了一片无竞争的蓝海，吸引人们以高于传统马戏数倍的门票来享受这项前所未见的娱乐。

5.4 本章小结

对于企业管理来讲，本章的内容较为理论化，但是了解企业管理的基本知识有助于对企业经营管理的认识与实践。为了使大家更好地掌握好本章的重点知识，下面对本章的主要知识点进行梳理与整理。

1. 本章的主要内容

本章主要内容分为三大部分，分别是企业及企业管理概述、企业组织架构和企业战略管理。企业及企业管理概述主要介绍企业类型与运作过程、现代企业制度、企业设立方式和企业管理基本职能；企业组织架构主要介绍了直线制、职能制、直线职能制、事业部制、矩阵制和网络型等组织结构；战略管理部分别从战略分析与战略选择两个阶段进行介绍，战略分析有 PESTN 模型、波特五力竞争模型与 SWOT 分析模型，而战略选择包

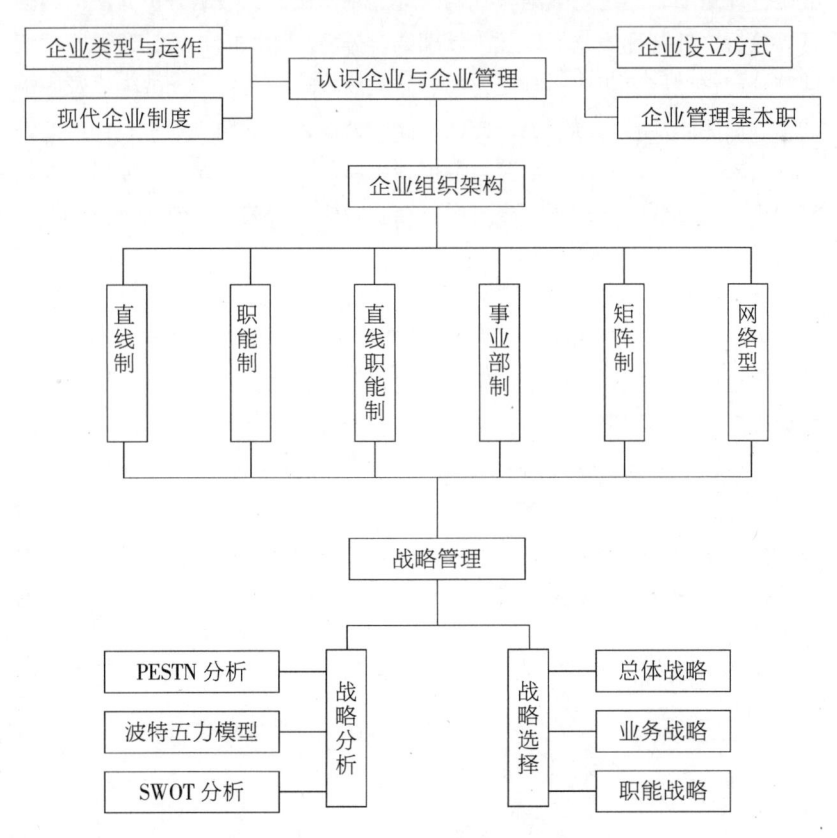

图 5-4-1 企业管理组织架构

括企业总体战略、业务战略和职能战略的选择问题。本章的框架图如图5-4-1所示。

2. 重要知识点回顾

计划、组织、领导和控制是执行管理实践的四大主要职能。在日常生活中，谈到家庭财务规划、教育规划、个人职业规划等问题，都与计划脱不了关系。在你设定目标的过程中，其实计划就已经开始，因此计划在过程中更多关注的是怎么去实现的问题，也就是方案和战略等问题。而目标的实现，就是计划执行的最终结果，所以计划更多的是在回答"是什么"和"怎么做"的问题。

组织职能在本章的学习中，重点放在了常见公司组织结构形式章节，通过对直线型组织结构形式、职能型组织结构形式、直线职能型组织结构形式、矩阵式组织结构形式、事业部制组织结构形式以及网络型组织结构形式的介绍，了解企业设计公司组织结构的理论基础和现实意义。领导职能贯穿于企业管理的整个环节，而领导的基础就是需要在计划和组织的基础上，通过内外部的综合分析进行策略选择和方案执行。所以我们在企业战略管理章节，通过对战略与战略管理的基本概念，战略分析方法（内部环境分析、外部环境分析以及内外部结合分析）知识的介绍，帮助同学们理解公司管理层应该如何制定公司总体发展战略、业务单元战略以及职能战略。控制职能与领导职能一样，在整个公司运营管理过程中，都需要进行监管控制、计划控制、运营管理控制和风险控制等。尤其是战略管理的过程中，从选择、分析和实施过程，控制职能直接关系到公司是否能够实现其最终目标。

虽然我们在分析管理知识过程中，都是基于企业为主体进行分析和介绍。但是里面所涉及的很多基础理论知识，都可以在现实生活中得到很多的具体运用。例如你在规划每年的学习方案时，你就开始在做计划；你在规划今后自己需要报考的理想大学时，也就设定了计划目标。除了个人的学习生活，当你参与到任何一项集体项目中，管理知识其实都无形中发挥着很重要的作用。我们通常所说的团队合作能力、组织能力等问题，本质都是管理学中四大职能的具体体现。因此，在实际的社会生活中，经济学更多是提高分析经济生活的能力，而管理学则在实践过程中给予你更多的理论参考。

第六章 市场营销

6.1 了解客户，了解市场营销

本节导读

经济循环图中，家庭和个人在产品市场与要素市场，分别作为买卖双方进行交易，以市场价格出售相应的产品或者是劳务，整个过程也可以广义地理解为是"市场营销"的过程。在管理学学科背景下，学术上将市场营销学定义为市场学，在创造、沟通、传播和交换产品和服务中，为顾客、客户、合作伙伴以及整个社会带来经济价值的活动、过程和体系。产品与服务市场上，市场营销主要研究的是如何挖掘消费者的价值，并与消费者建立良好的关系，目的就是为了从消费者身上取得相应的回报，创造客户价值。本节将从市场营销研究对象和研究内容出发，让同学们对市场营销有一个更加清晰的理解。由于市场营销也是一门应用型较强的学科，因此，我们也会通过案例的形式帮助大家理解专业性的知识，让大家更容易理解专业经济词汇的现实含义。

本节目标

1. 了解市场营销的定义和营销过程
2. 了解与营销相关的五个概念
3. 能够描述未来市场营销的发展趋势

6.1.1 什么是市场营销

1. 市场营销的定义

关于市场营销的概念，学术上有很多种说法，在这里，我们引用著名的现代营销学之父菲利普·科特勒对于市场营销的学术定义：市场营销（marketing）是个人和集体通过创造产品和价值，并同别人自由交换产品和价值，来获得其所需所欲之物的一种社会和管理过程。该定义更强调市场营销的价值导向。因此，按照该定义，我们可以将市场营销过程分为以下几个步骤：首先，需要了解的是消费者需要什么，因为消费者的需求决定了潜在的目标市场；其次，需要根据不同的目标市场制定相对应的营销战略和措施，不断地提升对消费者的服务水平，这样才能够更好地吸引消费者，并使得消费者的价值不断增长。最后，如果营销者把这些事情都做得足够好，就能够获得相应的市场回报，得到市场利润和消费者的良好回馈。整个过程也就是企业为了从客户身上获得利益回报，创造客户价值和建立牢固客户关系的过程。

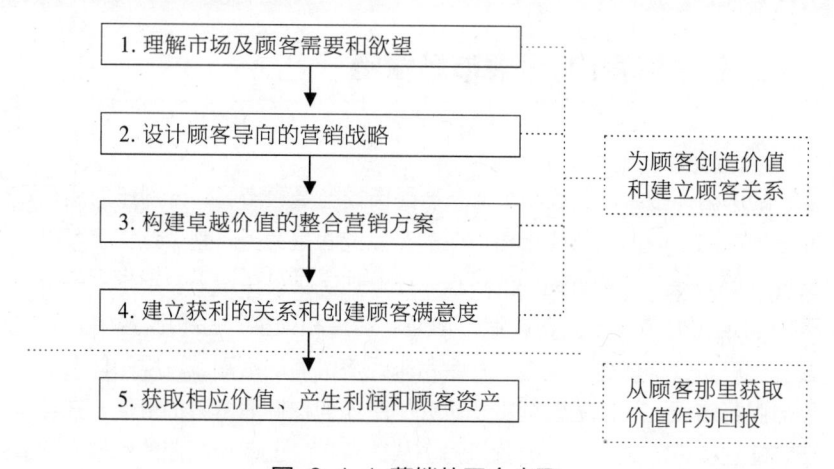

```
1. 理解市场及顾客需要和欲望
            ↓
2. 设计顾客导向的营销战略        ┐
            ↓                   │ 为顾客创造价值
3. 构建卓越价值的整合营销方案     │ 和建立顾客关系
            ↓                   │
4. 建立获利的关系和创建顾客满意度 ┘
            ↓
5. 获取相应价值、产生利润和顾客资产  从顾客那里获取
                                    价值作为回报
```

图 6-1-1 营销的五个步骤

市场营销的五个步骤，概括起来就是努力去了解客户，建立与客户的关系，让客户满意度提升，并且从客户那里获取到相应的价值，这样就完成了整个营销的过程。营销的五个过程中前四个步骤目的就是为客户创造价值并且和客户建立良好的关系，而最后一个步骤是为了从客户那里获得相应的价值，作为营销活动的回报。

2. 市场营销的五个核心概念

市场营销的五个核心概念分别为：需要、欲望和需求；产品、服务和体验；客户价值和客户满意；交换和关系；市场。市场营销的目标是为了满足需求和欲望；载体是提供产品和服务；核心是交换，交换过程主动积极寻找机会，实现市场营销目标。交换过程顺利与否，取决于营销者创造的产品和价值满足顾客需要的程度和交换过程的管理水平。因此，市场营销的五个核心概念某种程度上串联了市场营销的整个过程。

需要、欲望和需求：需要是指人们感到缺乏的一种状态，营销的基础就是人们的需要（need）。根据马斯洛的需求层次理论，需要可以分为五个层次，由低到高依次分别为生理上的需要、安全需要、社交需要、尊重需要和实现自我的需要，当人们低层次的需要得到满足后，会逐渐追求更高层次需要的满足。需要不是创造的，是人类所固有的。欲望（want）是由需要派生出来一种形式，但是也会受到其他社会文化和条件的限制，比如亚洲人对于主食的选择主要为米饭，而欧美人对于主食的选择主要为面包和土豆。当人们有欲望，又有购买能力的时候，欲望就会转换为需求（demand），需求是根据人们的欲望和支付能力来选择并购买能够带给个人最大效用的产品和产品组合。

产品、服务和体验：产品、服务、信息和体验等组合，可以是有形的实物，也可以是无形的服务或者体验。一些聪明的营销者并不单单是销售产品或者服务，还会给消费者创造一种体验，让消费者在购买商品的时候得到愉悦，能够满足消费者的需要和欲望。

客户价值和客户满意：在客户消费某种产品或者服务后会获得相应的价值和满意度，如果客户的满意度较高，会向别人推荐这种产品，或者下次还会购买，形成口碑相传的良性循环。客户的满意度是相对于其预期而言的，如果其本身设定的预期较低，则无法吸引更多的消费者；但如果给消费者设定的预期太高，当消费者购买以后会产生失落的情绪，所以客户价值和客户满意是营销客户关系管理中的重要基石。

交换和关系：交换（exchange）是指将自己所拥有的物品，去换取别人所拥有的自己想要的物品的行为。而营销也可以表示为与想要某种产品、服务、思想或其他事物的一类特定人群，建立和保持合理交换关系的所有活动的总称。所以，营销不单单是为了创造新的客户，并且还包括了维持与老客户的关系。

市场：市场可以是有形的市场，也可以是虚拟市场，是指某种产品或者服务在市场当中集合潜在的购买者与供给者之间进行交易。而营销对于市场而言，需要通过管理市场来形成有价值的客户关系。

案例分析

不打广告的星巴克

星巴克成立的40多年里，几乎从来不在电视和移动媒体上做宣传硬广告，但是依然能够拥有不错的市场占有率，全球业绩屡创新高，消费者对星巴克的品牌忠实度也处于业界较高水平，原因在于星巴克12字的营销哲学——"平衡、控制、营销、清醒、不讲情怀"。

平衡是产品和体验等多维度的平衡，星巴克在产品质量、顾客体验、门店场景、员工管理之间的平衡关系处理得很好，把普通的快消咖啡品牌塑造成高端的品牌形象。在控制与营销方面，星巴克不仅营销客户，也营销自己的员工，从顾客出发，与员工和客户多赢的营销控制理念。星巴克把员工称之为伙伴，让员工觉得在这里工作是一件自豪的事情，并且受到了尊重，让员工处于一种安全感和归属感的工作氛围，而且把本应花在广告宣传的费用用作员工福利提高和培训，使得员工的流动性很小，留住了人才。清醒是指星巴克清醒地认识顾客的需求导向，门店设计上将功能进行区分，吧台、沙发区、讨论区、边桌的门店组合设计，能够满足不同客户的消费体验。不讲情怀是因为星巴克在提供高质量咖啡、优质服务的同时，也为消费者营造了一种良好的咖啡体验文化。极力为顾客打造第三滞留空间，享用咖啡的同时，能够处于一种休闲状态，给消费者营造出一种高端的快时尚文化氛围。所以，星巴克把营销渠道放到了直营店本身，使得店面本身就成为最好的广告，这也是星巴克从不在大众媒体进行广告宣传的重要原因，即便如此，星巴克依然是公认的最擅长进行营销管理的企业。

6.1.2 未来市场营销的发展趋势

在本节导读中，我们也提到"随着技术的发展，自媒体、微信、网络直播等新形式的营销手段不断涌现，并且能够更直接地、一对一地对目标人群进行传播，说明现在的营销活动目的性更强，影响更大，渗透范围更广"，客户需求与客户偏好在变，技术在进步，所以市场营销也在不断地发展，发展趋势主要包括：

一是企业将会更加精心地选择自己的客户，选择获利性更好的客户，并且与客户的关系将会更持久、更深入、更直接，以往的无差异营销方式将会越来越少，未来会出现更多个性化的营销方式（如网络营销）。在与客户联系方面，不再依靠单向的大众传媒，而是采用新型的、互动性更强的营销方法来建立双向的客户关系。例如，随着科学技术的快速发展，以推特（twitter）、脸书（facebook）、微博、微信等为代表的社交软件已成为企业进行市场营销的重要工具。包括戴尔、星巴克、海南航空、苹果、Uber等公司，都利用社交软件与客户进行沟通，传播公司企业品牌信息，组织相应的促销活动，与老客户保持良好的互动并吸引新客户。也会通过社交网络分享公司战略、新产品研发和一些与企业品牌树立相关的内容，能够很好地推广公司品牌，吸引潜在投资者的关注。网络媒体和社交网络的运用，大大提高了市场营销活动的效率。

二是未来营销更注重各种关系的管理。包括重视企业内部、企业之间和企业与合作方之间的关系管理，包括供应链管理、物流等。而在企业与客户之间，更加注重提升客户的满意度，并且培养客户的忠诚度和维系度，挖掘客户的终身价值。此外，未来的营销在客户关系维护中，应更加注重增加客户份额，如房地产开发公司会开办房地产经纪公司，不断挖掘客户价值，与客户建立合适的关系，最终目的就是产生高额的客户资产。

　　三是需要面对更多的外部挑战。这些挑战包括不确定的经济环境，未来经济变化和波动都将更大。其次是新数字时代的挑战，特别是对于传统营销模式的挑战，包括淘宝、微信和其他一些营销方式都与传统营销模式不同。最后需要面对全球化的挑战，和一些新的价值观念的变化，包括对社会责任、环境保护、社会公益等方面的关注，都是未来营销者和管理者需要面对的问题。

6.2 营销管理

本节导读

计划、组织、领导和控制是企业管理的四大职能，企业进行战略分析时，会对企业或者经济组织的内部环境和外部环境进行综合分析，依据分析结果进行战略选择。与企业管理相对应，营销管理是企业管理的重要内容，包括分析、计划、实施和控制。

营销分析过程同样也包括了内部营销环境和外部营销环境的分析，优秀的营销者需要借助信息来帮助他们解读过去的营销绩效，规划未来的营销活动，从宏观与微观角度去分析营销环境。宏观层面，需要了解市场环境，了解经济运行情况；微观层面，需要收集及时、准确和可行的消费者、竞争者及其品牌的信息，深度挖掘消费者的内在需求。营销计划，在营销分析的基础上，结合企业战略目标，有针对性地设计具体的营销方案，需要营销者制定出有效的短期战术决策和长期的战略决策，以保证具体营销目标的实现。营销实施，就是将营销计划转化成具体的营销活动，通过活动的执行实施，实现具体的营销目标。营销控制，包括评估营销计划执行结果，并相应地调整营销实施方法，最终目的是保证营销目标的顺利实现。

评价一个市场营销方案的优劣，除了通过考核营销目标的实现作为依据外，对于营销的整个过程管理也显得尤为重要。本节将重点介绍营销管理的一些基础知识，便于同学们了解具体营销管理过程中的宏观因素以及微观参与主体，帮助同学们从战略角度去认识营销环境和理解营销调研的重要性。

本节目标

1. 了解营销管理职能
2. 了解营销微观参与主体
3. 了解营销调研的程序
4. 了解营销调研的内容
5. 了解营销调研的意义

6.2.1 营销管理职能

营销管理实质是对需求的管理，企业为了实现其经营目标，建立和保持与目标市场之间的互利的交换关系,对市场营销工作进行分析、规划、实施和控制。

营销分析(marketing analysis):营销分析是企业营销管理职能中非常重要的主体内容,其他几个职能的具体实施,最终都会反馈到营销分析的结果当中。营销分析通过综合考察企业所面临的市场环境与营销环境,发现机会市场,从而结合企业战略目标设计相应的营销策略。宏观层面需要对市场环境和营销环境进行分析。微观方面需要对营销活动的微观参与主体、产品、价格、渠道、促销进行分析,以适应目标市场,促进消费需求,提高运作效率和助推产品销量。最常用的分析方法是SWOT分析方法以及STP分析方法。SWOT分析,结合公司内外部环境,准确认识企业发展的优势所在,将优势资源更多地用于优势产品的生产和服务的提供,是营销分析的基础分析方法。STP分析方法,包括市场细分(S,segmentation)、目标市场(T,targeting)、市场定位(P,position),主要用于市场定位分析。通过市场细分,来区分不同的客户群体,有助于规划出初步的市场轮廓;确定目标市场,在市场细分的基础上,确定要进入的一个或者是多个细分市场;市场定位,在确定的目标市场上,为目标客户形成固定的产品或者服务的印象。

表 6-2-1 营销的微观参与者

微观参与主体	具体特征
公司	在制定营销计划时,营销部门要兼顾公司的其他部门,如管理高层、财务部门、研发部门、采购部门、生产部门和会计部门,这些相互联系的群体组成了公司的内部环境。
供应商	供应商在公司整个顾客价值传递系统中起着重要的纽带作用,它们提供公司所需要的资源,以生产产品和提供服务。
中间商	帮助公司促销、销售以及分配产品给最终用户。营销中间商包括经销商、货物储运公司、营销服务机构以及金融中介。经销商是指那些帮助公司寻找用户并向他们销售产品的分销渠道机构,包括批发商和零售商。
竞争对手	用营销学的观点来看,一个公司要想成功,就必须为顾客提供比其他竞争对手更高的价值和满意度。因此,营销人员要做的不仅仅是简单地满足目标顾客的需要,还必须对产品进行定位,使本公司的产品或服务在顾客心目中与竞争对手区别开来,以获得竞争优势。
公众	包括政府、媒体、内部和外部公众等。
顾客	顾客是公司微观环境中最重要的因素。整个价值传递系统的最终目标就是服务目标顾客并与他们建立牢固的关系。

营销计划(marketing planning):是在营销环境分析调研的基础上,制

定企业及各业务单位对营销目标以及实现这一目标所应采取的策略、措施和步骤的明确规定和详细说明。可以分为总体的营销计划和专项营销计划。总体营销计划，是企业营销活动全面、综合性的规划。专项营销计划，则根据营销战略的四个关键要素，制定相应的产品计划、定价计划、渠道计划和促销计划。营销计划是在营销分析基础上的方案性的结果，为企业提供了产品的预期经济效益，以及为了实现这些预期经济效益可以采取的具体行动与方案，也包括在行动方案执行过程中出现背离状态下的调控措施。因此，营销计划是管理层进行经营决策的重要参考内容。

营销实施（marketing implementation）：是为实现战略营销目标，而将营销计划转化为营销活动的过程。营销计划解决的是实施营销活动的理由和营销活动的内容问题，而营销实施解决的是由谁、在何时、何地、如何做的问题。

营销控制（marketing control）：包括评估营销战略和计划的实施结果，并采取纠偏措施确保目标实现。营销控制包括四个步骤：管理部门首先设定特定的营销目标；然后测量其在市场上的绩效，并评价造成期望绩效与实际绩效差距的原因；最后，管理部门采取纠偏措施，缩小实际绩效与目标的差距。

6.2.2 营销调研

营销调研（marketing research），是指系统地、客观地收集、整理和分析市场营销活动的各种资料或数据，用以帮助营销管理人员制定有效的市场营销决策，有利于制定出科学的营销计划，优化营销组合和开拓新市场。

1. 营销调研的内容

（1）**营销环境调研**：这里主要是指对营销宏观环境的调研分析，寻找企业新的发展机会，同时及时发现可能出现的威胁，以做好应对准备。

（2）**市场需求调研**：包括需求量调查、消费结构调查、消费者行为调查等，有时候也称作为顾客调研。市场需求调查通过多维度考察市场需求数据，帮助营销决策者了解市场需求现状以及未来的需求发展趋势。这也是进行产品研发和设计的主要入口，只有了解客户的真实需求，才能够有针对性地开发或者提高产品的性能来满足不同的消费者需求。

（3）**产品调研**：主要包括产品生产能力调查，产品性能调查，产品包装调查，产品生命周期调查，产品价格调查，产品满意度调查等。

（4）**竞争调研**：主要是指调查竞争者的类型、经济实力、生产能力、产品特点、市场份额、销售策略、竞争的优势及劣势、竞争战略等。

(5)**营销活动的调研**:主要是针对分销渠道、促销活动以及销售服务方面的调研。

表6-2-2 营销调研的宏观环境

宏观环境	具体内容
人口环境	具体包括人口的规模、密度、地理位置、年龄、性别、种族、职业等因素。人口环境的调研分析,有助于了解客户群体,定位目标客户。
经济环境	具体指工商农业、财政、金融、基础设施、GDP、产业机构等因素。营销人员必须密切注意国内外市场主要发展趋势和消费支出模式,以及影响消费者购买力和消费方式的因素。
自然环境	如地理位置、自然资源、气候、交通等因素。
技术环境	包括科研新发展、新发明、新创造、新技术、新工艺、新材料的研发、应用、发展趋势,新产品开发上市情况等因素。
政策环境	具体指国家、地方的有关方针政策、制度调整、体制变化,国家、地方颁布的法规、法令等因素。
文化环境	主要是指影响社会的基本价值观、观念、偏好和行为的风俗习惯和其他因素组成。如社会生活方式、风俗习惯、宗教信仰、价值观、教育水平、职业状况等。

2.营销调研的步骤

(1)**确定营销问题和识别调研内容**:第一,需要明确收集信息的目的性,即为什么要收集信息,利用这些信息制定什么决策,需要哪些信息等;第二,需要确定信息是否已经存在,现有的信息能否满足所界定的问题;第三,需要确定问题是否能够找到答案,实际获取信息资料的可能性;第四,需要确定市场调研的研究目标;第五,市场营销调研的问题应该具体、明确,范围不可太大。

(2)**编制计划**:调研计划需要对资料来源、调研方法、调研工具、抽样计划和访问计划等内容进行决策。

(3)**收集信息**:通过对具体信息进行分类,选择适当的调研方法、调研工具按照调研计划进行信息的收集和整理。资料来源有一手资料和二手资料之分,或二者结合使用。调研方法有观察法、小组讨论法、调查法、行为资料分析法和实验法,以上五种方法帮助获取一手资料。最常用的调研工具主要有调查问卷,由于调查问卷的灵活性,它是目前为止收集一手资料的最通用工具。

(4)**分析信息**:收集到的信息,按照科学合理的统计分析方法以及决策模型进行信息分析,是调研的关键性步骤。

（5）展示调研结果：是指需要整体呈现分析的结果，这些结果应该与管理部门的营销决策有关，通常会使用数据进行主要说明，作为决策制定的参考。

（6）制定营销决策：可以细分为产品决策、价格决策、渠道决策和促销决策。调研所得的信息以及根据信息分析后所得出的结论，只能作为市场营销管理人员制定决策的参考，而不能代替他们去做出决策。

3. 营销调研的意义

（1）**营销调研可以为企业发现新的市场机会提供重要依据**。市场的变化和发展过程中，一些新的产品会流行起来，而另一些产品，则会退出市场。激烈的竞争给企业进入市场带来困难，同时也为企业创造出许多机遇。通过市场营销调研，可以确定产品的潜在市场需求和销售量的大小，了解顾客的意见、态度、消费倾向、购买行为等，据此进行市场细分，进而确定其目标市场，分析市场的销售形势和竞争态势，作为发现市场机会、确定企业发展方向的依据。

（2）**营销调研是企业产品更新换代的依据**。科学技术的日新月异，顾客需求的千变万化，致使市场的竞争日趋激烈，新产品层出不穷，产品更新换代的速度越来越快。通过市场营销调研，可以发现企业的产品目前处于产品生命周期的哪个阶段，以便适时调整营销策略，对其是否要进行产品的更新换代做出决策。

（3）**营销调研是企业制定市场营销组合策略的依据**。市场的情况错综复杂，有时难以推理，因为现象也会掩盖问题的本质。例如，某产品在南方深受顾客青睐，可在北方却销售不畅，通过市场营销调研可以指出问题所在，或许是因南北方顾客的需求差异所致，具体原因需要通过调研找出原因。只有找到原因，才能制定出产品策略。又如，产品的价格不仅取决于产品的成本，还受供求关系、竞争对手的价格、经济大环境、价格弹性等多因素的影响。毫不夸张地说，市场上产品的价格是瞬息万变的，通过市场营销调研，企业可以及时地掌握市场上产品的价格态势，灵活调整价格策略。再如，产品打入市场，能否制定出切实有效的促销策略至关重要，销售渠道是否畅通无阻亦同样重要。这一切都需要通过市场营销调研来提供市场信息，作为企业制定营销组合策略的依据。

（4）**营销调研是企业增强竞争能力，提高经济效益的基础**。通过市场营销调研，企业可以及时了解市场上产品的发展变化趋势，掌握市场相关产品的供求情况，清楚顾客需要什么等。据此制定市场营销计划，组织生产适销对路的产品，增强企业的竞争能力，实现企业的赢利目标，提高企业的经济效益。

案例分析

海尔冰箱的美国之路

海尔冰箱在 1994 年以 3000 万美元的投资在美国南卡罗莱纳州建厂，开启海尔公司的美国制造之路，成为中国第一家在美国制造和销售产品的公司。

在选择进入美国市场之前，通过国际营销调研，找准目标消费群，充分了解美国市场的人口结构和消费习惯，将消费群体定位为年轻人。年轻人由于对家电还没有形成任何习惯性的购买行为，所以年轻人在进入社会组建自己家庭的时候，普遍对于新品牌的接受能力也更强。产品方面，海尔当时抓住在美国市场 60L 到 160L 的各种类型小型冰箱的需求潜力，逐渐提升了小型冰箱在当地市场的占有率，在学生宿舍和办公场所特别受到欢迎。2003 年以后，沃尔玛也开始销售海尔冰箱的两种小型电冰箱和小型冷柜，进一步促进了市场占有率。

海尔集团从向美国出口电冰箱到在美国树立起自己的品牌形象，成功秘诀是海尔有明确的市场定位和产品定位，通过市场调研去发现新的市场机会和新的需求，并开发新的产品去满足这些市场需求。

6.3 4P 营销组合策略

本节导读

4P 营销策略理论中的 4P，是指产品（product）、价格（price）、渠道（place）、促销（promotion）。因此对应构成了营销策略内容中的产品策略、价格策略、分销策略和促销策略。产品策略：注重开发功能，要求产品有独特的卖点，把产品的功能诉求放在第一位。强调服务范围，服务产品定位和服务品牌等。例如小米手机通过成本控制实现高性价比的品牌形象，就是产品策略具体运用。价格策略：根据不同的市场定位，制定不同的价格策略，产品的定价依据是企业的品牌战略，注重品牌的含金量。强调基本价格、支付方式、佣金折扣等。渠道策略：企业并不直接面对消费者，而是注重经销商的培育和销售网络的建立，企业与消费者的联系是通过分销商来进行的，强调直接渠道和间接渠道。促销策略：企业注重销售行为的改变来刺激消费者，以短期的营销促进行为，比如打折促销、购买促销、营造销售氛围等促成消费的增长，吸引其他品牌的消费者或导致提前消费来促进销售的增长。强调广告人员推销，营业推广和公共关系。本节将在 4P 理论基础上，介绍公司产品策略、价格策略、分销策略、促销策略的基本理论知识，目的在于帮助同学们认识到，在公司市场营销策略制定过程中，产品设计与产品营销应该注意的关键性因素。

本节目标

1. 理解什么是 4P 组合
2. 了解产品定价方法
3. 学会分析营销策略方案

6.3.1 产品策略

产品策略，即指企业制定经营战略时，首先要明确企业能提供什么样的产品和服务去满足消费者的要求。它是市场营销组合策略的基础，从某种意义上讲，企业成功与发展的关键在于产品满足消费者的需求程度以及产品策略正确与否。包括产品定位、产品组合策略、产品差异化策略、新产品开发策略、品牌策略以及产品的生命周期运用策略。

小米手机，VIVO 手机和 OPPO 手机都有自己差异化的市场定位，小米主推性价比、VIVO手机主推照相功能，而OPPO则主推充电快的优点。通过差异化的营销方式，在目标消费者心目中形成一个清晰、独特而且理想的位置，将自己的产品和服务与其他公司的产品区别开来，也从中树立自身的品牌形象。

品牌是公司最持久的资产，比公司具体产品或生产设施的生命都长。麦当劳的CEO曾说："如果我们拥有的每一项资产（厂房、设备等）都在一次自然灾害中被摧毁，由于我们还有品牌，就可以使一切都重新恢复。麦当劳的品牌价值比所有这些固定资产的总价值还要高很多。"因此品牌的建设与品牌战略是产品战略中不可或缺的部分，也是企业的重点投资项目。下面简单介绍一下与品牌建设和开发相关的几个关键要素。

品牌资产：品牌资产是一种差异化效应，即对品牌名称的知晓与否影响到消费者选择产品或服务的决策。品牌资产还是衡量顾客偏好和忠诚的重要指标。优质的品牌资产来源于顾客对品牌的感知和与品牌之间的联系。

品牌定位：营销人员需要把他们的品牌在消费者头脑中确立一个很好的定位。品牌也可以被更好地定位于产品的利益诉求。最强的品牌定位层次超过了强调产品特征或是产品利益。成功的品牌往往能够从更深的感性层面吸引顾客。营销人员必须建立品牌使命和愿景来描述品牌存在的意义。

品牌名选择：一个好名字可以大大促进一种产品的成功。

品牌开发：在品牌开发方面，企业有四种选择。企业可以采用产品线延伸、品牌延伸、多品牌或新品牌。提到"可口可乐"，你至少可以找到20种不同版本的解释。单就无卡路里的品牌而言，可口可乐就提供了两种子品牌：健怡可乐和零度可乐。然后，根据口味和有无咖啡因，又可以将这两个子品牌进一步细分成更多的种类：无咖啡因樱桃健怡可乐、黑莓香草味健怡可乐、酸橙味健怡可乐、香草味零度可乐以及草莓味零度可乐等。

品牌延伸：就是将已有的品牌名称延伸至新产品类别中的新产品或者改进产品。

6.3.2 价格策略

价格策略是指企业通过对顾客需求的估量和成本分析，选择一种能吸引顾客、实现市场营销组合的策略。所以价格策略的确定一定要以科学规律的研究为依据，以实践经验判断为手段，在维护生产者和消费者双方经济利益的前提下，以消费者可以接受的水平为基准，根据市场变化情况，灵活反应。价格策略主要包括以下几方面的内容：

1. 制定基本价格

基本价格制定，应该考虑以下几点因素：定价目标，确定需求，估计成本，选择定价方法，选定最终价格。定价目标是以满足市场需要和实现企业盈利为基础的，它是实现企业经营总目标的保证和手段，又是企业定价策略和定价方法的依据。

价格会影响市场需求，在正常情况下，市场需求会按照与价格相反的方向变动：价格上升，需求减少；价格降低，需求增加。需求在很大程度上为企业确定了一个最高价格限度，而成本则决定着价格的底数。价格应包括所有生产、分销和推销该产品的成本，还包括对公司努力和承担风险的一个公允报酬。

定价方法是企业在特定的定价目标指导下，依据对成本、需求及竞争等状况的研究，运用价格决策理论，对产品价格进行计算的具体方法。主要包括成本导向（卖方定价方法）、竞争导向（以竞争者的价格为导向）和顾客导向（以市场需求为导向）三种类型。

2. 修改基本价格

新产品的定价需要综合考虑市场需求、竞争、供给、市场潜力、价格弹性、产品特性、企业发展战略等因素，主要采用撇脂定价法和渗透定价法。撇脂定价法：新产品上市之初，将价格定得较高，在短期内获取厚利，尽快收回投资。比如苹果公司 iPhone 手机的定价策略。渗透定价法：新产品投放市场，价格定得尽可能低一些，以获取高销售量和较大市场占有率。除了新产品的具体定价原则，企业往往也会通过以下几种方法来修改产品的基本价格：心理定价、折扣定价和差别定价。

3. 竞争性调价

企业在产品价格确定后，由于客观环境和市场情况的变化，往往会对价格进行修改和调整。降价和提价是企业根据自身的产能、竞争者价格、成本、通货膨胀等因素做出的主动调价策略。

6.3.3 渠道策略

渠道策略包括渠道的拓展方向、分销网络建设与管理、区域市场的管理、营销渠道自控力和辐射力的要求。任何一个企业要把自己的产品顺利销售出去，就需要正确地选择产品的销售渠道。选择销售渠道的内容有两个方面：一是选择销售渠道的类型，二是选择具体的中间商。

1. 直接式销售策略和间接式销售策略

直接式销售渠道中间费用少，便于控制价格，及时了解市场，有利于提供服务等优点，但是此方法使生产者花费较多的投资、场地和人力，所以消费需求大、市场规模大的商品，不宜采用这种方法。间接销售由于有中间商加入，企业可以利用中间商的知识、经验和关系，从而起到简化交易，缩短买卖时间，集中人力、财力和物力用于发展生产，以增强商品的销售能力等作用。

2. 长渠道和短渠道策略

销售渠道按其长度来分类，可以分为若干长度不同的形式，商品从生产领域转移到用户的过程中，经过的环节越多，销售渠道就越长；反之就越短。

按照消费渠道长短，消费品销售渠道有四种基本的类型：生产者—消费者；生产者—零售商—消费者；生产者—代理商或者批发商—零售商—消费者；生产者—代理商—批发商—零售商—消费者。工业品销售渠道有三种基本的类型：生产者—工业品用户；生产者—代理商或者工业品经销商—工业品用户；生产者—代理商—工业品经销商—工业品用户。

企业决定采用间接式销售策略后，还要对适用渠道的长短做出选择。从节省商品流通费用、加速社会再生产过程的要求出发，应当尽量减少中间环节，选择短渠道。但是也不要认为中间环节越少越好，在多数情况下，批发商的作用是生产者和零售商无法替代的。因此，采用长渠道策略还是短渠道策略，必须综合考虑商品的特点、市场的特点、企业本身的条件以及策略实施的效果等。

3. 宽渠道和窄渠道策略

销售渠道的宽窄，就是企业确定由多少中间商来经营某种商品，即决定销售渠道的每个层次（环节）适用同种类型的中间商的数目是多少。一般情况下，有以下三种具体策略可供选择：

广泛销售策略：由于企业的商品数量很大而市场面又广，为了能够使商品得到广泛的推销，使用户随时都可以买到这种商品，才需要采用这种策略。例如，一般日用品和广泛通用的工业原材料可以采取这种策略。采用这种策略，生产企业应该负担较多的广告费和促销费，以利于调动中间商的积极性。

有选择的销售策略：生产企业选择性地精心挑选一部分批发商和零售商来经营自己的产品，采用这种策略，由于中间商数目较少，有利于厂商之间相互紧密协作，同时，也能够使生产企业降低销售费用和提高控制能力，这种策略适用面较广，例如选购消费品、耐用消费品、新产品试销以及大部分生产资料商品，都应该根据产品和市场的特点，选择较为合适的批发商和零售商。

独家经营销售策略：生产企业只选择一家中间商，赋予它经销自己商品的权利，这种策略主要适合于某些特殊的消费品和工业品、某些高档高价的消费品以及具有独特风格的商品。

6.3.4 促销策略

促销策略是指企业通过人员推销、广告、公共关系和营业推广（销售促进）等各种促销方式，向消费者或用户传递产品信息，引起他们的注意和兴趣，激发他们的购买欲望和购买行为，以达到扩大销售的目的。主要方式有人员推销和非人员推销。人员推销，即推销员和顾客面对面地进行推销；非人员推销，即通过大众传播媒介在同一时间向大量顾客传递信息，主要包括广告、公共关系和营业推广等多种方式，二者相互补充。

广告和公共关系促销手段，除了传统的电视广告、广播广告、纸质媒体广告和邮发广告等，随着互联网科技的发展，互联网广告日益被人们所认可和推广。互联网信息传播过程中的互动性、趣味性、个性化、及时性和成本低等特点，已经成为全球各大企业争相使用的新产品营销方式。现代企业都通过企业官方微博、企业微信服务号等互联网渠道进行企业品牌传播以及促销信息的发布，而且往往互联网促销渠道的优惠力度会更大，这些都是基于科技发展的营销方式和促销策略改革。随着互联网营销的兴起，现在"网红经济"也逐渐被人们所熟知，比如 Papi 酱获得 1200 万融资，微博红人"金融八卦女"获得天使轮融资等。"网红经济"的形成与发展，不仅体现了互联网时代营销方式发生的巨大变化，同时为营销渠道和方式提供了多样化的选择。

案例分析

高性价比的小米手机

从过去的诺基亚、摩托罗拉主导的移动电话市场，到现在以 iPhone、三星、华为、小米为代表移动智能手机市场，移动通信行业发生了历史性的变化，产品设计从对硬件的设计需求转变到硬件与软件的相互结合。小米公司创始人雷军认为就目前发展趋势看，未来中国是移动互联网的世界，智能手机和应用会承载用户大部分需求。小米公司能在目前竞争激烈的移动智能手机市场寻求自己的市场份额和增长空间，离不开市场营销组合策略的高效实施。

小米深知只有软硬件的高度结合才能出好的效果，才有能力提升移动互联网的用户体验，所以在产品和价格方面，小米推行成本领先战略，以低价打开了小米手机的销售市场，根据人们的需要开发更多功能，提高性能，来满足消费者多种需要和多层次需要，吸引更多消费者购买，通过口碑相传并得到市场"高性价比"的反馈，迅速吸纳发烧友。渠道和促销方面，小米通过线上线下的销售方式，来满足不同消费群体的消费习惯。新产品的发布，通过线上预定销售，传递给消费者供不应求的短缺信息，刺激购买，从而实现其利润与品牌价值的提高，吸引潜在消费者。

象征成功的宝马汽车

宝马公司传递给客户创新、动力、美感的品牌魅力，重视设计、动力和科技的有机结合。宝马公司的所有促销活动都以这三大要素作为主体，并在其中选取一项作为支持。每个要素的宣传都要考虑到宝马的客户群体，使客户感觉到宝马是"成功的新象征"。

产品策略：宝马在亚洲着重推销宝马3系、5系、7系，这几款车型共同特点是节能以及宝马口碑相传的操作性能。

定价策略：宝马追求成功的高价政策，以高于其他大众车的价格出现。高价也就意味着宝马汽车的高品质，同时也意味着宝马品牌的地位和声望，这也凸显了宝马与竞争品牌相比的专用性和独特性。

渠道策略：宝马采取直销的方式。

促销策略：宝马公司的促销策略并不急功近利地以销售量的提高为目的，而是考虑到促销活动一定要达到把品牌的品位成功融入潜在顾客中，加强顾客与宝马之间的感情链接，不断完善宝马产品和服务的组合，向顾客提供详尽的产品信息。

6.4 本章小结

实际生活当中，市场营销渗透到了我们生活的各个方面，从大学、医院、博物馆等事业单位到联想、华为、小米等商业机构都需要营销活动，都会选择通过电视、杂志、报纸、网页等方式宣传他们所提供的产品和服务。随着技术的发展，自媒体、微信、网络直播等新形式的营销手段也不断涌现，并且能够更直接地、一对一地对目标人群进行传播，说明现在的营销活动目的性更强，影响更大，渗透范围更广。

本章内容从市场营销的基础知识出发，旨在帮助同学们了解市场营销学科当中一些实用性很强的知识理论与分析工具，知识结构可以总结如图6-4-1所示：

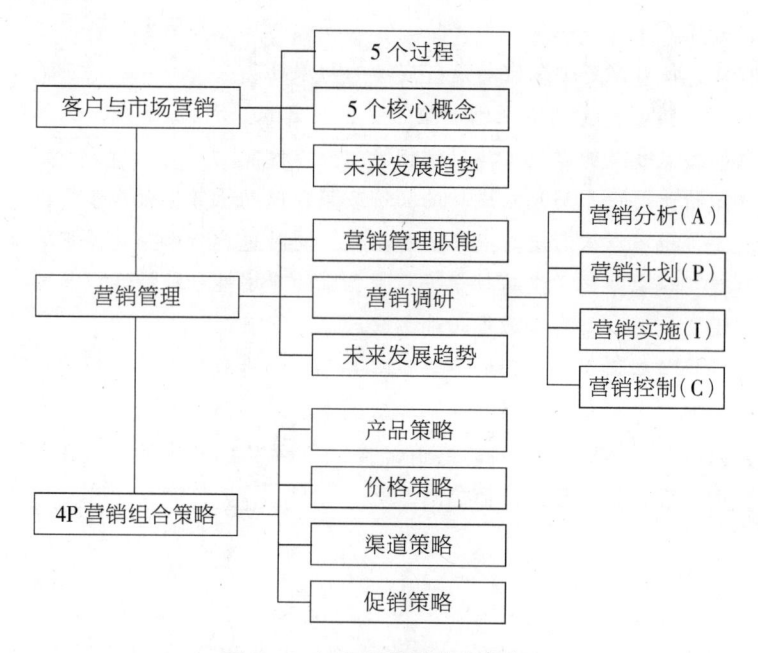

```
客户与市场营销 ─┬─ 5个过程
                ├─ 5个核心概念
                └─ 未来发展趋势

营销管理 ─┬─ 营销管理职能 ─┬─ 营销分析(A)
          ├─ 营销调研       ├─ 营销计划(P)
          └─ 未来发展趋势   ├─ 营销实施(I)
                            └─ 营销控制(C)

4P营销组合策略 ─┬─ 产品策略
                ├─ 价格策略
                ├─ 渠道策略
                └─ 促销策略
```

图 6-4-1 市场营销内容框架

经济生活中，对于市场的认知，我们更多的是从消费者角度，对我们所消费的产品或服务的认知。通过以上市场营销基础知识的学习，相信各位应该可以从企业的角度去思考市场、客户、产品之间的关系。同时，通过介绍一些基础的市场营销分析理论以及分析工具，可以简单地进行一些商业案例的基础分析，训练大家的市场调研思维，知道可以从哪些具体的渠道去搜集和检索自己所需要的市场信息。

第七章 会计学

7.1 认识会计

本节导读

会计学知识作为管理学科里面重要的应用型知识,更多地服务于我们的生活。对个人而言,学习会计知识可以帮助我们树立正确的消费观念,理性消费;对家庭而言,会计知识也可以运用到家庭的日常收支记录以及家庭理财等方面。大部分同学对于会计的认识,更多是源于会计这份职业,而不是会计这个学科,谈到"会计"也更容易与"记账"联想到一起,认为"收钱,付钱,管钱,钱不是我的,分文不差;算账,记账,结账,账责是我的,丝毫不假!"是会计工作人员主要的工作职能。实际上,以上的描述只是会计业务的一部分内容。会计并不只是单纯记账,而是通过日常资金动态记录,为财务决策提供重要的分析材料和预测材料。本节将主要介绍会计的基本概念与理论基础,重点阐述会计的核算与监督职能,即记录相应的收入支出等,同时监督相应的经营活动是否合理。通过本节的学习,你将会对会计有一个具体的认识与理解,能够更好地将会计知识运用到我们的实际生活。

本节目标

1. 了解会计的含义
2. 掌握会计的两大职能

7.1.1 会计概念

会计(accountant)在古代就有专门的官职,俗称账房先生,主要工作是掌管赋税收入、银钱收支等基础财务工作。每月每天的零星盘算被称为"计",一年总盘算被称为"会",两者合起来就称为会计。

在现代社会中,经济的高速发展对会计又产生了新的需求,会计的内涵也在不断拓展。简单来讲,会计是以货币为主要计量单位,以凭证为主要依据,借助于专门的技术方法,对一定单位的资金运动进行全面、综合、连续、系统地核算与监督,向有关方面提供会计信息、参与经营管理、旨在提高经济效益的一种经济管理活动。例如甲公司销售一批产品,会计上要求我们要记录这批产品销售时所取的收入是多少元,同时是否有相应的"证据",也即销售票据,然后对这笔资金在会计账簿上进行记录、反映,最终能够反映公司销售了一批产品这一日常经营活动。

7.1.2 会计的职能

依据《会计法》赋予的权限,会计的职能是指在经济管理活动中所固有的功能。根据上面我们对会计的含义理解,可以发现会计一方面可以记录相应的经济活动信息,另一方面可以对相应的经济活动进行反映。因此,我们可以认为会计的基本职能就是核算和监督职能。

核算职能 + 监督职能 = 监督职能

图 7-1-1 会计两大职能

会计的核算职能(accounting function),是指会计信息的确认、计量、记录和报告等活动,而其中最为重要的就是会计记录。会计记录是以经济活动为主要记账对象,在价值运动过程中,经过确认而能进入会计处理系统的数据,通过一定的账户,按复式记账的要求,在原始凭证、记账凭证、账簿及会计报告等进行登记,而这些又被称为会计信息的载体。例如甲企业购买一批原材料,该企业的会计人员就会根据相应的票据在会计账簿的相应账户里记录这一经济活动,这实际上就是会计记录,也被称为会计核算职能。

会计监督(supervision function),是依据一定的法规政策进行检查和督促。这里主要包括三层意思:一是会计监督是对基本经营活动的反映、监督,即这种会计记录能够对经营活动如实地反映。二是会计监督是对企业各项经济活动"三合检查"(合法性、合规性、合理性的检查)。而这种检查只有在管理当局授权的情况下才能在企业内部有效开展,否则只能由外部行政或司法机构进行。如某家上市公司存在会计虚假记录,相应的行政监督机构就会对其进行财务会计检查,检查相应的会计记录是否真实反映了该企业的经营活动。三是会计监督是对会计人员的监督。会计工作的主体是会计人员，如果会计人员同时进行核算和监督工作，这种自我监督就变得毫无意义。而如果由会计人员以外的人来进行，就不是会计基本职能意义上的"监督"，而是其他意义上的监督。

扩充阅读

会计职业特点

我们已经对会计有了一个基本的认识，那么会计这一职业又有哪些特点呢？可以这样认为，财务会计是企业的核心工作，尤其是对大型企业来讲，无论是财务核算还是企业审计，都需要财会人员来保证工作的正常进行。其主要存在以下三个特点[1]。

一、行业风险低

无论公司规模大小，都需要财会人员来保证正常的运营，可以说财会是企业的核心人员，公司只有把财会部门作为企业战略实施的主要组成部分，公司才能更好地发展。同时，财会行业相对特殊，公司不可能经常更换财会人员，因此财会人员的流动性比较小，从事这个职业的风险也比较低。

二、人才需求大

长期以来，会计行业是对人才需求较大的领域，然而，我国缺乏优秀的财务管理人员的现状不能满足国家经济发展和企业发展的需求，因此整个行业需要较多新鲜血液来补充。尤其是在一些经济发达地区，对高端财务人才的需求非常巨大，高端财务人才不仅在财务会计领域有较强的专业素养，同时在管理领域也有较高的专业素养，是企业发展所需的综合型人才。

三、执业远景广

财会行业可以说是渗入各行各业，既是企业的后援支持，又是公司运营的关键。据上海、北京、广州三地的人才招聘公司统计，从财会部门升为公司核心领导层人员的几率要比其他部分高出10%。近年来，由于企业越来越认识到财会部门的重要性，财务总监逐渐成为人才需求的热点。

---

[1] 参见：会计高薪行业成趋势．http://china.findlaw.cn/jingjifa/kuaiji/kjjc/30725.html

7.2 学习会计必备知识

> **本节导读**

经济学中最大的一个假设条件就是理性人假设，假设每一个从事经济活动的人所采取的经济行为都是力图以自己的最小经济代价去获得自己的最大经济利益。经济学家在研究经济过程中都需要进行各种条件的"假设"，已完成对经济现象论证和解释。由于会计是一门应用型很强的学科，因此在具体的会计职能实现过程中，在空间范围和时间范围内，都有其特定的假设条件，从而规范会计职能实现过程。在上一节中，主要通过介绍会计这一职业来让大家从宏观层面了解会计可以通过哪些职能来服务于我们生活和生产。个人、家庭、企业作为经济生活的主要经济单元，在从事市场活动过程中，都会与会计知识产生交集，而这些交集的元素主要集中于我们会计中的六大要素。换个说法，经济循环体系中，每个环节的实现，我们都可以通过六大会计要素实现资金流动的记录与预测，这也是会计学中的入门级知识。

因此，本节主要介绍会计的基本假设、会计要素与会计等式、会计科目与会计账户等内容。通过本节知识的学习，希望同学们对会计有一个初步的认识，进而为后面的深入学习打下牢固的基础。

> **本节目标**

1. 了解会计基本假定
2. 理解并解释会计要素与会计等式
3. 了解会计科目与会计账户

7.2.1 会计工作的空间与时间范围

由于会计是向会计信息需求方提供企业基本经济活动的会计信息，但由于会计主体的经济活动会受到政治、经济、文化等外部环境的影响，从而表现为不确定性，为了有规则地对会计信息进行记录，就需要对不确定性的经济活动做出一些基本规定或假定，而这些假定被称为基本假设。会计假定就是为了对不确定性的经济活动做出相应的假设，那又有哪些不确定性呢？下面我们来具体讲解。

会计基本假设是对会计核算工作所处时间、空间、环境等所做的合理假定，包含会计主体假定、持续经营假定、会计分期假定和货币计量假定。

会计主体假定（accounting entity postulate），是指假设会计所核算的是一个特定的企业或单位的交易或事项。简单来讲，开展会计工作的前提必须是明确会计主体是谁，才能确认各项交易或事项的范围。需要强调的是，会计主体不同于法律主体。如对于阿里巴巴集团而言，拥有很多子公司，为了反映企业集团的财务状况，就必须将阿里巴巴集团作为一个会计主体编制合并报表，而整个集团包括了很多法律主体，例如阿里云、虾米音乐等。

持续经营假定（goingconcern assumption），是指会计主体将会按照当前的规模和状态继续持续经营下去。例如某公司采购了一批电脑，这批电脑作为公司的固定资产，就必须假定该公司会持续经营下去，并且在生产经营过程中长期发挥作用，这样，该固定资产就可以根据历史成本进行记录，并且采用折旧的方法将历史成本分摊到各个会计期间或相关产品的成本中。

会计分期假定（accounting period），是指将企业持续经营的生产活动划分为一个连续的、长短相同的期间。在现实生活中，通常分为年度、半年度、季度和月度。而最常见的会计分期为一年，也被称为会计年度。在我国，会计年度自公历每年的1月1日起至12月31日止。

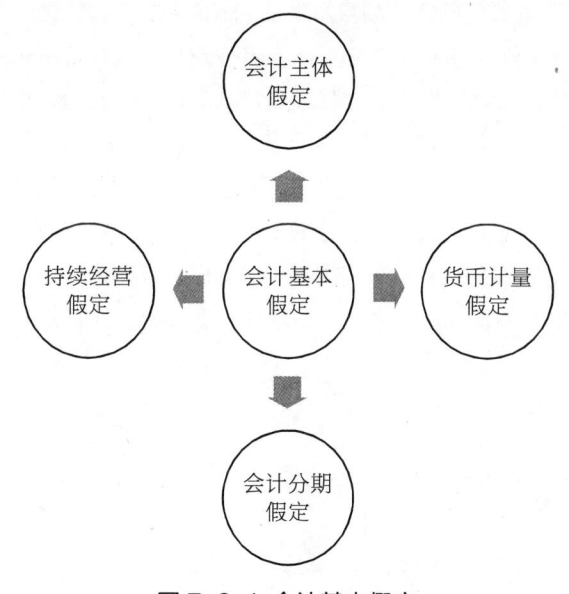

图 7-2-1 会计基本假定

> **知识小百科**
>
> **会计年度**
>
> 并不是所有的国家都采用每年的 1 月 1 日起至 12 月 31 日止作为企业的会计年度。如美国就是以公历每年 10 月 1 日起，到次年 9 月的 30 日为止为一个会计年度；香港向工商企业计征税款时，均以公历每年 4 月 1 日起，至次年 3 月 31 日止为一个结算年度，即香港征税会计核算年度为 4 月 1 日至次年 3 月 31 日。

货币计量假定（monetary measurement assumption），是指会计要以货币作为共同的计量尺度，并且假定货币本身的价值是稳定的。例如国内的企业进行设备采购时，其会计单位就不能是重量、长度、容积等，这些职能从侧面反映购买设备的属性，而应该用支付的货币数量，通常以人民币数量来进行会计计量。

7.2.2 六大会计要素

我们已经对会计记录的基本假定有了一定的认识，有了这些假定之后还不能有效地进行会计记录，我们还必须要对会计要素进行理解。会计要素就是对会计事项所确认的项目所做的归类。根据我国《企业会计准则》规定，会计要素分为资产、负债、所有者权益、收入、费用和利润六个方面。会计要素的分类实际上是会计项目确认的基础，而会计项目又是设置会计账户的依据，会计账户则是会计记录的主要工具。因此，可以将会计要素看作是构建财务报表的原始材料。例如资产负债表则反映的是资产、负债和所有者权益等三大静态会计要素的情况，而利润表或损益表则反映一个会计年度内收入、费用和利润等三大动态会计要素的情况。这些静态要素和动态要素共同构成了企业资金运动所形成的各种财务关系。

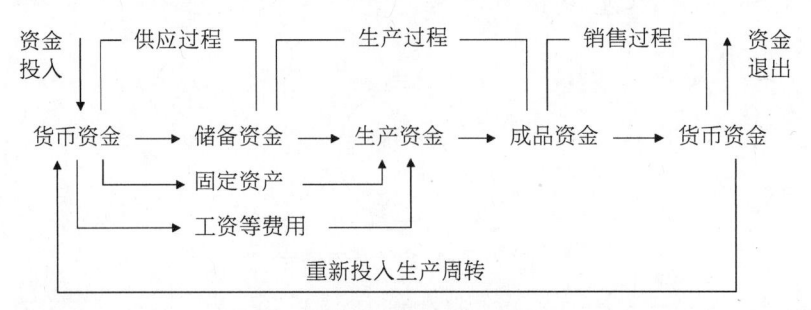

图 7-2-2 资金循环周转示意图

1. 资产（assets）

资产是指过去交易或事项形成，企业拥有或控制的资源，并且该资源预期能够给企业带来经济利益。资产的确定需要同时满足两个重要的条件：其一，与其有关的经济利益必须很可能流入企业。例如，企业购入一批粮食用于酿酒，在正常的情况下，企业可以用它酿制白酒，销售白酒后，它就可以给企业带来一定的经济利益。当我们没有足够的信息可以证明这批粮食已不能给企业带来经济利益时，就应该按照一般的情况，将它确认为资产。反之，当发现这批粮食已经霉烂，企业判断已无法带来预期的经济利益时，则表明这批粮食已经不符合资产的确认条件，企业应当对该项资产计提存货减值准备，减少资产的价值。其二，该资源的成本或者价值能够可靠地计量，企业取得的许多资产一般都是发生了实际成本的，例如企业购买或者生产的存货，企业购置的厂房或者设备等，对于这些资产，只要实际发生的购买或者生产成本能够可靠地进行计量，就应视为符合了资产的可计量性确认条件。判断资产是流动资产还是非流动资产，主要参考其变现的时间。在1年以内可以变现的资产，就是流动资产。在这里，公司或企业拥有的现金的流动性很强，因此是比较常见的流动资产。除此之外，企业的存货、短期投资、应收账款等都属于流动资产。对应的，非流动资产的变现能力较弱，一般厂房、生产设备等固定资产都属于非流动资产的范畴。

2. 负债（liabilities）

负债是指企业由过去的交易或事项形成的、预期能够导致经济利用流出企业的现时义务。负债的确定需要同时满足以下两个条件：其一，与该义务有关的经济利益很可能流出企业。例如，某公司对自己生产的电视机承诺5年内保修，技术人员依据以往的经验估计，约有5%的电视机将在5年的试用期内需要修理。由于此项承诺将带来企业未来经济利益的流出，就应当视为符合负债的确认条件。其二，未来流出的经济利益的金额能够可靠地计量。例如，甲公司向乙银行借款100万元，时间为1年，则意味着该公司1年后必须履行偿还100万元的义务，因此，该笔借款就算作公司的负债。与资产的分类相对应，负债可以按照偿还速度或偿还时间分为流动负债和长期负债，一般地，1年以内必须偿还的债务，就是流动负债。通常银行短期借款、应付利息、应付薪酬等都属于流动负债范畴，非流动负债主要是一些长期的银行借款、应付债券、长期应付款等。

3. 所有者权益（owners' equity）

所有者权益是指企业投资人对于企业净资产的所有权，是指企业资产扣除负债后由所有者享有的剩余权益，所有者权益也被称为股东权益。股东的投入资本，资本公积，留存收益都属于所有者权益范围。投入资本主要指企业注册资本范围内的实际投入资本，可以是货币形式，实物形式，以及无形资产投资等。

4. 收入（income）

收入是指企业在日常经营活动中形成的、会导致所有者权益增加但与所有者投入资本无关的经济利益的总流入。例如某汽车销售股份有限公司通过出售汽车10万辆，取得营业收入200万元，则该200万元可以看作该公司的主营业务收入。收入的确认除了应当符合定义外，至少应该同时符合下列条件：其一，与收入相关的经济利益很可能流入企业；其二，经济利益流入企业的结果会导致企业资产的增加或者负债的减少；其三，经济利益的流入额能够可靠的地计量。

5. 费用（cost）

费用是指企业在日常经营活动中发生的、会导致所有者权益减少的、与向所有者分配利润无关的经济利益的总流出。费用的确认至少应当符合以下条件：其一，与费用相关的经济利益应当很可能流出企业；其二，经济利益流出企业的结果会导致资产的减少或者负债的增加；其三，经济利益流出额能够可靠计量。例如，某汽车销售股份有限公司在销售10万辆汽车的过程中，前期会进行产品的广告投入，还会进行一些促销活动等，假如通过举办广告宣传以及销售活动发生支出50万元，因此这50万元就是该公司的费用。

6. 利润（profit）

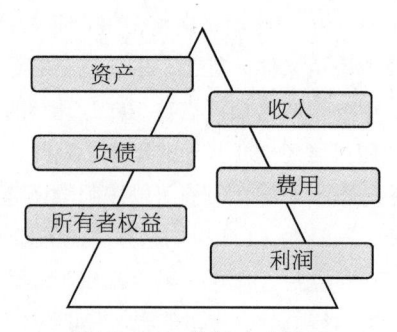

图 7-2-3 会计六大要素

> 会计六大要素就像会计学的"专用语言"，经济业务最终都会体现在不同会计要素的增减变动上。

利润是指企业在一定的会计期间的经营成果，包括收入减去费用后的净额与直接计入当期利润的利得和损失。利润的实现，会相应地表现为资产的增加或负债的减少，其结果是所有者权益的增值。例如某汽车销售股份有限公司在 2016 年度取得营业收入 50 亿元人民币，营业成本和销售费用等费用共 20 亿元人民币，在不考虑其他成本费用的情况下，可以简单认为该公司 2016 年度的营业利润为 30 亿元人民币。

7.2.3 一句话证明你学过会计

在会计行业，记账有时候像在求解一些数学题目，都是基于一些重要的会计准则以及会计原理进行，"资产等于负债加所有者权益"、"有借必有贷，借贷必相等"就像我们数学中三角函数恒等式、勾股定理一样，是我们进行会计记账的重要理论支撑。

1. 资产负债表平衡等式

公司开展经营活动，其资金主要来源于两个方面：一是投资人投入，二是借债。这些资金形成了企业的资产，其中来源于债权人的资金，形成了企业的负债；来源于投资人的资金，形成了企业的所有者权益。这种关系用公式表示就是：

$$资产=负债+所有者权益$$

也可以理解为，企业的资产来源于所有者的投入资本和债权人的借入资金，分别归属于所有者和债权人。以上公式反映了资产、负债、所有者权益之间的平衡关系，是资产负债表结构的精髓部分，是复式记账和编制会计报表的理论基础，也称作是第一会计恒等式。

例如，小李开办了一家餐馆，用于经营餐饮的资产包括桌子、椅子、餐具设备等共计 10 万元人民币，而这 10 万元人民币一部分来源于小李的自有资金 8 万元，剩下的 2 万元来自于向朋友的借款，而该借款约定了一年后偿还。因此资产负债平衡表达式可以表述为：

$$资产（100000 元）=负债（20000 元）+所有者权益（80000 元）$$

资产负债平衡等式反映了企业资金运动过程中某一特定时点上资产的分布与权益的构成，是资金运动的静态表现。

> 会计恒等式指导记录经济业务，同时也是检查记录正误的标准。

2. 利润表平衡等式

企业经营的首要目的是为了获取经济利益，取得收入或实现盈利，企业在取得收入的同时，必然会发生相应的支出与费用。企业的收入与费用配比就能够确定企业一定时期内的经营成果，也就是利润有多少，用相应的公式表述即为：

$$利润=收入-费用$$

例如，小李的餐馆在 2016 年实现营业收入 5 万元，相应的费用为 4 万元，则小李的餐馆在 2016 年的利润额：

$$收入（50000 元）-费用（40000 元）=利润（10000 元）$$

3. 综合会计恒等式

在会计期初，资金运动处于相对静止状态，企业既没有取得收入，也没有发生相应的支出或费用，因此会计等式就表现为：资产=负债+所有者权益。但是随着企业经营活动的展开，在一定的会计期间内，企业一方面会取得收入，就会使得资产增加或负债减少；另一方面会发生各种费用，就会使得资产的减少或负债的增加。因此在该会计期间内，会计等式就可以转化为：

资产=负债+所有者权益+（收入−费用）　或

资产=负债+所有者权益+利润

以上说明，资产、负债、所有者权益、收入、费用和利润这六大会计要素之间存在着一种恒等关系，它始终成立。任何经济业务的发生都不会破坏会计等式的平衡关系。会计对象具体内容之间的相互关系可以通过图7-2-4 表现出来。

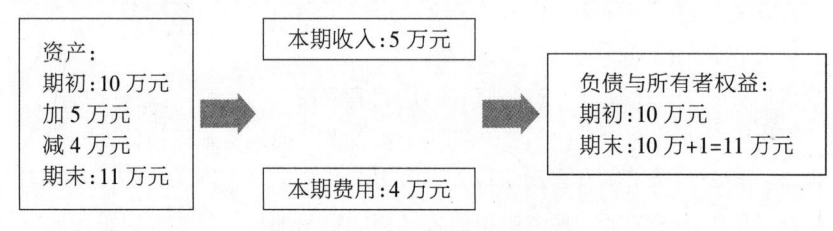

资产：
期初：10 万元
加 5 万元
减 4 万元
期末：11 万元

本期收入：5 万元

本期费用：4 万元

负债与所有者权益：
期初：10 万元
期末：10 万+1=11 万元

图 7-2-4　会计恒等式示意图

7.2.4　为什么要设置会计科目和会计账户

1. 会计科目（caption of account）

企业日常发生的经济业务活动十分频繁、复杂，与此同时，每发生一笔经济业务都会引起会计要素有关项目的增减变动，如企业购买一批原材料，会导致资产要素增加，同时会产生相应的费用。如果对这些会计要素内容变动情况进行直观记录，则反映的会计结果就会变得杂乱无章，因此就必须按照管理需要和会计要素的特点，设置会计科目并依照会计科目开立相应的账户，来进行相应的记录。简单来讲，会计科目就是对会计对象的具体内容进行分类核算的类目。这样就能准确反映会计要素的构成及变化情况，为投资者、债权人、企业管理者等提供会计信息。

在实际工作中，通常将会计科目分为两类，常见的会计科目如表7-2-1 所示。

一是按照会计科目所归属的会计要素进行分类，可以分为资产类、负债类、所有者权益类等。具体如下表所示：

表 7-2-1 常见会计科目表

编号	会计科目	编号	会计科目
一、资产类		2203	预收账款
1001	库存现金	2211	应付职工薪酬
1002	银行存款	2221	应交税费
1101	交易性金融资产	2232	应付股利
1121	应收票据	2241	其他应付款
1122	应收账款	2411	预提费用
1123	预付账款	2501	长期借款
1131	应收股利	2502	应付债券
1221	其他应收款	2701	长期应付款
1231	坏账准备	2801	预计负债
1401	材料采购	三、所有者权益类	
1402	在途物资	4001	实收资本
1403	原材料	4002	资本公积
1404	材料成本差异	4101	盈余公积
1405	库存商品	4103	本年利润
1411	周转材料	4104	利润分配
1471	存货跌价准备	四、成本类	
1481	待摊费用	5001	生产成本
1511	长期股权投资	5101	制造费用
1512	长期股权投资减值准备	五、损益类	
1601	固定资产	6001	主营业务收入
1602	累计折旧	6051	其他业务收入
1603	固定资产减值准备	6101	公允价值变动损益
1604	在建工程	6111	投资收益
1606	固定资产清理	6301	营业外收入
1701	无形资产	6401	主营业务成本
1702	累计摊销	6402	其他业务成本
1703	无形资产减值准备	6403	营业税金及附加
1801	长期待摊费用	6601	销售费用
1901	待处理财产损益	6602	管理费用
二、负债类		6603	财务费用
2001	短期借款	6701	资产减值损失
2201	应付票据	6711	营业外支出
2202	应付账款	6801	所得税费用

二是按照会计科目的隶属关系进行分类，通常分为总分类科目和明细类科目。总分类科目被称为一级科目，明细类科目被称为二级类科目。例如应收账款为一级科目，可以进一步分为应收账款——甲公司、应收账款——乙公司，分别表示为应收甲公司和乙公司的账款。

图 7-2-5 表示总分类和明细类科目的示意图：

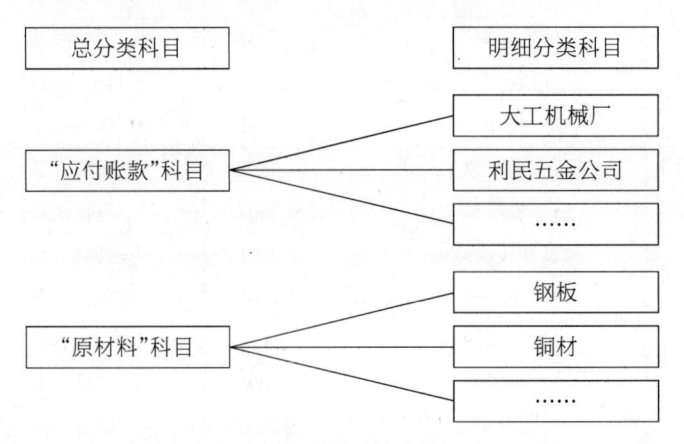

```
总分类科目                    明细分类科目

                              大工机械厂
"应付账款"科目                利民五金公司
                              ……

                              钢板
"原材料"科目                  铜材
                              ……
```

图 7-2-5 总分类科目和明细分类科目

2. 会计账户（accounts）

会计账户，就是根据会计科目设置的，具有一定结构，用于系统反映会计要素的增减变动情况及其结果的载体。同会计科目的分类相对应，账户也分为总分类账户和明细分类账户。根据会计科目的内容分类，账户可分为资产类账户、负债类账户、所有者权益类账户、收入类账户、费用类账户、利润类账户。为了全面、清晰地记录各项经济业务活动所引起的各个会计要素的增减变动情况及其结果，会计账户不但要有明确的核算内容，而且还必须有一定的结构，而这种结构就是账户的格式。账户的结构同时是由会计要素的数量变化情况所决定。前面我们已经知道，经济业务活动的发生会使得会计要素要么增加，要么减少，因此，会计账户的结构也相应地分为左方与右方，一方登记增加，一方登记减少。

对于资产类科目：
期末余额=期初余额+借方发生额−贷方发生额
对于负债类科目：
期末余额=期初余额−借方发生额+贷方发生额

7.2.5 会计记账"真理"——有借必有贷，借贷必相等

前面我们已经对会计科目与会计账户有了充分的认识，这里我们将介

绍复式记账法。我们知道记账方法就是根据一定的原理、记账符号，采用一定的计量单位，利用文字、数字将经济业务发生所引起的各项会计要素的增减变动记录在有关账户中。而复式记账法（double entry book-keeping）是会计记账方法中的一种，简单来讲，复式记账法是对每一笔经济业务发生时所引起的会计要素数量的增减变化都要以相等的金额在相互联系的账户中进行登记的一种记账方法。例如你向你的好朋友借了 100 元，你不仅要登记你的借款增加 100 元，还要登记你的现金增加 100 元。再如小李所开的餐馆用现金购买了原材料 500 元，在复式记账法下，一方面要在库存现金中登记减少额 500 元，另一方面还要在原材料账户中登记增加 500 元。

复式记账法最为出名的就是借贷记账法（debit credit bookkeeping），所谓借贷记账法，就是以会计平衡等式作为记账原理，以"借"、"贷"为记账符号，对每一笔经济业务都要在两个或两个以上相互联系的账户中以借贷相等的金额进行登记的一种方法。账户的性质和结构决定了增加额应该计入借方还是贷方。关于复式记账法，需要注意以下三点内容：

（1）以"借"和"贷"为记账符号。"借"、"贷"两个符号对会计等式两边的会计要素规定了相反的含义，"借"对会计等式左边的账户，即资产、费用类账户表示增加，对会计等式右边的账户，即负债、所有者权益、收入和利润类账户则表示减少；"贷"对会计等式左边的资产、费用类账户表示减少，对会计等式右边的负债、所有者权益、收入和利润类账户则表示增加。

（2）以"有借必有贷，借贷必相等"为记账规则。即经济业务的发生，一方面计入有关账户的借方，另一方面必须记入有关账户的贷方，而且所记借方的金额和贷方的金额必然相等。

（3）借贷记账法的试算平衡。在借贷记账法下，由于对每一项经济业务都要用借贷相等的金额来记录，因此，全部账户的借方发生额和全部账户的贷方发生额必然相等，从而全部账户的借方余额与贷方余额也必然相等。由此形成账户之间平衡关系，这种平衡关系可以表述为：

发生额平衡：

全部账户本期借方发生额合计=全部账户本期贷方发生额合计

余额试算平衡：

全部账户借方余额合计=全部账户贷方余额合计

由于余额有期初余额与期末余额之分，因此余额试算平衡也可以分写为：

全部账户期初借方余额合计=全部账户期初贷方合计

全部账户期末借方余额合计=全部账户期末贷方合计

案例分析

餐馆记账故事

小李的餐馆为了扩大经营规模，向中国工商银行借入3万元的短期借款，款项已经存入银行。该笔经济业务涉及"短期借款"和"银行存款"两个账户，它使银行存款增加了3万元，与此同时，也使短期借款增加了3万元，银行存款的增加属于资产的增加，应该计入"银行存款"账户的借方，短期借款的增加属于负债的增加，应该计入"短期借款"账户的贷方。

后来小李急需使用现金，但是店内现金不足，从银行提取现金1万元。该笔经济业务涉及"库存现金"和"银行存款"两个账户，它使银行存款减少了1万元，与此同时，也使库存现金增加了1万元，银行存款的减少属于资产的减少，应该计入"银行存款"账户的贷方，库存现金的增加属于资产的增加，应该计入"库存现金"账户的借方。

7.3 "账"怎么记

本节导读

通过前面会计基础知识的学习，会计的工作职能可以简单地概括为"记账、算账、报账"，然后通过账簿，为成本核算、财产清查和编制会计报表提供依据，实现其会计监督职能。聚焦于我们的基本经济生活，个人的"生活账"就需要我们具备一个比较好的会计基础。管理过班级财务或者是社团财务的同学，应该对记账并不陌生。每一笔开支，并不是单凭发生了支付和收入就认为是可以记入账簿的，而是需要结合这笔支付或者收入发生的相关证明材料来确定账务已经发生。更具体一点，就是需要某种凭证来证明，这笔支付和收入确定发生，并且已经入账。例如，当同学们以班级为单位，为公益活动募捐时，同学们都会将家中闲置物品拿出来进行公益售卖。假设出售闲置物品得到的收入会先存入班级银行账户，然后通过银行转账的方式募捐给当地的公益组织。这两个经济活动的记账原始凭证，分别就是存款时银行给到的存款回执单以及银行转账时的转账回执单，班长就应该按照这两张单子进行班级账务的收入和支出的记账登记，并保存着两张单子以备查账，这其实是个很简单的记账过程。本节内容将会给大家介绍会计核算方法以及记账过程中所需要搜集和制作的一些会计凭证，从而使同学们系统了解会计记账的基础以及记账的原理，了解当经济业务发生时，应该如何来确定对应的收入和费用是否应该计入本期。

本节目标

1. 了解会计核算方法
2. 了解会计凭证的特点
3. 了解会计账簿的特点
4. 掌握收入费用的确定方法

7.3.1 会计核算方法

所谓会计核算方法，有时候也被称为会计循环，是指会计主体将一定时期内发生的经济业务活动，按照一定的步骤和方法，对其进行记录、分类、汇总和编制会计报表的会计处理过程。总共包括六个步骤，分别是填制会计分录、过账、试算、调整、结账和编制报表，这六个步骤实际上就是会计记账的流程。

填制会计分录是指根据原始凭证填制记账凭证与书写会计分录。如小李向银行借款 3 万元，其会计分录即：

借：银行存款　　30000
　　贷：短期借款　　30000

如前面的例子，你向好朋友借了 100 元人民币，一方面你的短期借款增加，另一方面你的库存现金也增加，短期借款是属于负债，负债增加应记贷方，而库存现金属于资产，资产增加应记借方，所以会计分录为

借：库存现金　　100
　　贷：短期借款　　100

上述处理步骤在会计具体实践过程中是按照先后顺序进行的，是会计处理的基本程序，也可以称为会计核算的具体内容和方法。总而言之，对于发生的各项经济业务，首先是编制相应的会计凭证，同时对其凭证进行审核；其次是根据会计凭证，登记账簿并核对；最后是根据相应的会计账簿记录和编制会计报表和报告。如果某公司购买一批原材料并且支付了相应的货款，企业会计人员就要根据购买的单据和银行付款凭证等原始凭证来填制会计记录，并编制相应的会计记账凭证，然后根据记账凭证的内容登记账簿，最后根据会计账簿记录的内容来编制会计报表。

7.3.2 填制会计凭证

为了准确反映企业的基本经营活动所包含的信息，首先要填写会计凭证。所谓会计凭证，就是记录会计主体经济业务活动发生和完成情况、明确相应的经济责任的书面证明，同时也是登记账簿的重要依据。填制会计凭证是会计核算的一种专门方法，同时也是会计核算工作的起点与基础，是对所发生的经济业务活动的初步反映。

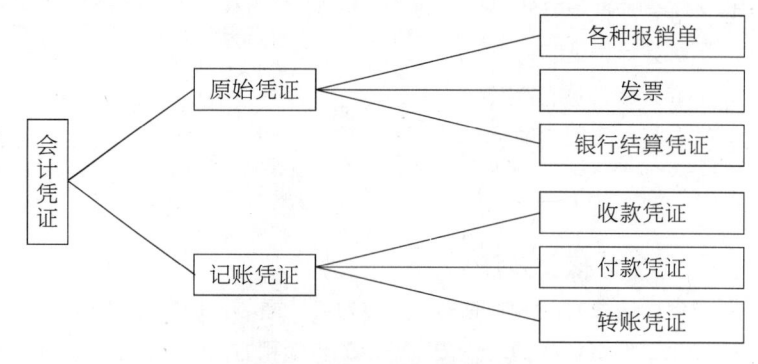

```
                    ┌─ 各种报销单
          ┌─ 原始凭证 ─┼─ 发票
会计凭证 ─┤            └─ 银行结算凭证
          │            ┌─ 收款凭证
          └─ 记账凭证 ─┼─ 付款凭证
                       └─ 转账凭证
```

图 7-3-1 会计凭证的分类

在实际会计工作中的会计凭证种类繁多，格式多样，按照其填制程序与用途的不同可以分为原始凭证（source document）和记账凭证（accounting voucher）。

原始凭证是在经济业务活动发生时或完成时所取得或填制的。如果你从京东网上购买了一本书，里面的发票就可以算作会计凭证。在实际工作中，我们按是否来源于本会计主体或本单位可以进一步分为自制原始凭证和外来原始凭证。例如刚才的发票就是外来原始凭证，而该发票对京东来讲，就是自制原始凭证。

记账凭证又被称为分录凭证或记账凭单，是根据审核无误的原始凭证填制的，根据经济业务的不同，按照登记账簿的要求，确定账户名称、记账方向和金额，是对经济业务活动的进一步反映。我们一般根据经济业务的不同，将记账凭证分为专用记账凭证和通用记账凭证。专用记账凭证又可进一步分为收款凭证、付款凭证和转账凭证。例如，甲企业收到一笔款项，那么就必须将该笔记录记载于收款凭证上，同理，如果企业付出一笔款项，则需要将该笔记录记载在付款凭证上，而通用记账凭证用于记录比较简单的经济业务活动，也被称为简单记账凭证。

> 会计凭证是会计记账的依据，经济业务的发生，都是以凭证作为依据。

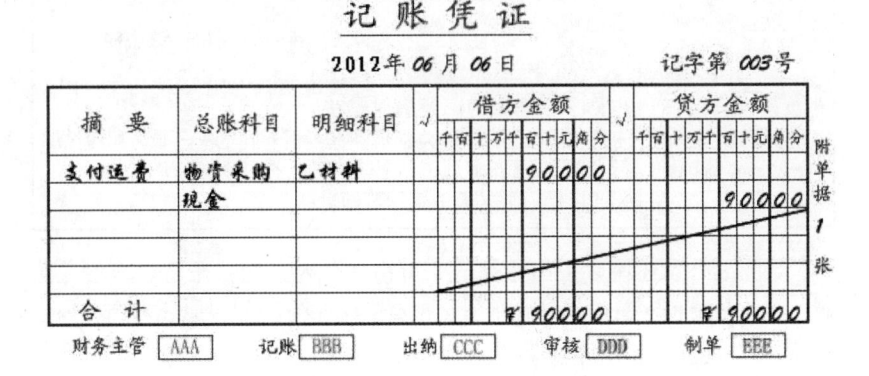

图 7-3-2 记账凭证示意图

7.3.3 制作会计账簿

对各项经济业务编制记账凭证以后，需要根据记账凭证上的会计分录将其登记到相应的有关账户，即被称为制作会计账簿（accounting books）。会计账簿简称账簿，是由具有一定格式、相互联系的账页所组成，用来时序、分类地全面记录一个企业、单位经济业务事项的会计簿籍。会计账簿一般具有以下基本内容：

一是封面要标明单位、账簿名称以及会计年度。

二是扉页一般用于记载账簿的启用日期、截止日期等内容。

三是账页，也即账簿的主体，一本账簿大概由几十到几百个账页连结而成，就像一本书或者一个笔记本一样。与此同时，每个账页都是统一、

· 193 ·

事先印制好的格式,用来记录各项经济业务活动。

尽管不同的账簿格式有差异,但基本上都包括账户名称、日期栏、凭证种类和编号栏、摘要栏、金额栏以及总页数。就如同我们的数学作业本一样,封面都有姓名、学号等标签。

实际工作中,会计账簿很多,其形式、种类、用途、内容和登记方法也各不相同。按用途不同,可以分为序时账簿、分类账簿、联合账簿和备查账簿。

表 7-3-1　会计账簿按用途分类

名称	含义	举例
序时账簿（book of chronological entry）	也被称为日记账,就是按照某一类经济业务活动完成时间的先后顺序进行登记的账簿。	银行存款日记账和库存现金日记账,即反映银行存款与库存现金的流水记录。
分类账簿（ledger）	对各项经济业务活动按照账户名称的不同进行分类登记的账簿。	应收账款账簿,反映应收账款的账簿;长期借款账簿,反映长期借款的账簿。
联合账簿（compound book）	日记账和分类账相结合在一起的账簿。	库存现金日记总账簿。
备查账簿（reference books）	也称为辅助账簿,是指对某些未能在日记账和分类账簿中进行登记的经济事项进行补充登记、以便日后抽查的辅助账簿。	租入固定资产账簿和受托加工材料登记账簿。

除此之外,还可以按照账簿的账页格式分为三栏式账簿、多栏式账簿、数量金额式账簿和平行式账簿。也有的按账簿的外表形式不同分为订本式账簿、活页式账簿和卡片式账簿。

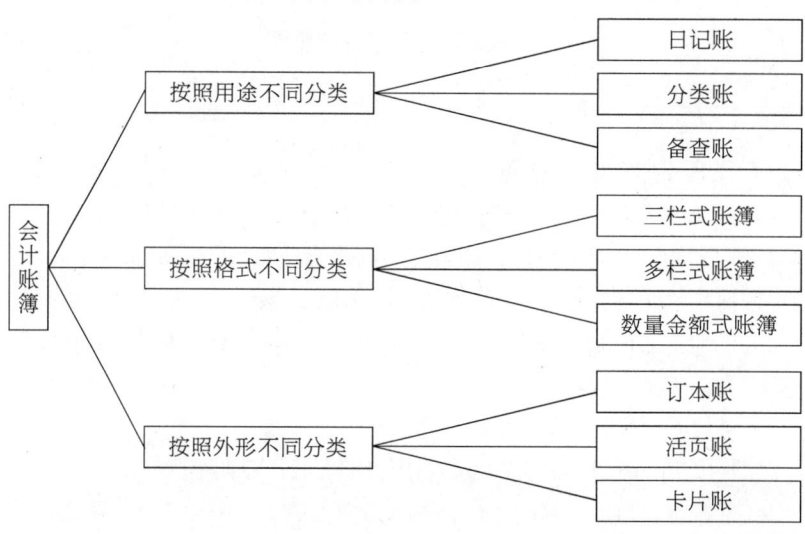

```
                          ┌─ 日记账
         ┌─ 按照用途不同分类 ─┼─ 分类账
         │                └─ 备查账
         │
会        │                ┌─ 三栏式账簿
计   ─────┼─ 按照格式不同分类 ─┼─ 多栏式账簿
账        │                └─ 数量金额式账簿
簿        │
         │                ┌─ 订本账
         └─ 按照外形不同分类 ─┼─ 活页账
                          └─ 卡片账
```

图 7-3-3　会计账簿分类

银行存款日记账

11

2002年 月	日	凭证 字	号	摘要	对方科目	借方金额（百十万千百十元角分）	贷方金额（百十万千百十元角分）	余额（百十万千百十元角分）	✓
6	1			期初余额				23400000	
	2		2	付A材料货款与增值税	1201物资采购		12000000	11400000	
					2171应交税金		2040000	9360000	
	5		4	缴纳上月应交税金	2171应交税金		5200000	4160000	
	6		6	支付A、B材料运费	1201物资采购		150000	4010000	
				与增税	2171应交税金		6500	4003500	
	9		7	购入不需安装的设备	1501固定资产		2000000	2003500	
	11		8	收到甲产品货款	5101主营业务收入	24500000		26503500	
					2171应交税金	4165000		30668500	
	13		11	支付技工学校经费	5601营业外支出		300000	30368500	
	14		12	支付B材料部分货款	1201物资采购		14400000	15968500	
	15		14	提现，备发工资	1001现金		14000000	1968500	
	16		16	收到国家拨入资金	3101实收资本	40000000		41968500	
	16		17	归还前欠宏伟厂货款	2121应付帐款		15372000	26641500	
	16			转下页				26641500	

图 7-3-4 银行存款日记账示意图

7.3.4 收入和费用的确定标准：权责发生制和收付实现制

企业的生产经营活动在时间上是连续的，而会计期间是人为划分的，所以难免有一部分收入和费用出现收支期间和应属期间不一致的情况。于是在处理这类经济业务时，应正确选择合适的会计处理方法基础，可供选择的会计处理基础包括收付实现制和权责发生制两种。

1. 收付实现制（accounting on the cash basis）

也称为现收现付制，是不同于企业利润表“权责发生制”的另一种核算方法，是以现金的收支来确定收入和费用，不同于权责发生制是以责任或权利的发生来确定收入和支出，它是以款项实际收到或付出作为确定本期收入和费用的标准，凡是本期实际收到的款项，不论其是否属于本期实现的收入，都作为本期的收入进行处理；同样的，凡是本期付出的款项，不论是否属于其本期的费用，都作为本期的费用处理。

例如，企业于 7 月 10 日销售商品一批，8 月 10 日收到货款，存入银行。这笔销售收入虽然属于 7 月份实现的收入，但由于是在 8 月份收到的款项，按照收付实现制的处理标准，应将其作为 8 月份的收入入账。

2. 权责发生制（accounting on the accrual basis）

也称为应收应付制，是指一切要素的时间确认，特别是收入和费用的时间确认，均以权利已经形成或义务已经发生为标准。在权责发生制下，凡是属于本期实现的收入和发生的费用，不论款项是否实际收到或实际付出，都应作为本期的收入和费用入账；凡是不属于本期的收入和费用，即使款项在本期收到或付出，也不作为本期的收入和费用处理。

例如，某汽车有限责任公司2016年度花费50万元购买原材料，产生了30万元的制造费用和40万元的其他税费，其销售的车被客户以200万元的价格买走，但是客户并没有支付款项而是先欠着。这样一来，该公司就会记录200-50-30-20=80万元的营业利润，同时按照25%的所得税率，应向税务局缴纳80*25%=20万元的所得税，然后就会在会计报表上记录60万元的净利润。采用权责发生制必须考虑预收、预付和应收、应付，使得会计核算比较复杂，但反映本期的收入和费用比较合理、真实，所以适用于企业。我国的企业以权责发生制为基础进行会计确认、计量和报告。

7.4 公司运营"成绩单"——财务报告

本节导读

成绩单可以比较客观地反映出同学们在该学期学习情况，也可以通过总分或者平均分来了解我们大概的一个总体排名以及各学科的具体学习表现，每个公司的财务报告，有类似于"成绩单"的功能，而各项成绩可以直接从各财务报表中找到答案。公司管理层会通过公司每季度，每一年的财务报告来总结公司在财务年度里面的经营情况，也会通过财务报表里面的原始数据计算出对应的财务指标，来进行相应的经营管理决策。对于投资者而言，会通过财务报表中的数据或者是综合财务指标来进行投资决策。股神巴菲特在谈及自己选股经验时也提到投资前一定要仔细阅读其财务报表，所以我们通常会把财务报告看作是公司经营的"成绩单"，最终为我们的经营者和投资者所服务。本节将重点介绍财务报告中的几张重要的财务报表：资产负债表，利润表，现金流量表以及所有者权益变动表，通过对几种财务报表的认识，能够简单地进行财务分析，训练大家读懂财务报表的基础能力。

本节目标

1. 了解财务会计报告的概念
2. 了解资产负债表的含义以及编制方法
3. 了解利润表的含义以及编制方法
4. 了解现金流量表的含义以及编制方法
5. 了解所有者权益变动表的含义以及编制方法

7.4.1 财务会计报告的定义及种类

1. 财务会计报告的概念

财务会计报告（financial and accounting book），是反映企业在某一特定日期的财务状况和某一会计期间的经营成果、现金流量的书面文件，是财务会计部门提供财务会计信息资料的一种重要手段，是企业经营的"成绩单"，也可以理解为是企业对外的门面和形象，所以财务报告的编制是财务会计工作中一项非常重要的内容。

2. 财务会计报表的作用

财务报表也称为会计报表，是财务报告中极其重要的组成部分，能够使得会计主体的管理层对公司的生产经营情况有一个清晰的认识与掌握，尤其是单位经济活动、财务收支和财务成果方面的信息，以便管理层在分析本企业经济活动的优势和存在的问题，进而正确地进行经营理财决策和提高企业的经济效益。不仅如此，投资者、债权人和潜在的投资者能够使用财务报表对不同企业的经营业绩、财务实力进行比较分析，从而做出有利于自身利益的投资，进而使得社会经济资源能够流向高收益的行业或企业，以达到社会资源的最优配置。除此之外，财务会计报表也是进行国民经济核算的重要基础资料，其可以为编制宏观经济计划提供相应的依据，也便于了解和掌握国民经济的发展速度。就好比期末考试一样，可以对每个同学的学习情况有一个基本的掌握，还可以通过期末考试来选拔优秀的学生，并给予相应的奖励。

3. 财务会计报告种类

根据财务报告编制时间的不同，将企业财务会计报告分为年度、半年度、季度和月度财务会计报告，就如同期末考试，平时考试一样。年度财务会计报告，是指在每个会计年度终了对外提供的财务会计报告；半年度财务会计报告，是指在每半个会计年度结束后对外提供的财务会计报告；季度和月度财务会计报告则是在季度和月度结束后对外提供的财务会计报告。而半年度、季度和月度等财务报告又被称为中期财务报告。

财务会计报告
- 编制时间不同
  - 年度财务报告
  - 中期财务报告
- 编制内容不同
  - 静态财务报告
  - 动态财务报告
- 编制主体不同
  - 合并财务报告
  - 个别财务报告
- 服务对象不同
  - 内部财务报告
  - 外部财务报告
- 编制性质不同
  - 企业财务报告
  - 事业财务报告

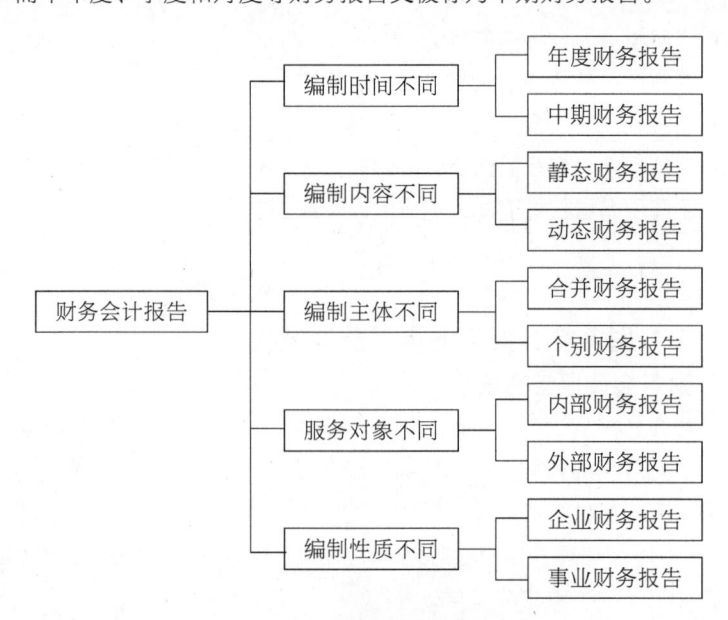

图 7-4-1 财务会计报告分类

除此之外，根据财务报告编制内容的不同，分为静态报表和动态报表。静态报表是反映会计主体在某一特定时期资产、负债和所有者权益状况的报表，是存量概念，如资产负债表。动态报表是综合反映企业一定时期的经营情况或现金流动情况的报表，是流量概念，如利润表或现金流量表。

还可以根据财务报告编制主体不同，可以分为合并财务报表和个别财务报表。合并财务报表，是由企业集团中对其他单位拥有控制权的母公司编制的综合反映企业集团整体财务状况、经营成果及现金流量的情况，也即不仅包括母公司的财务情况，还包括所属子公司或分支机构的情况。个别财务报表，是由会计主体编制的单独反映本企业自身的经营成果、财务状况及现金流量的报告。例如，中国平安集团编制的合并报表就是包含了中国平安保险、平安银行、平安证券等控股公司的财务信息，而中国平安保险编制的个别财务报告只反映了中国平安保险公司的财务信息。

根据财务报告服务对象的不同，可以分为内部报表和外部报表。内部报表则是会计主体企业为了经营管理的需要而编制的不对外公布的会计报表。外部报表则是企业对外提供的会计报表，主要的使用者包括投资者、债权人、政府部门和社会公众等有关方面。生活中，我们常见的都是外部报表，每年上市公司都会公布公司当年的财务报告。

根据编制单位的性质不同，可以分为企业会计报表和事业会计报表。企业会计报表包括资产负债表、利润表、现金流量表及所有者权益变动表。事业会计报表是事业单位编制的包括资金活动情况表、经费支出明细表、拨入经费增减情况表等。一般常见的是企业财务会计报告。

7.4.2 资产负债表
1. 资产负债表的概念

资产负债表（the balance sheet），是反映企业在某一特定日期内的财务状况的会计报表，例如，在2016年12月31日全部资产、负债和所有者权益情况的会计报表。资产负债表是根据资产、负债、所有者权益之间的相互关系，按照一定的分录标准和一定的顺序，对企业特定日期的资产、负债和所有者权益中各个项目进行适当排列而编制形成的。资产负债表反映了在某个特定时期，企业所拥有或控制的资源及其构成、所承担的债务责任及其构成和投资者所拥有的权益，反映企业的财务状况。假如你某一天身上带了500元人民币，向同学借了100元人民币，那么你资产总额就是600元人民币，负债100元人民币，净资产为500元人民币，这实际上就是资产负债表所反映的信息。

2. 资产负债表的内容和结构

实际生活中，资产负债表的格式分为账户式和报告式两种。账户式资产负债表分为左右两方，左方为资产，表明企业所拥有或控制的资源；右方为负债和所有者权益，表明企业资产来源的情况。同时，左方资产项目按照流动性大小分为流动资产和非流动资产，如库存现金与银行存款等由于变现能力很强，我们就把这一类归为流动资产，而像固定资产、在建工程等由于变现能力很弱，就把这一类归为非流动资产，同样的，右方负债及所有者权益项目按求偿权先后顺序进行排列。如短期借款、应付票据等需要在一年或一年内偿还的负债排在前面，而长期借款、长期应付款等需要在一年以上才偿还的负债排在后面。而所有者权益则是按照永久性程度的高低顺序排列。永久性程度高的排在前面，永久性程度低的排在后面。与账户式资产负债表不同，报告式资产负债表则是将资产、负债和所有者权益各项目垂直排列，先排资产，接下来是负债，最后是所有者权益。

3. 资产负债表的编制方法

根据我国《会计法》的规定，资产负债表应当提供期初、期末余额。简单来讲，就是需要提供上期末的成绩和这一学期的期末成绩。因此，编制资产负债表也就是要填写资产、负债和所有者权益等各个具体项目的期初和期末余额。

（1）各项目期初数的填列

对于年度的资产负债表而言，资产负债表中"年初数"栏的填写，应该根据上年末资产负债表"期末数"栏内数字进行填写。这个很容易理解，就是直接抄写上年度的数据。

（2）各项目期末数的填列

资产负债表"期末数"栏的填列应根据会计账簿填列。其中，大多数项目是直接根据账户余额填列，少数项目需要通过账户余额进行分析和计算后填列。对于交易性金融资产，其他应收款、短期借款等项目就可以直接根据相应的分类账户的余额填列。如会计账簿中交易性金融资产期末账户余额为20万元，则直接在资产负债表中的交易性金融资产账户上填写20万元即可。而资产负债表中的某些项目则需要根据若干个科目期末余额进行计算填列，如货币资金项目，需要根据"库存现金"、"银行存款"、"其他货币资金"总分类账户期末余额相加进行填列。还有的是根据账户余额减去备抵项目后的净额进行填列，如无形资产项目，就需要按照"无形资产"的期末余额减去"无形资产减值准备"期末余额后的净额填列。例如，期末"固定资产"科目余额为100万元，"累计折旧"科目余额为20万元，则资产负债表中固定资产期末余额项目应填列80万元。

表 7-4-1 资产负债表

编制单位：　　　　　　　　　　20××年××月××日　　　　单位：元

资　产	期末余额	年初余额	负债和所有者权益（或股东权益）	期末余额	年初余额
流动资产：			**流动负债：**		
货币资金			短期借款		
交易性金融资产			交易性金融负债		
应收票据			应付票据		
应收账款			应付账款		
预付款项			预收款项		
应收利息			应付职工薪酬		
应收股利			应交税费		
其他应收款			应付利息		
存货			应付股利		
一年内到期的非流动资产			其他应付款		
其他流动资产			一年内到期的非流动负债		
流动资产合计			其他流动负债		
非流动资产：			**流动负债合计**		
可供出售金融资产			**非流动负债：**		
持有到期投资			长期借款		
长期应收款			应付债券		
长期股权投资			长期应付款		
投资性房地产			专项应付款		
固定资产			预计负债		
在建工程			递延所得税负债		
工程物资			其他非流动负债		
固定资产清理			**非流动负债合计**		
生产性生物资产			**负债合计**		
油气资产			**所有者权益(或股东权益)：**		
无形资产			实收资本(或股本)		
开发支出			资本公积		
商誉			减:库存股		
长期待摊费用			盈余公积		
递延所得税资产			未分配利润		
其他非流动资产			**所有者权益（或股东权益）合计**		
非流动资产合计					
资产总计			**负债和所有者权益（或股东权益）总计**		

7.4.3 利润表——企业损益晴雨表

1. 利润表的概念

利润表（income statement），又被称为损益表，是反映企业会计主体在一定时期内，如年度、半年度、季度、月度内经营成果。利润表将一个会计期间内的营业收入与同一会计期间的营业成本进行配比，以此计算得出该会计主体在该会计期间内的净利润。

利润表反映了企业在一定时期内的收入、费用等情况，是企业基本经济活动的过程和结果，既包括来自生产经营方面实现的各项收入与耗费的各项成本和费用，也包括在该期间内发生的各项营业外收支。

利润表也是最受资本市场追捧的表，上市公司在发布年度财务报告时，都会单独发布一份"年度报告摘要"，其中的大部分数据都来自利润表。除此之外，年度财务报告里也会单列一节内容"会计数据及财务指标摘要"，这里面的大部分数据也来自利润表。这也很容易理解，就好比期末考试的分数一样，分数越高，就说明该学生学习越好。

2. 利润表的格式和内容

利润表的格式主要分为多步式和单步式两种。

多步式利润表根据企业利润的构成内容分层次分步骤地计算和编制，其基本步骤如下：

(1)计算营业利润

营业利润=营业收入−营业成本−税金及附加−销售费用−管理费用−财务费用−资产减值损失+公允价值变动收益+投资收益

其中，营业收入=主营业务收入+其他业务收入

营业成本=主营业务成本+其他业务成本

(2)计算利润总额

利润总额=营业利润+营业外收入−营业外支出

(3)计算净利润

净利润=利润总额−所得税费用

单步式利润表则是当期收入总额相加，然后将所有费用总额相加，用收入合计减去费用合计从而得出本期收益。目前我国采用的是多步式利润表。利润表分为上期金额和本期金额两栏。上期金额是指上一个会计期间的实际发生数，而本期金额是指各项目本期的实际发生额。

3. 利润表的编制方法

利润表的编制是以各个账户的发生额为依据进行编制的，然而并不是

所有账户的发生额都与利润有关，只有损益类，主要是收入类和成本费用类所登记的内容才会被填在利润表中。对于年度利润表来讲，利润表中"本年金额"栏目反映各项目在本会计年度的实际发生数，其中的"营业收入"、"税金及附加"、"管理费用"、"财务费用"、"销售费用"等项目，分别根据相应的总分类账户的本期发生额进行填列。而像"营业利润"、"利润总额"和"净利润"等项目则需要按上面的计算方法来计算后填写。例如，张三开了一家餐饮店，主要经营日本料理，一个月的营业收入就是这家店总的销售收入，营业成本就是这家店相应的原材料成本和生产制作成本，而管理费用主要是这家店的租金，销售费用就是这家店所发生的广告支出等，财务费用主要是向银行借款所支付的利息等。

表 7-4-2 利润表

编制单位： 　　　　　　　20××年××月××日　　　　单位：元

项　目	本期金额	上期金额
一、营业收入		
减：营业成本		
营业税金及附加		
销售费用		
管理费用		
财务费用		
资产减值准备		
加：公允价值变动收益（亏损以"-"填列）		
投资收益（亏损以"-"填列）		
其中：对联营企业和合营企业的投资收益		
二、营业利润		
加：营业外收入		
减：营业外支出		
其中：非流动资产处置损失		
三、利润总额		
减：所得税费用		
四、净利润（净亏损以"-"填列）		
五、每股收益		
（一）基本每股收益		
（二）稀释每股收益		
六、综合收益		

7.4.4 现金流量表——企业的"血液循环"

1. 现金流量表的概念

现金流量表（statement of cash flows）是以收付实现制为基础所编写的财务报表，反映企业在一定会计期间内现金和现金等价物流入和流出的报表。现金是指企业随时可用于支付的存款和库存现金，现金等价物一般是指3个月内即能转换为已知金额、同时价值变动很小的投资。例如，某汽车股份有限公司向乙银行购买的3个月内即可到期的短期债券或理财产品，这可以算作该汽车股份有限公司的现金等价物。现金流量表是以企业在会计期间内现金的收支情况为对象，按照经营活动、投资活动和筹资活动三个方面来展示企业现金流量的信息。

现金流量表能够对企业的支付能力、偿债能力以及外部资金需求能力进行可靠判断，有助于信息使用者更好地掌握企业的经营业务活动情况。

2. 现金流量表的结构

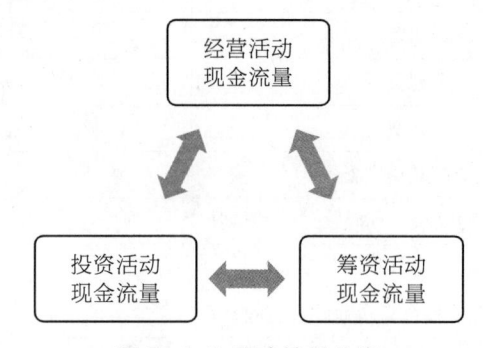

图 7-4-2 现金流量分类

现金流量就是指现金的流入与流出，现金流量表主要反映现金项目与非现金项目之间的增减变动情况以及对现金流量净额的影响，如企业将库存现金存入银行，由于是现金与现金等价物之间的转变，就不属于现金流量。为了便于理解和分析企业的现金流量变动情况，其结构包括基本报表和补充资料，基本报表将企业现金流量分为与经营活动相关的现金流量、与投资活动相关的现金流量、与筹资活动相关的现金流量。

与经营活动相关的现金流量主要包括销售商品、提供劳务、支付工资等与企业的基本经营业务活动相关的现金情况。

与投资活动相关的现金流量主要包括处置固定资产、无形资产、收回投资等与投资活动相关的现金情况。

与筹资活动相关的现金流量主要包括吸收投资、发行债券、向银行借款等与筹资活动相关的现金情况。

补充资料则包括三个方面，一是按照间接法编制的经营活动的现金流量，二是不涉及现金收支的投资和筹资活动，三是现金及现金等价物增加或减少的情况。

3. 现金流量表的编制方法

现金流量表的编制方法主要分为直接法和间接法两种。

直接法是直接根据企业相关账户的会计分录分析填列来反映企业经营活动的现金流量变动情况。

间接法是根据利润表中的净利润，调整经营活动现金流量，将权责发生制改为收付实现制，进而得出现金流量表中各经济业务活动现金流量变动的情况。

表 7-4-3 现金流量表

编制单位： 　　　　　　20××年××月××日　　　单位：元

项　目	本期金额	上期金额
一、经营活动产生的现金流量：		
销售商品、提供劳务收到的现金		
收到的税费返还		
收到的其他与经营活动有关的现金		
经营活动现金流入小计		
购买商品、接受劳务支付的现金		
支付给职工以及为职工支付的现金		
支付的各项税费		
支付的其他与经营活动有关的现金		
经营活动现金流出小计		
经营活动产生的现金流量净额		
二、投资活动产生的现金流量：		
收回投资所收到的现金		
取得投资收益所收到的现金		
处置固定资产、无形资产和其他长期资产收回的现金净额		
收到的其他与投资活动有关的现金		
投资活动现金流入小计		
购建固定资产、无形资产和其他长期资产所支付的现金		

(续表)

项　目	本期金额	上期金额
投资所支付的现金		
支付与其他与投资活动有关的现金		
投资活动现金流出小计		
投资活动产生的现金流量净额		
三、筹资活动产生的现金流量		
吸收投资所收到的现金		
借款所收到的现金		
收到的其他与筹资活动有关的现金		
筹资活动现金流入小计		
偿还债务所支付的现金		
分配股利、利润或偿付利息所支付的现金		
支付的其他与筹资活动有关的现金		
筹资活动现金流出小计		
筹资活动产生的现金流量净额		
四、汇率变动对现金的影响		
五、现金及现金等价物净增加额		
加：期初现金及现金等价物余额		
六、期末现金及现金等价物余额		

7.4.5 所有者权益（或股东权益）变动表——谁动了企业的奶酪

1. 所有者权益变动表的概念

所有者权益变动表（statement of stockholders equity）也被称为股东权益变动表，是反映企业的所有者权益的各组成部分及其当期增减变动情况的报表，具体而言，就是反映企业各项经营活动中交易或其他事项导致的所有者权益的增减变动以及所有者权益组成部分增减变动的信息。

2. 所有者权益变动表的结构

所有者权益变动表是由净利润、直接计入所有者权益的利得和损失、所有者投入和减少资本、利润分配以及所有者权益内部结转等四大部分构成。

3. 所有者权益变动表的填列

所有者权益变动表中的各项目主要包括"本年金额"和"上年金额"两大部分，其中"上年金额"应当根据企业上年本表的"本年金额"填列。

所有者权益变动表中各大项目的计算方法如下：

本年年初金额=本项目上年年末余额+会计政策变更和前期差错调整

本年年末余额=本年年初余额+本年增加金额

本年增加金额=净利润+直接计入所有者权益的利得和损失+所有者投入资本+利润分配以及所有者权益内部结转

表 7-4-4 所有者权益变动表

编制单位：　　　　　　　　　　20××年××月××日　　　单位：元

项　目	本年金额						上年金额					
	实收资本（或股本）	资本公积	减：库存股	盈余公积	未分配利润	所有者权益合计	实收资本（或股本）	资本公积	减：库存股	盈余公积	未分配利润	所有者权益合计
一、上年年末余额												
加：会计政策变更												
前期差错更正												
二、本年年初余额												
三、本年增减变动金额（减少以"-"号填列）												
（一）净利润												
（二）直接计入所有者权益的利得和损失												
1. 可供出售金融资产公允价值变动净额												
2. 权益法下被投资单位其他所有者权益变动的影响												
3. 与计入所有者权益项目相关的所得税影响												

(续表)

项 目	本年金额					上年金额				
	实收资本（或股本）	资本公积	减：库存股	盈余公积	未分配利润	所有者权益合计	实收资本（或股本）	资本公积	减：库存股	盈余公积	未分配利润	所有者权益合计
4.其他										
上述（一）和（二）小计										
（三）所有者投入和减少资本										
1.所有者投入资本										
2.股份支付计入所有者权益的金额										
3.其他										
（四）利润分配										
1.提取盈余公积										
2.对所有者（或股东）的分配										
3.其他										
（五）所有者权益内部结转										
1.资本公积转增资本（或股本）										
2.盈余公积转增资本（或股本）										
3.盈余公积弥补亏损										
4.其他										
四、本年年末余额										

7.5 本章小结

"会计"二字的繁体写作"會計"。會，合也，从亼、从曾。亼，同"集"，三合之形，集合多方面事务的意思。曾，增益、增多、增加之意。"亼"加上"曾"为"會"，集合、汇总的意思。计，从言、从十。言，所谓直言，诚实无欺。十是数字，是数字的加总。"言"加上"十"为"計"，正确无误地计算、汇总之意。从"會計"的说文解字可以看出，为算数、合计之意。会计的两大职能中"记账、算账、报账"是三个主要环节，重点突出了会计中的"算数"之意；而"合计"则主要体现在会计在实现其职能过程中的一些基本原理，在时间和空间上的基础假设以及会计记账的基础，主要凸显了会计最终的结果，如果说"记账"是会计的过程，那么"财务报告"可以认为是会计的结果。

会计要素主要划定为资产、负债、所有者权益、收入、费用和利润等六大会计要素。也可以划分为两大类，即反映财务状况的会计要素——资产、负债和所有者权益；反映经营成果的会计要素——收入、费用以及利润。认识了六大会计要素，在经济业务发生时，就能更准确地判断该笔经济业务的记账依据是什么，并可以按照"资产=负债+所有者权益"的标准来准确地进行复式记账。

资产负债表、利润表、现金流量表、所有者权益变动表共同组成了公司经营的"成绩单"——财务报告。以上报表中，又分为了静态报表和动态报表，其中资产负债表属于动态报表，反映了企业在某一特定日期财务状况的报表，可以反映出企业的资产总额及结构、负债总额及结构、所有者权益情况，被称为是"第一财务报表"。利润表、现金流量表都属于动态报表。利润表犹如"公司利润晴雨表"，可反映出公司在会计期间的收入、费用、利润或者亏损情况，直接反映出企业的经营成果，可以通过利润表分析出企业的盈利能力以及增长趋势，是进行经济决策的重要依据。现金流量表，一定程度上反映了企业资金的流动情况，是流动性很强的现金以及现金等价物流入与流出的信息记录，犹如"血液循环"，反映了资金在企业运作过程中经营活动、投资活动、筹资活动所产生的现金流量。在评价企业经营业绩，衡量企业财务资源和财务风险以及预测未来发展前景方面，有着十分重要的作用。所有者权益变动表是反映企业年末所有者权益增减变动情况的报表，可以了解企业某一会计年度内实收资本、实收股本、资本公积、盈余公积和未分配利润的增减以及余额情况。

本章的内容较为理论化，重要的是理解每一笔经济业务的实质，根据会计原理理论来记录相应的经济活动。为了使大家更好地掌握好本章的重点知识，下面对本章的主要知识点进行梳理与整理。

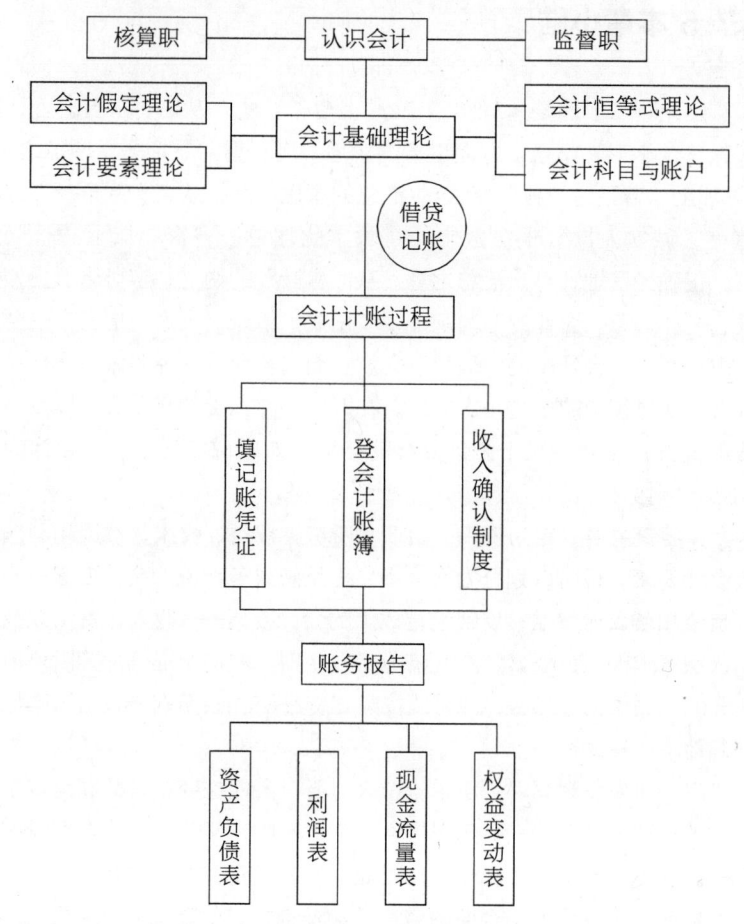

图 7-4-3 会计学内容框架

第八章 财务管理

8.1 财务管理入门

本节导读

会计学知识中，将公司的现金流量表看作公司经营情况的"晴雨表"，动态记录了公司的资金收支情况。作为公司的财务工作人员，日常的工作内容就是处理公司业务所涉及的各项资金的管理工作，主要包括两个方面，一是资金的筹集，二是资金的运用。例如，空调生产企业要生产空调，必须要有资金来购买相应的原材料，这部分资金可以是公司自由资金，也可以是通过融资从市场上获取的资金；销售空调取得的销售收入应该如何使用，是用于扩大再生产还是进行投资，都是需要综合考量的问题。所以财务管理工作人员主要围绕公司筹资、投资、运营、资金管理、收益分配、财务分析等方面开展工作，尤其是企业内部负责资金管理与运作的高层管理人员 CFO（财务总监），其主要职能就是围绕以上工作进行相应的决策与管理。本节重点介绍财务管理工作主要环节，以及各个环节之间的关系，并认识财务管理工作涉及的相关主体等。通过本节知识的学习，你将会对企业的财务管理工作有一个简单的认识，并且有助于理财思维的训练。

本节目标

1. 了解财务管理的含义与财务关系活动
2. 了解财务管理的目标
3. 了解财务管理的基本环节
4. 了解财务管理环境

8.1.1 财务管理基本知识

1. 财务管理（financial management）

在企业的生产经营活动过程中，组织财务活动、处理财务关系等一系列基本经济活动是企业管理的重要组成部分，被称为财务管理。简单来讲，凡是跟企业的资金往来有关系的，我们都可以看作财务管理。企业管理的核心就是财务管理，财务管理的核心就是资金运动管理。

企业的运作过程就是企业的生产经营过程，也即各生产要素实物形态的运动过程，主要包括供应、生产、销售等过程，具体表现为实物商品的运动过程。除此之外，随着生产要素的不断运动，生产要素的价值形态也在不断改变，分别表现为货币资金、储备资金、生产资金和结算资金，最后又回到货币资金形态，形成了有规律的资金循环。总而言之，在企业生产经营过程中，资金在不断地运动，周而复始，形成资金的周转。资金的运动过程可以分为资金的筹集、资金的运用和资金的分配过程，这就是企业财务管理活动的对象。例如，房地产企业经营活动过程可简单概括为购买土地、新建商品房、出售商品房。购买土地需要大量资金，因此企业需要考虑货币资金的筹集，新建商品房也需要资金。商品房建好之后，需要销售商品房，类似于通过产品销售获得销售收入，实际上是货币资金的回收过程，最后考虑怎样来分配货币资金，整个过程就是资金运动过程，也是财务管理的主要内容。

图 8-1-1 企业运作过程　　图 8-1-2 财务管理过程

2. 企业财务活动

所谓财务活动，就是指货币资金的筹集、投资、运营和分配等一系列活动。上面所讲的财务管理过程与财务活动是相互对应的关系。

（1）筹资活动（financing activities）

筹资活动，是筹集资金的行为，需要解决两个主要问题：一是筹集多少资金，是数量或者规模的问题。二是通过什么方式或渠道进行筹集，使得筹集资金的成本最小,是筹资结构的问题。房地产商购买土地所需资金,大部分由企业利用自有资本出资,余下资金可以通过银行长期贷款获得,还可以联合资金实力雄厚的企业共同出资等。

筹资规模主要根据企业的实际需要,尤其是企业的生产经营目标与方向,综合考虑所得到的一个大致数目。筹资方式主要分为两种,一是股权筹资,即通过发行股票、定向增发等方式筹集资金;二是债务筹资,主要通过向银行借款、发行债券等方式筹集资金。例如,2014年11月30日,中国平安发布公告,定向增发594,056,000股H股股票,这就属于股权筹资。

(2)投资活动(investment activities)

当企业取得资金后,需要将其投入使用,期望获得良好的收益和回报。一般我们将投资活动分为广义的投资和狭义的投资,广义的投资活动包括购买固定资产、无形资产、投资生产经营项目等,例如购买厂房为生产提供必要场所,就属于固定资产投资。而狭义的投资活动主要是在资本市场上进行股票、债券的投资。

(3)运营活动(operating activities)

企业为了维持生产经营,通常需要一部分营运资金。例如企业购买原材料需要支付资金,同时还要支付工资和其他营运管理费用。如果企业资金不能满足企业日常经营活动的需要,需要通过短期借款的方式进行筹集,这些由日常经营而引起的财务活动,被称为资金营运活动。企业通常需要考虑的问题是如何加速资金的运转速度,进而提高资金利用效率。

(4)分配活动(assign activities)

图 8-1-3 企业财务活动

除了资金的筹集、投资和运营活动,还有一个财务活动就是分配活动。所谓分配活动,就是对投资成果和经营成果进行分配的过程。例如,白云机场股份有限公司2016年实现净利润约13.94亿元人民币,利润分配方案包括每股派发现金红利0.37元人民币。这里的利润分配方案就是分配活动的具体体现。而在日常生活中,假如你向某个同学借了100元,然后你将这100元与你身上的100元买了一辆自行车,随后将这辆自行车转手以 300 元的价格卖给其他人，如何分配这 300 元，就是分配活动所关注的问题。

3. 财务关系

企业在进行上述财务活动时，必然要与资金相关方发生联系，所谓财务关系就是指企业在财务活动中产生的与各种利益主体之间的利益关系，简单来讲，就是财务往来会跟哪些人打交道。实际生活中，一般财务关系主要包括以下五个方面。

（1）企业与投资者、被投资者之间的关系

企业接受投资者的投入，并将实现的利润按一定的比例分给投资者，这是企业与投资者之间的关系；企业将自身的财产对外投资，当被投资者实现利润时，会按一定的比例将利润分给企业，这就是企业与被投资者之间的关系。

（2）企业与政府之间的关系

企业在生产经营过程中，需要向政府的国税或地税部门缴纳相关税款，这就是企业与政府之间的关系。由于国家征税具有无偿性、强制性，企业必须按时足额缴纳相应的税款。例如，甲企业在生产销售空调的过程中，需要向税务局缴纳 1 亿元人民币的增值税，这就形成了甲企业与政府之间的财务关系。

（3）企业与债权人、债务人之间的关系

在企业的生产经营过程中，当企业资金不足时，企业作为债务人向债权人借款；与此同时，当企业的资金存在闲置时，企业会购买其他企业发行的债券从而成为债权人，这两者统称为企业与债权人、债务人之间的关系。如甲企业购买了乙企业发行的债券，这就形成了甲企业与乙企业之间的财务关系。如果甲企业近期出现资金短缺，需要向银行申请短期银行贷款，贷款下发后，甲企业作为债务人，银行作为债权人，两者构成企业与债权人财务关系。

（4）企业内部各单位之间的关系

指公司内部各单位部门之间在生产经营各环节中相互提供产品或者劳务所形成的经济关系。例如，一家物业管理集团，下设各专业服务公司，如保洁公司、设备维修公司、安保公司、房屋维修公司等之间的结算关系就构成了该物业管理企业内部各单位之间的财务关系。

（5）企业与员工之间的关系

在企业的生产经营过程中，企业员工通过向企业提供劳务进而取得企业支付的劳动报酬，这种关系就是企业与员工之间的关系。例如，公司每月向员工支付的工资以及各项福利，构成了企业与员工之间的财务关系。

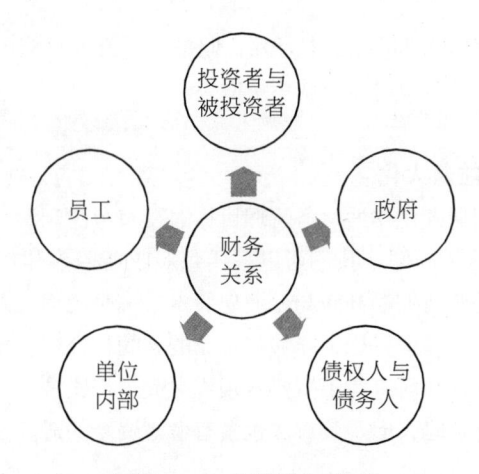

图 8-1-4 企业财务关系

8.1.2 公司追求利润最大化

企业管理是有目的的行为，财务管理也一样。财务管理的目标是企业财务活动所要达到的目标，企业财务管理的目标是评价企业财务活动是否合理有效的标准之一，也是企业的财务活动和财务关系的出发点和终结点。一般来讲，企业财务管理的目标最具有代表性的包括三个方面。

1. 利润最大化目标

在微观经济学中，利润是销售额与成本的差额。采用利润最大化作为企业财务管理的目标主要是基于以下两个方面的原因，一是企业的首要目的就是盈利，而盈利的多少通常采用利润来衡量；二是企业将利润最大化作为财务目标，可以使得整个社会财富最大。用微观知识理解，利润可以看作是"生产者剩余"，如果每家企业利润都最大化，那么整个社会总剩余也会达到最大。

尽管如此，企业将利润最大化作为财务目标也存在相应的缺陷。一是没有对利润的概念进行充分的界定。是选取短期利润和长期利润，还是选择税前利润和税后利润。二是没有考虑利润获取的时间。由于资金具有时间价值，今年的 100 万与 3 年后的 100 万具有不同的价值。三是没有考虑利润与所需成本的关系。例如，同样获得 100 万利润，A 企业共投入了 500 万元的资金，B 企业共投入了 800 万元的资金，到底哪一个企业的财务管理目标更好？如果不把利润与相应的资金投入数额相联系，那么就很难判断企业的财务目标是否具有合理性。四是没有考虑相应风险的大小。如 A 企业投入 10 万元，本年获利 1 万元的现金，而同样的 B 企业投入也是 10 万元，本年的利润也是 1 万元，但是这 1 万元是应收账款，并没有转化为现金，因此就有可能出现坏账损失。

2. 每股收益最大化

既然将利润最大化作为财务管理目标时没有考虑利润与所需成本的问题，为了解决这个问题，我们可以采用每股收益最大化作为财务管理目标。每股收益是企业的净利润与企业总股本的一个比值。采用每股收益最大化作为企业财务管理目标，能够将企业的利润和投资者投入的资金联系起来进行说明，从而可以在不同资本规模之间进行比较，在一定程度上避免利润最大化的缺陷，但是该方法也没有考虑资金的时间价值和相应的风险因素。

3. 企业价值最大化

除此之外，还可以将企业价值最大化作为财务管理目标。所谓企业价值，就是指企业未来现金流量的现值。企业的现金流量包括支付给债权人和股东的现金流量，反映了企业潜在的获利能力，即未来所有价值的体现。一般情况下，企业价值最大化也可以看作是股东财富最大化，因为企业债权人所获得的现金流量是预先可以确定的现金流量，因此可以将债权价值看成是一个常数，那么企业价值的最大化就是股权价值最大化，即股东财富最大化。

企业价值最大化尽管修正了利润最大化和每股收益最大化的一些缺陷，但它也并非完美无缺，也存在一些缺陷。如将企业价值最大化作为财务管理目标可能导致企业的某些短期行为。由于企业价值最大化考虑的是股东和债权人利益最大化，是从资金提供者的角度来分析，从而将与企业紧密联系的政府、员工等其他利益主体排除在外。企业从来不是孤立存在的，在日常经营活动中不仅要与内部利益相关者合作，还要与外界沟通合作，这样才能保证企业的正常运转。如果仅考虑债权人和股东的价值，企业可能会做出偷税漏税、污染环境等短期行为，从而不利于企业的正常发展。

> **知识小百科**
>
> **世界十大市值企业**
>
> 目前全球市值排名前十的企业：苹果，谷歌，微软，亚马逊，Facebook，伯克希尔，腾讯，强生，阿里巴巴，艾克森美孚。具体情况如下图所示。
>
> 数据来源：wind 数据库　截止日期：2017 年 6 月

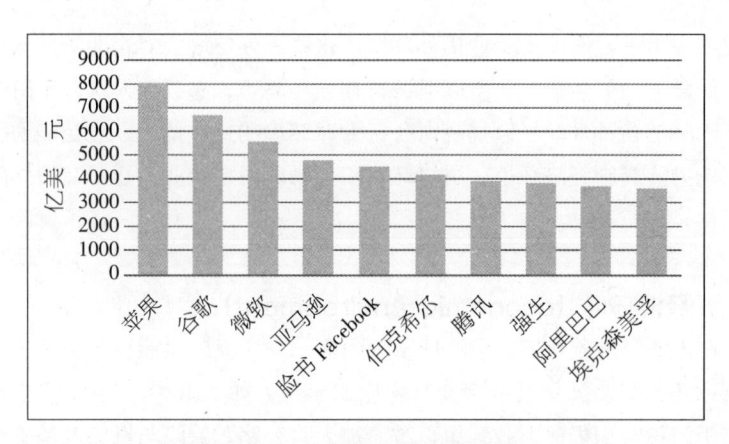

图 8-1-5 世界十大市值企业

8.1.3 财务管理环节

财务管理的基本环节，是指财务管理工作的各个阶段，它是依据财务管理工作的程序及其内在关系进行划分的，分为财务预测、财务计划、财务控制、财务分析、财务监督等五大环节。

表 8-1-1 财务管理环节介绍

财务管理环节	具体内容
财务预测	根据财务活动的历史资料，结合考虑现实的要求和条件，对企业以后的财务活动和财务成果做出科学的测算与预测。
财务计划	运用科学的技术手段和数学方法，对财务管理目标进行综合平衡，制订主要计划指标，拟定增产节约措施，协调各项计划指标之间的联系。
财务控制	在企业生产经营活动过程中，以计划任务和各项定额为依据，对资金的收入、支出、占用、耗费进行日常的计算和审核，实现财务计划指标，提高企业经营绩效和经济效益。
财务分析	以核算资料为主要依据，对企业财务活动的过程与结果进行相应的调查研究，以便能够系统地评价计划完成情况，分析影响计划执行的因素，挖掘企业潜力，进而提出相应的改进措施。
财务监督	对企业基本经济活动和财务收支的合理性、合法性和有效性所进行的检查。

8.1.4 财务管理环境

财务管理环境也被称为理财环境，是指对企业组织财务活动和处理财务关系产生一定影响的企业内外环境。这些内外环境会对企业的成本、利润、经营绩效产生影响，所以财务管理成功与否，必须深入认识和研究企业所面临的各种环境，以提高财务行为对环境的适应能力、应变能力以及利用能力。其中经济环境、法律环境和金融环境是企业主要研究的外部环境条件。

1. 经济环境（economic environment）

在市场经济条件下，经济环境的内容十分广泛，包括经济周期、经济发展水平、经济政策及社会通货膨胀水平等。如2010年，中国实施宽松的货币政策与积极的财政政策，政府加大对公路、铁路与机场等基础设施建设的政策支持力度，当年中国建筑和中国交建等基础设施建设企业业绩增长迅猛。

2. 法律环境（law environment）

财务管理的法律环境是指影响企业财务活动的各种法律、法规和规章制度。法律一方面约束企业的非法经济行为，打击非法经济行为，另一方面也为企业从事各种基本经济活动提供公平而有效的保护。因此，企业的各项财务活动和财务关系，包括筹资、投资和利润分配，都应遵守有关的法律法规。例如，税法是税收法律制度的总称，是调整税收征纳关系的法律规范。税法中规定，凡是属于科技部认定的高新技术企业，其企业所得税率为15%，而一般企业所得税率为25%，这有利于该类型的企业税后净利润增加。

3. 金融环境（financial environment）

财务管理活动中最重要的就是企业的筹资和投资活动，这两项活动都与金融市场紧密相连。金融市场是资金融通的主要场所，资金需求者与资金供应者通过金融市场完成交易。如果企业对金融市场的运行规则以及相应的特点比较熟悉，则可以有效组织资金的筹集与投资。例如，某矿业股份有限公司主要经营业务是金矿、铜矿等矿产资源的开采，由于金、铜等贵金属的价格受到国际金融市场的影响，尤其是全球政治环境的影响，该矿业股份有限公司为了使得金、铜等产品销售价格保持稳定，以便财务管理的预测和计划，因此在金融市场中的期货市场进行套期交易，这样就能够提前锁定利润，有利于公司财务计划的实现。

8.2 如何计算资金的时间价值

本节导读

财务管理是企业经营最重要的管理理念，其主要关注点是对资金的科学管控。货币时间价值作为现代财务管理中的重要内容，它贯穿于企业经营管理的始终，包括采购、生产、销售等各个环节。有效地运用货币时间价值，不仅能够保证资金的合理周转，而且能提高企业投资决策和筹资决策的科学性，进而扩大企业生产规模，保证企业的可持续发展。例如，某食品加工企业准备投资一个新食品项目，在估计相应的收入和成本之后，还必须对未来一段时间内的利率进行科学分析。倘若该企业没有考虑未来市场利率的变动情形，随着货币时间价值效应的发挥，会严重影响该项目的投资回报率。

除此之外，企业财务管理中的存货管理、应收账款的管理、兼并收购等活动均会考虑货币的时间价值，从而使得资金在周转过程中发挥最大的效益。因此，树立货币时间价值观念对于资金的合理使用和提高投资的经济效益具有十分重要的意义。对于个人而言，资金时间价值的知识可以更多地运用在理财规划当中，比如在进行理财产品的选择时，单利、复利的计息方式会对收益结果产生巨大的影响；在计算某产品未来的投资收益时，也会结合通货膨胀率，对未来的现金流进行折现计算，从而进行相应的理财决策等。

本节目标

1. 了解货币时间价值的含义
2. 掌握复利现值与终值的计算
3. 掌握普通年金的现值与终值的计算

8.2.1 资金时间价值

"金钱永不眠"，说的就是资金时间价值的概念。公司在筹资、投资和利润分配等活动中都需要考虑资金的时间价值。如果不考虑时间价值因素，公司就无法正确评价投资方案的优劣。因此资金的时间价值是学习财务管理的基础，贯穿于财务管理的每个环节。

1. 资金时间价值

资金时间价值是指在不考虑风险和通货膨胀的条件下，一定数量的资金经历一定时间的投资后所产生的增值额。资金时间价值有两种表现形式：一种是绝对数的表现形式，是资金在周转使用过程中产生的增值额。例如，将100元人民币存入银行，假设1年期存款利率为3.5%，则1年后可以得到103.5元。100元就变为103.5元，这增加的3.5元就是时间价值，这种方法就是资金时间价值的绝对值。另一种是相对数的表现形式，是在没有风险和没有通货膨胀条件下的社会平均资金利润率或通货膨胀很低时的政府债券利率。

2. 资金时间价值的计算

在财务管理活动中，尤其是财务决策过程中，核心是计算资金的时间价值。计算资金时间价值，首先要掌握两个重要的概念：现值和终值。现值是指未来某一时点上的一定量现金折算至基准年的数值，也称折现值，这里的折算是指按照恰当的折现率进行折现。终值又称未来值，是指现在一定量的现金在将来某一时点上的价值，也称本利和。现值和终值的计算涉及利息的计算方法，而利息的计算方法又有单利和复利两种，区别在于利息是否会利滚利。

(1)单利法

单利法是指在一定时期内只根据本金计算利息，计算利息的基数不变，以本金作为计息基数。在计算资金时间价值过程中，通常使用以下概念和符号来表述相关含义。

本金，即初始投资金额，以 P 表示；

利率，通常是指一年的利率，即利息数额与本金数额之比，用 i 表示；

利息，即货币的时间价值，通常用 I 表示；

时间，即货币增值过程所耗时间，通常以年作为单位，用 n 表示；

终值，即表示本金与利息之和，也被称为最终数额，通常用 F 来表示。

①单利法的终值计算

其利息计算公式：

$$I = P \cdot i \cdot n$$

因此，单利法的终值就是本金加利息，其计算公式为：

$$F = P + P \cdot i \cdot n$$

②单利的现值计算

根据单利法的终值计算公式，可以求出现值的计算公式为：

$$P = \frac{F}{1 + n \cdot i}$$

例如，小茗同学高一入学时将10000元毕业旅游资金存入银行，如果银行3年期整存整取年利率为3%，高三毕业后他一共可以取得多少钱用于毕业旅游。假设利息计算方式为单利法，截止取款时，存款期限刚好满3年时间。根据上面的对单利的介绍，高三毕业后小茗同学总共可以支取10900元作为毕业旅游费用：10000×3%×3+10000=10900。

（2）复利法

复利法区别于单利法，最大的特点就是利滚利，指在一定时期内将本金连同利息一起计算利息的一种方法。不仅如此，也是财务管理中一般计算利息的方法。这里的计息期是指相邻两次计息的时间间隔，如年、月、日等，除非特别指明，计息期一般为年。在财务管理知识中，若没有做特殊说明，资金利息的相关计算都是采用复利计息。

①复利终值计算

复利终值是指一定数量的本金按复利计算的若干年后的本利和，例如，现有一笔资金P经过n年，其终值F为多少。将该问题用现金流量图来表示（现金流量图是表示各时期点的现金流入和现金流出状况的一种图示），如图8-2-1所示。

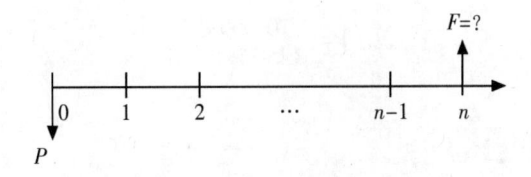

图 8-2-1 复利终值现金流量图

第1年年初的资金是P，经过1年产生的利息为Pi，1年之后（即第1年年末第2年年初）的本利和为P(1+i)。

第2年年初的资金是P(1+i)，在这基础上再经过1年产生的利息为P(1+i)i，于是2年之后（即第2年年末第3年年初）的本利和为P(1+i)(1+i)=P(1+i)^2。

以此类推，复利终值的计算公式为：

$$F=P(1+i)^n$$

式中(1+i)^{n}被称为"1元复利终值系数"，用符号$(\frac{F}{P}, i, n)$表示，n表示年限数。

例如，小茗同学高中毕业后，在大学入学的时候再次存入10000元的旅游基金，大学毕业后取出，假设银行整存整取存款年利率为2.5%，利息计算方式为复利法，截止取款时，存款期限刚好满4年时间，则4年后这笔资金的本利和11038元：F=10000·(1+2.5%)^4。

②复利现值计算

复利现值计算就是复利终值计算的逆运算，具体而言，是指在某一特定时点收到或者付出一定的资金，按照复利计算的相当于现在的价值。其计算公式为：

$$P = \frac{F}{(1+i)^n}$$

$\frac{1}{(1+i)^n}$ 为 1 元复利现值系数，通常用 $\left(\frac{F}{P}, i, n\right)$ 表示

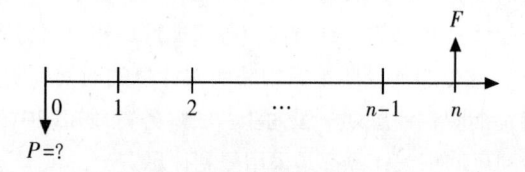

图 8-2-2 复利现值现金流量图

> 单利与复利的根本区别在是否"利滚利"，单利是直线型增长，复利是指数级增长。

例如，小茗参加工作后，打算 5 年后用 10 万元购买一辆汽车，银行存款年均利率为 5%，那么他现在必须存入多少钱才能在 5 年后得到 10 万元。假设采用复利计息方式，根据上面复利现值计算公式，小茗今年需要存入银行 78369 元：

$$P = \frac{100000}{(1+5\%)^5}$$

知识小百科

72 法则

72 法则主要运用于复利计算，计算原理为"以 1% 的复利计息，经过 72 年以后，本金会变为原来的一倍"。通过这个原理，在给定每年收益率下，可以计算出投资翻倍所需要的时间，也可以在给定本金翻倍所需投资年数，求出翻倍所需要的投资平均投资收益率。例如，当给定年收益率为 10% 时，则投资数额翻倍需要约 7.2 年 $\left(\frac{72}{10}\right)$。若某企业 9 年中平均年收益翻了一倍，那么 9 年内的年平均收益增长率为 8% $\left(\frac{72}{9}\right)$。因此，72 法则可以简单地总结为：如果年收益率为 x%，那么投资数额翻倍需要约 $\frac{72}{x}$ 年。值得说明的是，72 法则只是依据复利计算公式的估算方式，其计算值也是一个近似值。

8.2.2 年金终值和现值计算

公司在投资等经营活动中，投资项目或投资方案的现金流量分布是多种多样的，因此，资金时间价值的计算比较复杂多样，但归纳起来资金时

间价值的计算分为两类：一次性收付款类型（也称整付类型）和等额多次收付类型（也称等额分付类型或年金类型），其他复杂的资金时间价值的计算都可以在此两类计算公式的基础上调整得到。整付类型的资金时间价值的计算只涉及一个现金流量，就是前面所述的复利终值和复利现值的计算。

如果在一定时期内，每隔相同的时间，收入或支出相同金额的系列款项，这样的款项称为年金。年金收付方式在金融领域和经济领域中的应用比较广泛，如债券利息、折旧、租金、养老金、保险费、零存整取、房贷、车贷等都是以年金方式来支付。例如，如果父母买了一套价值150万元的商品房，扣除首付款后，按照贷款期限20年计算，每月需还3600元的房屋贷款，这3600元就可以看作是年金。年金具有连续性和等额性的特点，连续性要求在一定时期内，每间隔相等时间就要发生一次收款或付款业务，中间不得中断，必须形成系列；等额性要求每期收付款项的金额必须相等。年金根据每次收付发生的时点不同，可分为普通年金、预付年金、递延年金和永续年金四种。本节内容，将重点介绍普通年金的相关知识。

在财务管理中，讲到年金，除非特别声明，一般是指普通年金。普通年金也称为后付年金，有连续n个相等的现金流量A发生在期末时点上，图8-2-3所示。

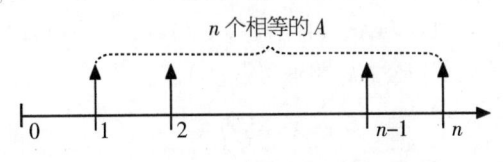

图8-2-3 普通年金的现金流量图

1. 普通年金的终值计算[1]

普通年金终值是在一定时期内每一期期末等额收付款所计算的复利终值加总求和。年金终值用F表示，每期期末收入或支出的金额数量用A表示，每期利率用i表示，总的期数用n表示，其每期期末收入或支出的款项折算到第n期期末的终值F推导如下：

---

[1]姚海鑫.财务管理[M].北京:清华大学出版社,2013.

```
        n 个相等的 A
   ┌──────────────┐
 ┌─┴─┬───┬─── ┬───┬──→
 0   1   2   n-1  n   A(1+i)⁰
                      A(1+i)¹
                       ⋯
                      A(1+i)ⁿ⁻²
                      A(1+i)ⁿ⁻¹

                    F=∑ᵢ₌₀ⁿ⁻¹A(1+i)ⁱ
```

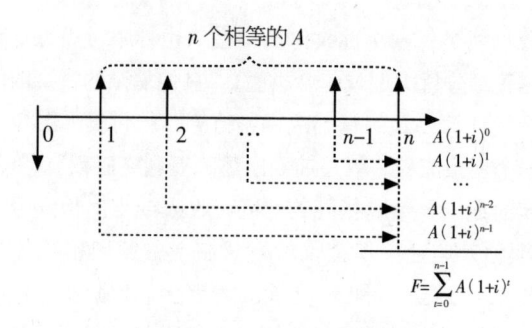

图 8-2-4 普通年金终值图

第 n 期期末支付或收入的款项 A 折算到最后一期期末的终值为：

$$A \cdot (1+i)^0$$

第 n-1 期期末支付或收入的款项 A 折算到最后一期期末的终值为：

$$A \cdot (1+i)^1$$

以此类推，第 2 期期末支付或收入的款项 A 折算到最后一期期末的终值为：

$$A(1+i)^{n-2}$$

第 1 期期末支付或收入的款项 A 折算到最后一期期末的终值为：

$$A \cdot (1+i)^{n-1}$$

根据年金终值的定义，普通年金终值的计算归纳公式为：

$$F = A \cdot (1+i)^0 + A \cdot (1+i)^1 + \cdots + A \cdot (1+i)^{n-2} + A \cdot (1+i)^{n-1}$$

根据等比数列求和公式，整理可得：

$$F = A \cdot \frac{(1+i)^n - 1}{i}$$

$\frac{(1+i)^n-1}{i}$ 称为 "1 元年金终值系数"，记为 $\left(\frac{F}{A}, i, n\right)$。

例如，如果你每年年末都计划将压岁钱中的 1000 元钱存入银行，银行存款年利率为 5%，5 年后你一共可以积累多少资金呢？按照普通年金终值计算公式，A=1000，i=5%，n=5，所以 5 年后你可以积累资金约为 5526 元。

$$F = 1000 \cdot \frac{(1+5\%)^5 - 1}{5\%}$$

2. 普通年金的现值计算

普通年金现值是指在一定时期内，每期期末等额收付款计算复利现值并对其求和，就是为了在每期期末取得或支出相等金额的款项，现在需要一次性投入多少资金。年金现值通常用 P 表示，每一期期末收入或支出的款项用 A 表示，同样地，利率用 i 表示，总的期数用 n 表示，通过将每期收入或者支出的款项折算到收付期期初的时点，数额为现值 P：

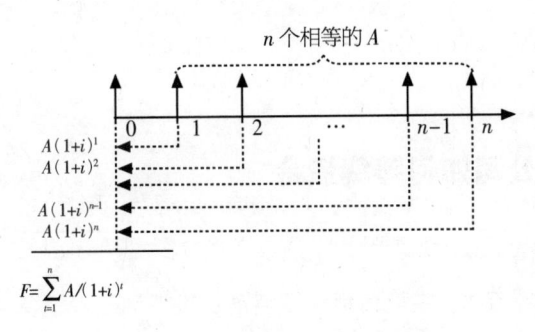

图 8-2-5 普通年金现值计算图

第 1 期期末收入或支付的款项 A 折算到第一期期初的现值为：

$$\frac{A}{(1+i)^1}$$

第 2 期期末收入或支付的款项 A 折算到第一期期初的现值为：

$$\frac{A}{(1+i)^2}$$

以此类推，第 n-1 期期末收入或支付的款项 A 折算到第一期期初的现值为：

$$\frac{A}{(1+i)^{n-1}}$$

第 n 期期末收入或支付的款项 A 折算到第一期期初的现值为：

$$\frac{A}{(1+i)^n}$$

根据年金现值的定义，普通年金现值的计算公式为：

$$P=\frac{A}{(1+i)^1}+\frac{A}{(1+i)^2}+\cdots+\frac{A}{(1+i)^{n-1}}+\frac{A}{(1+i)^n}$$

同理，根据等比数列求和公式整理得到：

$$P=A\cdot\frac{(1+i)^n-1}{(1+i)^n\cdot i}$$

$\frac{(1+i)^n-1}{(1+i)^n\cdot i}$ 为 1 元年金现值系数，记作 $\left(\frac{F}{A}, i, n\right)$。

例如，小茗参加工作后，希望在未来的 5 年里，每年末给他的父母 5 万元，若银行年存款利率为 5%，那么他现在需要向银行一次性存入多少资金，按照普通年金现值计算公式，A=5 万元，i=5%，n=5，所以他今年需要一次性存入银行的资金约 216450 元。

$$P=A\cdot\frac{(1+5\%)^5-1}{(1+5\%)^5\cdot 5\%}$$

8.3 公司如何筹集资金

本节导读

企业财务活动，主要包括筹资活动、投资活动、运营活动和分配活动，而筹资活动是企业开展生产经营非常重要的环节。企业在扩大生产规模，开发新产品，研发新技术等经营活动中都需要大量资金。在微观经济学中，我们学过理性经济人假设，企业作为市场经济中的经济人，不仅要合理确定资金需求量的数额，还要讲究适量性，即不多不少，这样才能充分利用资金。例如，某房地产开发企业完成棚户区改造项目需要投资1000万元，企业内部可利用资金为300万元，剩余的700万元需要企业进行资金筹资获得。由于资金具有时间价值，这要求把握好资金的投放时间，将投放时间与筹集时间衔接起来，从而降低筹集资金的成本和提高资金使用效益。除此之外，我们还需要考虑通过什么方式来降低资金筹集成本。本节主要介绍资金筹集的主要渠道，并且对股权融资和债务融资的特点进行阐述。

本节目标

1. 了解筹资的目的
2. 熟悉企业筹资的渠道与方式
3. 掌握股权类投资的特点
4. 掌握债务类融资的类型以及各种类型的特点

8.3.1 融资概述

筹集资金是企业根据自身生产经营、对外投资及调整资本结构的需要，它是通过一定的渠道，采用合理且适当的筹资方法，有效地筹集资金的一种财务活动。

1. 筹资的目的

企业筹集资金主要是满足企业的经营需要，具体来讲，企业筹集资金的目的可以分为以下三种：

(1) 生产经营目的

资金能够保证企业生产经营的顺利开展，因此筹集资金的目的是满足企业日常经营活动的需要。如用于购买生产经营设备、用于采购原材料、用于支付企业员工工资等。

(2)对外投资目的

当企业觉得投资某一项目具有可观的收益，能够为企业获取更大利益时，它就会有筹集相应的资金以满足对外投资的需求。综合型业务范围一般不局限一个主营产品或者业务，往往会投资与主营产品或业务差异很大，但是却能给企业带来收益的其他业务。例如华润集团，除了在房地产行业进行投资建设外，在食品行业也有相关的投资业务，具有代表性的就是怡宝矿泉水。华润在资金需求方面除了房地产主营业务的资金需求外，也会有投资食品行业以及其他新业务的资金需求。

(3)满足调整资本结构的目的

企业的资本结构，是指企业资产中负债与股东权益的比例。当企业觉得自己的资本结构不合理时，可以通过不同的筹资方式筹集相应的资金来进行调整，以达到合理的资本结构。比如当企业的债务资金比例较高时，可以通过定向增发等股权型筹资方式来筹集相应的资金。

图 8-3-1 企业筹资三大目的

2. 筹资渠道与方式

(1)筹资渠道

筹资渠道，是指企业筹集资金的来源渠道。通过对各种投资渠道的了解与认识，有助于企业筹资时做出正确的选择。目前，我国企业筹集资金的渠道主要包括以下七个方面：

①国家财政资金

国家对企业的直接投资是国有企业最主要的资金来源渠道，尤其是国有独资公司，其资金来源全部为国家财政资金，同时，产权也归国家所有。

②银行信贷资金

银行对企业的各种贷款资金是我国企业最为重要的资金来源。我国银行主要分为商业性银行和政策性银行两种，商业性银行主要是为各类企业提供各种商业性贷款，以此获取相应的收入和利润。而政策性银行主要为特定企业提供政策性贷款，主要执行国家的相应宏观调控政策。

③非银行机构资金

非银行金融机构是指各种从事金融机构业务的非银行机构，包括证券公司、信托公司、保险公司和租赁公司等。非银行金融机构提供的资金既包括信贷资金，也包括为企业承销证券所获得的证券资金。尽管非银行金融机构提供的资金比商业银行提供的资金要少，但是由于非银行金融机构提供的资金方式灵活多变，其发展前途非常广阔。例如融资租赁业务，企业为了购买一大型机械设备，由于设备费用较高，有时候企业不能一次性支付，故向金融租赁公司办理融资租赁业务，即由金融租赁公司购买该设备然后出租给企业，企业每年支付一定的融资租赁费用。

④其他法人单位资金

其他法人单位资金是指法人单位企业以可自由支配且闲置的资金为企业提供资金融通。在公司的生产经营过程中，往往有暂时闲置的资金可以在企业之间进行调剂，这种资金融通的渠道就被称为其他单位的资金，同时这种方式也可以相互投资并形成长期稳定的经济联合。

⑤民间资金

民间资金投资，就是指企业职工和城乡居民利用个人的节余资金对企业进行投资。例如微小企业通过民间借贷的方式向自然人筹集了3万元的资金用于企业的发展，则这种资金来源渠道就属于民间资金渠道。

⑥企业内部资金

企业内部资金主要包括企业往年的盈余公积金与未分配利润，其最大的特点就是无须通过企业外部其他单位筹集资金，而是直接由企业内部提供。例如，A企业是一家主营房地产开发建设的公司，2016年取得净利润1亿元，向股东分配利润2000万元，企业留存8000万元。2017年上半年准备购买一块价值7000万元的土地，A企业就可以使用2016年留存的8000万资金。

⑦外商资金

外商资金就是指外国投资者和我国港澳台地区投资者提供的资金。企业利用外资不仅可以满足筹集资金的需求，而且能够引进国外先进生产技术和管理经验，提高企业的经营业绩。

2. 筹资方式

筹资方式与筹资渠道相对应，是指企业筹集资金所采用的具体方式。企业筹资管理最主要的内容是如何选择合理的筹资方式进行筹资。了解筹资方式的种类以及各种类相应的特点，有助于企业选择合适的筹资方式并且有效地进行筹资组合，从而降低资金使用成本，提高资金使用效益。目前，我国企业筹资方式主要有以下 7 种。

表 8-3-1 7 种主要的融资方式

筹资方式	具体内容
吸收直接投资	吸收直接投资是企业以协议等方式吸收其他法人单位、个人等直接投资资金，从而形成企业资本金的一种筹资方式。该方式不以股票为媒介，适用于非股份制公司。
发行股票	股票是股份有限公司为筹集权益资本而发行的有价证券，企业通过发行股票可以获得资金。例如上市企业通过定向增发股票获得资金，就属于发行股票的方式来筹集资金。该方式以股票为媒介，适用于股份制公司。
公司内部积累	公司内部通过留存收益而形成的股权资本。
借款	借款是企业根据借款合同向银行或非银行金融机构借入的、按规定期限还本付息的一种筹集资金方式。广泛运用于各类公司，是公司长期和短期债券资本的主要融资方式。
发行债券	债券是债务人向债权人出具的到期还本付息的一种有价证券，表明债务人与债权人之间的一种债务关系的凭证。企业可以发行债券，政府也可以通过发行债券的方式进行融资。
融资租赁	根据事先约定好的条款，资产所有者授予承租人在契约或合同规定的期限内使用其资产的权利。通过融资租赁，租入所需要的资本，形成公司的债权资产。
商业信用	公司通过收购商品、预售货款等商品交易行为筹集短期债权资本的一种融资方式。

上述 7 种融资方式中，吸收直接投资、发行股票、内部资本积累等融资方式为公司取得股权资本；发行债券、融资租赁、借款等方式主要为公司获得债权资本。

8.3.2 几种常见融资方式分析

1. 权益类融资方式：股票融资

在金融学章节中，我们已经介绍过股票（stock）是股份公司为筹集资金而发行给股东作为持股凭证并借以取得股息和红利的一种有价证券。每股股票都代表股东或股票持有人对该企业拥有一个基本单位的所有权。这种所有权是一种综合权利，包括参加股东大会、投票表决、参与公司的重大决策、收取股息或分享红利等。股东与公司之间的关系不是债权债务关系，而是所有者的关系。股东是公司的所有者，以其出资份额为限对公司负有限责任，承担风险，分享收益。因此，股票融资主要适用于股份制公司。

(1)普通股筹资

普通股是股份有限公司发行的无特别权利的股份，其主要的优点在于：

发行普通股筹集的资金具有永久性，无到期日，不需要归还。这保证了公司对资本的最低需要，对于维持公司的发展具有长期稳定的作用。同时，公司也没有支付普通股股利的法定义务，这使得公司可以根据具体情况对经营成果进行分配。普通股筹资没有固定到期还本付息的压力，所以筹资风险比较小。

尽管如此，普通股筹资也存在一系列缺点，主要包括：筹资的资本成本比较高，这主要是因为在首次公开发行时支付给证券公司的承销费比较高。还有，对于普通股股东来讲，投资普通股风险较高，故要求的投资报酬率也比较高。另外，由于企业支付普通股股利时是从税后利润中支付，不能像债券利息那样可以作为费用从税前扣除，不具有抵税的作用。因此，普通股筹资的资本成本比较高；除此之外，以普通股筹资会稀释股权，可能会分散公司的控制权。

扩充阅读

股票首次公开发行上市条件中的财务条件[1]

最近3个会计年度净利润均为正数且累计超过人民币3000万元，净利润以扣除非经常性损益前后较低者为计算依据；

最近3个会计年度经营活动产生的现金流量净额累计超过人民币5000万元；或者最近3个会计年度营业收入累计超过人民币3亿元；

发行前股本总额不少于人民币3000万元；

最近一期末无形资产（扣除土地使用权、水面养殖权和采矿权等后）占净资产的比例不高于20%；

最近一期末不存在未弥补亏损。

(2)优先股筹资

优先股筹资是通过发行优先股来进行筹集资金的一种融资方式，优先

---

[1] 资料来源：http://www.csrc.gov.cn/pub/newsite/flb/flfg/bmgz/fxl/201012/t20101231_189708.html

股是一种股权资本，优先股的优先权体现在优先股股东领取股息先于普通股股东，同时当企业破产时，优先股股东对剩余财产的索偿权优先于普通股股东。

通过发行优先股来进行筹集资金，主要的优点在于：该种方式融资，保持了普通股股东的控制权，优先股的发行并不增加参与公司经营管理的股东人数，因为优先股股东一般不参与公司经营决策的投票权和表决权，所以不会导致原有普通股股东的权力分散；除此之外，优先股融资具有一定的灵活性，没有固定的到期日，不必偿还本金。

尽管如此，优先股融资也存在一定的局限：优先股的融资成本比较高，这与普通股融资成本高相似。其次，由于优先股在股利分配、资产清查等方面具有优先权，从而增加了普通股股东的风险。

2. 负债资本融资：银行借款，发行债券，融资租赁

企业筹资方式除了股权融资，还包括债务融资，广义上可理解为借款。债务融资相比于股权融资，筹集资金具有使用上的时间性，必须到期偿还，并且不论企业业绩的好坏，不论企业财务状况是否良好，必须按期支付固定的利息，从而形成企业的固定负担。而且债务融资的融资成本一般比普通股筹资成本低，不会分散公司的控制权。在实际工作中，债务类融资主要包括银行借款、发行债券、融资租赁等。

(1)银行借款

银行借款是指企业向银行等金融机构贷款，是一种重要的筹资方式。根据贷款时间的不同，可以将银行贷款分为长期贷款和短期贷款。一般是一年以内必须偿还的被称为短期贷款，一年以上偿还的贷款被称为长期贷款。同时，依据贷款条件的不同分为信用借款、抵押借款和担保借款。信用借款就是凭借借款人的信用，无须抵押品和担保人从银行取得借款。例如，某上市公司凭借其优良的信用评级向银行借款5亿元人民币，银行并未要求该企业进行抵押或者是担保，这就属于信用借款。抵押借款就是在借款时必须以特定的抵押品为担保，如应收账款、房屋、机器设备和股票等资产。担保借款是指在借款时，必须要求具有信誉较好的个人或企业作为第三方担保人，才可以申请进行贷款。

通过银行借款来筹集资金，其优点在于筹资速度快，通常半个月就能筹集资金，并且筹资成本比较低，原因在于支付利息部分可以进行抵税。同时，银行借款弹性也比较大，能够按企业的资金需求进行筹资。尽管如此，银行借款也存在一定的局限性，如筹资数额有限，借款合同限制条件比较多，主要是银行会限定该笔借款的用途，由于借款提高了企业的资产负债率水平，因此相应的财务风险也比较高。

扩充阅读

银行发放贷款的信用条件与利息的支付方式

一、银行贷款信用条件

按照国际通行做法，银行发放贷款往往具有一些信用条件，如信用额度、周转信贷协定和补偿性余额。

1. 信用额度：是银行对借款人规定的无担保贷款的最高额。在这个额度之内，企业随时能够取得贷款，无需担保。

2. 周转信贷协定：是银行具有法律义务地承诺提供不超过某一最高额的贷款协定。在协定有效期内，只要公司的借款总额未超过最高限额，银行必须满足公司任何时候提出的借款要求，但是公司需要对贷款限额没有使用部分支付给银行一笔承诺费用，承诺费一般为未使用的信贷额度乘以承诺费率，承诺费率一般为 0.125%–0.5%。例如，某房地产公司与银行签订了一份周转信贷协定，有效期 3 年，约定信贷限额为 1000 万元，承诺费率为 0.3%。如果该房地产公司在有效期内，共向银行贷款 800 万元，那么该公司需要向银行支付承诺费 0.6 万元，(1000–800)×0.3%。

3. 补偿性余额：是指企业向银行借款时，银行会要求企业将贷款本金中的一定比例（一般为借款额的 20%–30%）存在该行的活期存款账户上，企业不得使用，但是银行可以将此笔贷款余额部分放贷出去，这部分余额就被称为补偿性余额。如企业按 5% 年利率向银行短期贷款 1 亿元，银行要求将贷款的 15% 作为补偿性余额，那么该公司实际可以运用的资金只有 1×（1–15%）=0.85 亿元，则该笔贷款的实际利率为 5.9%，1×5%÷0.85=5.9%，因此公司支付的实际利率要高于名义利率。

二、银行利息支付方法

1. 收款法：是指借款到期时向银行一次性支付本金和利息的方法，即利随本清。该方式借款的名义利率等于实际利率。

2. 贴现法：是指向银行借款时，银行先从本金中扣除利息部分，而到期时借款人偿还全部贷款的一种方法。该种方法下，借款人实际得到的贷款金额是扣除了利息，因此实际拿到的金额小于名义金额，所以实际利率高于名义利率。如企业向银行取得 10 万元借款，期限为 1 年，年利率为 5%，一年利息就为 5000 元，按照贴现法付息，企业实际可用贷款为 95000 元（100000 减 5000），因此实际利率为 5.26%。

3. 加息法：是指银行发放分期等额偿还贷款时采用的利息收取方法。银行先根据名义利率计算出贷款本息总数，要求公司在贷款期限内等额偿还本息之和的金额。该种方法下，贷款人实际上只是用了本金的半数，需要负担的实际利率是名义利率的两倍。

（2）发行债券

发行债券，是指企业为了筹集资金，发行相应的企业债券，所谓企业债券就是企业与投资者签订的，约定期限还本付息的有价证券。企业债券按是否能够转换为公司股票，分为可转换债券和不可转换债券。可转换债券，是指在一定时期内，投资者可以按规定的价格或一定的比例自由选择是否转换为该企业的股票。按有无特定的担保，可以将企业债券分为担保债券和信用债券。所谓担保债券，就是以抵押方式担保发行企业按期还本付息的债券；而信用债券就是无担保债券，是凭借发行企业的信用而发行的债券。

对于企业发行债券来筹集资金，其主要优点在于，一是筹集资金的对象广，市场大；二是发行企业债券的融资成本相对较低，主要原因是利息费用可以在税前进行扣除；三是债券持有者不能参与企业剩余利润的分配，企业的控制权不会受到债券的影响。尽管如此，企业发行债券也存在一定的缺陷，由于企业债券有固定的到期日和固定的利息费用，必须按时偿还，当企业的经营业绩较差时也必须偿还，筹资风险较高。

（3）融资租赁

融资租赁又被称为现代租赁，是企业根据自身设备的需要向租赁公司提出设备租赁的要求，租赁公司负责采购相应设备，然后将设备交付给该企业使用的信用业务。

融资租赁的优点在于企业不需要支付大笔资金就可以取得相应的生产设备使用权，对于那些融资困难，资金不足的企业有很大帮助。融资租赁的缺点在于融资租赁期限较长，一般会达到相应生产设备寿命的75%以上，若无故毁约或不履行合约，则会承担相应的罚款。

案例分析

个人资金分配

张三是一个刚毕业的大学生，目前在一家互联网企业上班，每月收入为8000元人民币，个人食品、服装等支出每月为2000元，每月房租支出为1800元，其他支出每月1000元，现在的他该如何安排好自己的工资薪金，从而使自己过上较为满意的生活，怎样才能安排好张三的理财？

首先，对于张三的理财计划或者是资金安排计划，必须先确认张三的风险偏好，每个人都有自身的风险偏好，这与他的性格、个人经历，生活环境等主客观因素息息相关。判断风险偏好需要借助各种量化指标、问卷调查表。通常来讲可以将每个人分为风险厌恶型、风险中立型和风险偏好型。假定张三的风险偏好是风险厌恶型，即对风险通常不喜欢,追求低风险投资理财计划。

其次,考虑低风险理财计划,张三每月剩余资金为3200元人民币,他可以每月留下1200元当作闲置资金,以备生活中不时之需。另外的2000元可以用来理财,由于张三是低风险偏好者,可以将每月的2000元留存于余额宝等货币基金或者定投指数基金,两种方式都是低风险投资,前者一般年化利率为5%左右,每年可以得到本息大约25200元人民币。定投指数基金,年化收益可以达到8%左右,不过短期的波动可能较大,10年下来差不多有30万元人民币。

扩充阅读

常用财务指标

一、每股收益（Earnings Per Share，简称EPS）

每股收益,又称每股税后利润、每股盈余,指税后利润与股本总数的比率。它是测定股票投资价值的重要指标之一,是分析每股价值的一个基础性指标,是综合反映公司获利能力的重要指标,它是公司某一时期净收益与股份数的比率。

$$每股收益 = \frac{利润}{总股数}$$

二、每股净资产（net asset value per share）

每股净资产是指股东权益与总股数的比率。

其计算公式为：$$每股净资产 = \frac{股东权益}{总股数}$$

这一指标反映每股股票所拥有的资产现值。每股净资产越高,股东拥有的资产现值越多；每股净资产越少,股东拥有的资产现值越少。通常每股净资产越高越好。

例如,重庆某钢铁公司2016年净资产为15亿元,总股本为10亿股,它的每股净资产值为1.5元$\left(即 \frac{15亿元}{10亿股}\right)$。

"净资产"是指企业的资产总额减去负债以后的净额,也叫"股东权益"或"所有者权益",即企业总资产中,投资者所应享有的份额。"每股净资产"则是每一股份平均应享有的净资产的份额。

三、销售毛利率（gross profit）

销售毛利率是毛利占销售净值的百分比,通常称为毛利率。其中毛利是销售净收入与产品成本的差。销售毛利率计算公式：

$$销售毛利率 = \frac{销售净收入 - 产品成本}{销售净收入} \times 100\%$$

销售毛利率,表示每一元销售收入扣除销售成本后,有多少钱可以用于各项期间费用和形成盈利。销售毛利率是企业销售净利率的最初基础，没有足够大的毛利率便不能盈利。

四、营业利润率（operating Profit Margin）

营业利润率，是指企业的营业利润与营业收入的比率。它是衡量企业经营效率的指标，反映了在不考虑非营业成本的情况下，企业管理者通过经营获取利润的能力。其计算公式为：

$$营业利润率 = \frac{营业利润}{营业收入（商品销售额）} \times 100\%$$

营业利润率越高，说明企业百元商品销售额提供的营业利润越多，企业的盈利能力越强；反之，此比率越低，说明企业盈利能力越弱。

五、净利润率（Net profit rate）

净利润率又称为销售净利率，是反映公司盈利能力的一项重要指标，是扣除所有成本、费用和企业所得税后的利润率，计算公式为：

$$净利润率 = \frac{净利润}{主营业务收入} \times 100\%$$

六、资产负债率（Asset-liability ratio）

资产负债比率是公司的负债在资产总额中所占的百分比，其计算公式为：

$$资产负债比率 = \frac{公司负债}{资产总额} \times 100\%$$

七、净资产收益率（rate of return on common stockholders' equity，简称 Roe）

净资产收益率是单位净资产在某时段的经营中所取得的净收益，其计算公式为：

$$净资产收益率 = \frac{净利润}{净资产} \times 100\%$$

净资产收益率越高，表明公司的经营能力越强。

8.4 本章小结

财务管理作为企业管理中的核心内容，属于经商过程中的理财，理财过程中的经商，如同一枚硬币的两面，两者联系紧密，缺一不可。跟企业管理、市场营销和会计知识一样，在实际的经济生活中更能体现其运用价值，尤其是在投资理财和资金规划方面。总体来讲，本章所介绍的财务管理知识非常基础，主要是为了训练大家的理财思维和资金规划能力。经济生活中，个人可以通过资金与市场发生很多的经济行为，例如消费、投资、创业、旅游、留学等，这些经济行为都是以资金作为主要支持，所以学习财务管理知识，能够从本质上认识资金对于经济生活的具体作用。财务管理体系除了本章所介绍的内容以外，还包括资本预算、资本结构、企业价值和营运资本等内容，鉴于知识难度，本书暂未进行内容的扩充和延伸。为了方便大家更好地掌握本章的内容，下面对本章的重点知识进行梳理与总结。

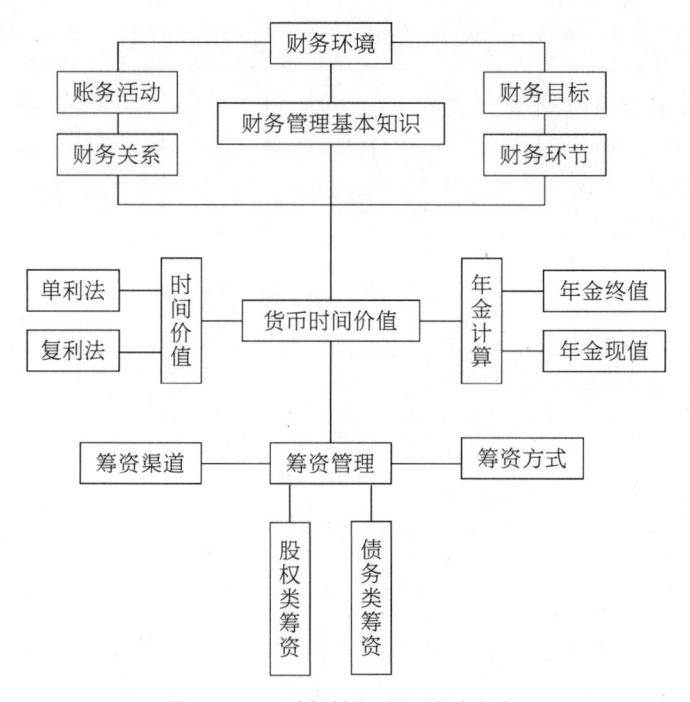

图 8-4-1 财务管理主要内容框架

1. 本章的框架如图 8-4-1 所示，本章主要包括三大内容，一是财务管理基本知识，有财务关系、财务活动、财务目标、财务环节和财务环境；

二是货币时间价值，主要是单利与复利的计算、普通年金的现值与终值计算；三是企业的筹资管理，主要包括筹资渠道、筹资方式、股权类融资和债务类融资。

2.重要知识点回顾

(1)财务活动包括筹资活动、投资活动、营运活动和分配活动；财务目标包括利润最大化、每股收益最大化和企业价值最大化；财务环境包括经济环境、法律环境和金融环境。

(2)单利法是指在一定时期内只根据本金计算利息，计算利息的基数不变，以本金作为计息基数。复利法是指在一定时期内将本金连同利息一起计算利息的一种方法。

(3)普通年金终值计算公式为：

$$F=A \cdot \frac{(1+i)^n-1}{i}$$

普通年金现值计算公式为：

$$P=A \cdot \frac{(1+i)^n-1}{(1+i)^n \cdot i}$$

(4)股权类融资主要包括发行普通股和发行有限股，其优点主要是资金具有永久性，缺点是融资成本相对较高；债务类融资主要包括发行债券、银行借款和融资租赁，其优点主要是融资成本相对较低，缺点是必须按时偿还。

第九章
生活中的经济问题

我们常常认为，经济学是一门理论学科，除了想从事经济学方面研究以外，学习经济学与我们的日常生活毫无关联。但是，学习了前几章节的理论知识，生活中的很多现象，如果运用经济学的知识进行解释，你能否准确地进行分析和理解？

本章从与我们日常生活密切相关的热点话题、时事新闻等方面选取具有时效性、典型性以及现实性的案例素材，整理了16个问题，主要涉及市场、收入、消费、储蓄、投资5个经济关键词。针对每个问题，将结合前几章所学的经济学理论知识，分析案例素材背后所蕴含的经济学原理以及经济学的解决办法。学以致用，以培养学生解决实际问题的洞察能力和分析能力。

9.1 为什么名家遗作都可以卖出较高价格

2005年，徐悲鸿的作品《珍妮小姐的自画像》以2200万元拍卖成交；2006年，同样是徐悲鸿的作品《愚公移山》以3300万元拍卖成交。无独有偶，在2016年上海新静安中兴路地块，以110.1亿元收购，同样创下中国土地交易历史最高纪录。香港备受瞩目的中环美利道商业地块以232.8亿港元成交，创下香港房地产交易历史新高。

由此可见，对人类的需求而言，资源永远是不足的。

生活中还有很多事例，比如名家遗作高价竞拍，数字较佳的手机号码和汽车牌照的天价销售，这些都具有唯一性，世界上找不出第二个和它有同样价值的商品，都是资源稀缺性的体现。

资源的稀缺性是经济学的前提之一。资源的稀缺性会带来竞争和选择。比如竞拍名家遗作，买家们为了得到画作，会相互竞争出更高的价格。而卖家则会选择出价最高的人，将自身利益最大化。稀缺资源可以取得生产要素的交换再分配。人类的需求是永远得不到满足的，人们会用自己充足的资源换取自己缺少的资源。资源匮乏但资金充足的国家会在资源充足且资金匮乏的国家购买他们所需要的生产要素，从而达到共赢。俗话说，物以稀为贵，就是这样的道理。

9.2 为什么部分地区要实行商品房限购政策

近年来，各大城市房价上涨势头过快，国家为了房地产业以及社会经济稳定发展，不断地出台各种抑制房价上涨的政策。一二线城市限购、限贷，比如天津地区部分银行已经暂时停止个人商业贷款业务，一些银行可以贷款购房，但首套房贷款利率已提高至30%。从宏观政策方面来看，多地限购、限贷政策的出台是为了平抑过快上涨的过高房价，对购房需求产生一定抑制。

9.3 延迟退休年龄的经济学分析

延迟退休即延迟退休年龄，是指国家结合国家需求来综合考虑中国人口结构变化的情况、就业的情况而逐步提高退休年龄或延迟退休的制度。人社部公布数据显示，我国劳动年龄人口 2011 年达到峰值 9.25 亿人，2011 年以后劳动年龄人口逐步下降，到 2015 年为 9.11 亿，还在持续下降。预计到 2030 年以后，平均以每年 760 万人的速度减少。联合国将"65 岁以上老年人的比例超过 7% 的社会"定义为"老龄化社会"，将"比例超过 14% 的社会"定义为"超老龄化社会"。而中国已逐步进入"老龄化社会"。截止 2014 年，60 岁以上老年人口达到 2.1 亿，占总人口的比例 15.5%。在增长迅猛的 GDP 的背后，人口自然增长率下降，人口结构趋于少子化和高龄化，经济主力人口中坚力量萎缩。这预示着未来我国劳动力将逐步进入供给总量减少时期。

物质资源创造的过程是以劳动力为基础的。离开劳动力，物质资源本身将不能被创造出来。而少子化和高龄化最根本的影响是会导致可利用的劳动力数量减少，劳动力不足，意味着劳动力市场将会出现短缺，劳动力工资将开始上涨，传统劳动密集型产业所依靠的廉价劳动力供给不足，劳动密集型产业的低成本优势即将消失。除此之外，还会来社会整体消费能力的下降。

9.4 互联网 + 金融改变了什么

随着"互联网+"的迅速发展，互联网金融也日益影响着人们的日常生活。越来越多的交易，都由线下转变成线上。更多的是通过第三方支付。互联网金融模式下的支付方式以移动支付为基础。移动支付是依靠移动通信技术和设备的发展，特别是智能手机和平板电脑的普及。数据统计证明，移动支付正以燎原之势燃烧着。中国人民银行发布的数据显示，2016年中国消费者通过移动支付平台支出总额达 5.5 万亿美元，其中支付宝和微信支付共占据了中国 90%的移动支付市场份额。随着 Wi-Fi、3G 等技术发展，互联网金融的移动支付将与银行卡、网上银行等电子支付方式进一步整合，真正做到随时、随地和以任何方式进行支付。金融市场将不再受到平台局限。

互联网金融的成本低。互联网金融不同于以往的金融交易平台，无需人力投入，无需交易成本。互联网金融的效率高。互联网金融业务主要在互联网上进行处理，操作流程格式化，业务处理速度更快，用户体验更好。互联网金融的覆盖面广。使用者可以突破时间和地域的约束，有利于提升资源配置效率。

9.5 "蓝领"薪资走俏的经济学解释

人们把"领"字引申到形形色色的职业称谓上，金领、白领、蓝领等词应运而生。通常情况下，"金领"指高收入阶层，一般是企业的高级管理人员；"白领"指收入稳定，从事脑力劳动，并且有相对固定工作时间的企业职员；而"蓝领"一般指生产线上的工人，包括技术工人和物流运输业的送货员等人。

传统观念上，蓝领的收入要远远低于其他阶层的。但近几年，人才市场对于蓝领的需求似乎更火爆。快递、仓管、司机等职位火热，月嫂、美容师、厨师等高薪服务型人才也继续走俏。蓝领们的高薪令人称羡，受到了大家的广泛关注。据某知名招聘网站统计数据显示，2017 年成都建筑工人平均工资 8300 元/月，其他月工资轻松过万。而经理助理、秘书、文员等"白领"的平均工资只有 3800 元/月，两者相差悬殊。更有人觉得"多读书还不如学技术"。但是，这并不代表着未来社会只需要蓝领人才。不同的行业，性质不同，对经济的贡献程度也是不同的。收入的多少取决于劳动的供给和需求。在未来一段时间内，国内蓝领工资高于白领的现象确实还将延续，一线服务岗位薪酬蹿升迅猛一定程度上反映了市场供需，用工荒也成为蓝领收入高于白领的原因。在劳动力下降的当今社会，对于蓝领的工作需求增加，造成供不应求，使得蓝领的收入高于其他行业。

所以，未来当供求发生变化时，蓝领收入高于白领的现象也会发生变化。

9.6 人工智能与失业

2017年，"人工智能"的概念频频出现。从"京东"的无人分拣中心、无人机、无人车等智能物流技术和设备，到"阿里巴巴"的无人超市。科学技术日益进步的同时，人们也开始担心，人工智能的出现会不会减少就业，社会失业率会不会提高？回看社会发展进程，新技术代替旧技术的同时，原有职业的需求量虽然会暂时减少，但是会有一个新的职业产生。汽车出现了，马车夫的工作没有了，但是会新出现修车的技师这一职业。发明了电话，电报员和邮递员的工作量减少了，但是和电话相关的职业出现了。

同样，人工智能的出现可能在某种程度上会使某一职业上的需求量减少，但是会衍生出一些其他的职业。比如"无人超市"，所谓无人超市的"无人"，其实是没有收银员，无人结算取代的只是收银员的工作。但一个超市内部的工种，远不只有收银员，除此之外，还有超市保洁人员、设备修理人员以及商品采购人员等。人工智能相比以往，运营效率会大大提高，而这对后勤的运维也提出了更高的要求，需要更多的人力来维持。因此，人工智能的出现既是挑战也是机遇。

9.7 共享经济与 GDP 增长矛盾吗？

近几年，共享经济发展迅猛，方便人们日常生活的同时，很多人认为，共享经济的发展阻碍了 GDP 的增长。他们认为共享经济是将他人闲散资源加以利用，导致很多人无需购买同类商品，居民消费需求不旺盛。共享模式的出现为居民提供了更多低成本的选择，同时也减少了对同类传统服务的需求，减缓了同行业传统实体经济的发展，严重抑制了个人消费的增长。企业是以销量为发展基础的，减少消费就会减少产品销量，使得企业发展缓慢。

共享经济的确可能会给传统经济增长带来影响，但是共享经济这种新型经济体系的提供者分布面广、自由度高，与传统经济相比，它可以提升经济运行效率，提高社会财富的循环效率。

共享经济还可以提高工薪阶层的消费水平。它将人们本来要支出的钱节省下来，在其他方面上使用。扩大人们消费需求，满足更多人的利益。与传统经济形式相比，共享经济将经济活动与社会公益事业紧密结合，使经济活动释放出了更大的社会价值。

所以，共享经济带动了新型经济的发展，并没有阻碍社会 GDP 的增长，而是对 GDP 起到了推动作用。

9.8 口红经济效应

日本心理学家富田隆在《东京迪士尼乐园的深层心理研究》中指出："越是经济萧条的时期，东京迪士尼乐园的经营越好。"在经济萧条时期，人们的收入会降低，在保证基本生活的消费外，会减少大型消费，比如买房、买车、出国旅游等，这样一来，满足经济萧条时带来的心理伤害的同时，会用闲置的钱来购买价格较为低廉的"轻奢侈品"，从而刺激"轻奢侈品"的消费数量上升，来弥补低迷经济所带来的损失。

这一现象又称为"口红效应"。在美国，每当在经济不景气时，口红的销量反而会直线上升。在经济萧条的情况下，人们仍然会有强烈的消费欲望，所以会退而求其次地购买比较廉价的"轻奢侈品"。口红作为一种"廉价的非必要之物"，可以对消费者起到一种心理"安慰"的作用。

机会成本是为了获取某种机会而消耗的人力、财力和物力。以使用成本为基础，对于几种不同的方式的选择进行对比，而达成的结果是相同的，那么这几种方式之间所存在的成本差异就是机会成本。以最低的投入达到相同的效果，这种选择最低投入方式的过程可以称之为降低机会成本。

无论是经济繁盛时期还是经济萧条时期，人们的都会有购买欲，相比之下，在经济萧条时期，满足购买欲的同时，减少财力消耗，是降低机会成本的体现。

9.9 为何出现天价演唱会门票

2016 年年底，王菲演唱会票价虚高让人记忆犹新。原定 1800 元至 7800 元的票价就够令人咋舌了，票价居然一路高涨至数十万元，让人难以置信。在潮流界被称为"滑板青年们的香奈儿"的潮牌 Supreme，在东京代官山一带开设海外首家专门店，迎合品牌快速增长的日本粉丝的需求，和那些存在已久的二手转售者竞争。每周销售新商品的前一晚会有很多人带着"行李"，深夜排队等待第二天的营业。而销售的新商品也只有区区三四十件。也就是说排在后面的人，也未必能抢购到任意一件的商品。他们之中不乏该品牌的追随者，也有很多二手转售者。一件普通的 T 恤，商店销售价格在 4 万日元左右，而经转售者销售后，立马变成 12 万的限量款。即使这样，也会有很多人争先抢购。

这两个例子都说明在一定的需求量下，商品提供的数量较少，会造成供不应求现象出现，而供不应求可能会导致市场价格紊乱。

9.10 大米、食盐为何不打折

每当季节交替时，各大服装品牌都开始打折促销，争先恐后吸引消费者购买。而在任何时期，生活的必需品，比如大米、食盐等只会涨价，从没有降价的时期，更不要说打折促销。

换季的服装之所以会打折，是因为它们有很大的需求价格弹性，降价销售能极大地提升商品销售量，减少商品库存。相反，像大米、食盐这类商品属于生活必需品，不管价格上涨或者下跌，人们都必须消费，不会因为价格上涨而减少使用，不会因为价格下降而大量储存，因而需求价格弹性非常小。

需求价格弹性指的是在一定时期内，商品需求量变动对于该商品的价格变动的反应程度，也就是商品的需求变动量与价格变动量的比值。富有需求价格弹性的商品，在降低商品价格后会增加商品的销售量。而缺少需求价格弹性的商品，即使价格下降，商品的销售量也不会有多大的变化。

所以，这就是为什么换季的衣服会有打折促销，而大米、食盐并不会打折的原因。

9.11 消费决策改变

近十年，互联网销售兴起。

起初，消费者对于新型的购买模式感到新鲜，但是买回来的产品并不合心意。这种看不见实物的销售，和自己预期的想象会有偏差。原本产品宣传往往不够真实客观，难避自卖自夸之嫌。

而近几年，随着电子商务日益发展、网购迅速崛起，消费者选购决策已从信息不客观的盲目状态走向信息透明化的理性决策时代。越来越多的人在互联网上购物之前会先阅读他人的购买评价，根据他人的使用体验或者使用图片，来判断产品是否符合自身需求。比起传统的广告、宣传等手段，真实、可靠的用户评价更能为广大消费者提供决策参考依据。

不仅仅是线上消费，线下消费的决策过程也较以往有所改变。从单纯的实物购买，发展到一些商家开始提供免费产品试吃、试用，让消费者先根据自己的标准判断商品的好坏，进而增加购买几率。

无论是购买评价，还是试吃、试用、试穿、试驾，都左右着消费者的购买决策，颠覆着消费者的传统决策方法。

9.12 72法则的生活运用

小明有15万存款，买房子首付却要30万，如果在不考虑其他因素的前提下，选择利率3.6%的A理财，会在多久之后可以付房子的首付？如果选择利率8%的B理财，会在多久之后可以付房子的首付？

如果选择投资A理财，72÷3.6%=20年，也就是说小明会在20年后有能力支付房子的首付。如果小明选择B理财，72÷8%=9年，这样小明会在9年后支付房子的首付。

9.13 理财规划中的费雪效应

年初，小明想买一个10500元的商品，但是小明现在只有1万元，为了可以购买这件商品，小明选择了一个收益6%的理财产品，假设今年一年的通货膨胀率是1.8%，那么小明在明年年初有能力购买该商品吗？

小明仍然无法购买此商品。理财产品的名义利率是6%，但是实际利率则是6%-1.8%=4.2%，10000×4.2%+10000=10420元。所以一年后，小明的实际收益是10420元。小明想买的商品的价格是10500元，因此一年后小明无法购买此商品。

9.14 存款准备金率如何计算

假设有一笔1000万的费用要存入银行，按照规定，该银行将25万元存入了中央银行，问存款准备金率是多少？

存款准备金率是存入中央银行的金额与预存入银行的金额的比值。所以，25÷1000×100%=2.5%，存款准备金率是2.5%。

9.15 如何确定要不要选择海淘

小明在国内海淘，看中一款数码产品，这个商品在日本的贩卖价格是80000日元，而在美国的销售价格是710美元，邮送费用分别是130元人民币和200元人民币。假设当前外汇汇率是1日元=0.06人民币，1美元=6.67人民币，在哪国购买更便宜？

如果在日本购买，80000×0.06=4800元，4800+130=4930元；如果在美国购买，710×6.67=4735.7元，4735.7+200=4935.7元。所以在美国购买更便宜。

9.16 家庭的资金分配方案

小明的妈妈为了小明大学期间能有一个良好的生活环境，想用手上的闲置资金做一些投资。以下三个方案哪个比较合理？

A方案：将所有的钱拿去投资较为稳定、收益较为缓慢的教育基金。

B方案：将所有的钱拿去买收益高，涨跌幅度大，风险高的股票。

C方案：将钱分为三份，一份做较为稳定、收益较为缓慢的教育基金；一份做稳定的理财基金，最后一份做当前收益较高股票。

小明妈妈投资的根本目的是为了增加收益。投资必然会带来风险，风险是客观存在的，不可以消除的。风险是可以预测的，如何将风险降到最小化，如何规避风险是在投资中要解决的根本性问题。

股票是风险较大的投资，具有不稳定的特征。如果将资金投入到一类股票中，一旦出现股票跌落的现象，会导致严重的亏损。

投资有个原则："鸡蛋不能放在同一个篮子里"。这不仅可以降低投资风险，更能合理分配资金获得更多收益。

鸡蛋放在不同的篮子里，实际上指的是在投资时，不要把所有的资金投资在同一个项目上，一旦投资的项目出现问题，就会增加投资风险，因此要进行分散投资。投资不同的项目的话，在分散投资风险的同时，也在一定程度上保障了自己收益的最大化。

通过对以上问题的分析和理解，相信大家对学习经济学有一个更清晰的认识。学习经济学，不单单只是想从事经济学研究，它更是我们日常生活中不可分割的一部分，与我们的生活密切相关。学习经济学可以培养一种解决问题的思维方式，站在客观的角度审视各种经济现象，从本质分析人与人，市场与市场，以及人与市场之间的关系。经济学揭示了规律的特质，告诉我们经济发展必须遵循经济规律。学习经济学有助于帮助我们更好地了解这些规律，帮助我们做出最优决定，分析怎么做收益是最大的，怎么做风险是最小的；有助于帮助我们更好地理解市场的运营，帮助我们做出最优的选择，做到理性消费，科学投资。

所以，经济学不再是书本上的一种枯燥无味的知识，而是作为一个实用的工具。当我们在日常生活中需要做决定时，经济学所发挥的作用将会愈加明显，帮助我们理解和分析我们的经济生活，提高我们的财经素养。

第十章
财经法律法规常识

社会法律关系复杂而多变，调整各类社会关系的法律规范数量庞大，各类社会关系和法律规范所构成的法律体系也是极其复杂的。法律作为财经领域的规则，熟知法律将避免招致经济损失，而且是维护经济秩序，保障经济活动参与各方权益的基本准则。可以帮助作为社会关系载体的你更好地参与到各种社会活动、经济活动中，合理规避各类市场交易中的风险，在交易过程中，如合法权益受到侵害，亦能依法有所主张。本章介绍的财经法律法规常识，主要是指民法、商法中的一些基础知识，多涉及我们日常生活中的经济活动。

10.1 民法与商法简介

本节导读

不同的法律规范，调整不同的法律关系，民商法是一门庞杂的学科，广泛应用于社会生活中，在学习民商法之前，首先必须知道何为民商法，民商法调整哪一类或哪几类社会关系。本节内容，将对民商法的基本概念及民法基本原则向同学们进行详细阐释，今后从事各类民事行为时应当遵守的基本原则有哪些，提高同学们最基本的法律意识。

本节目标

1. 熟悉民法和商法基本概念
2. 了解民法和商法调整范围
3. 掌握民法基本原则及其含义

10.1.1 民商法概念

民商法实质包括民法和商法两大学科，民法是调整平等主体的自然人、法人和非法人组织之间民事关系的法律规范的总和，商法所调整的主体与民法所调整的主体一样，但商法是调整平等主体之间商事关系或商事行为的法律规范的总和。从学理上说，民法与商法属于不同的部门法，本不应放在一起讨论，但我国更认可"民商合一"的原则，且民法所规定的有关民事关系的很多概念、规则和原则也适用于商法，故本节将民法和商法合二为一。

当前，针对民事关系存在的一些共性问题所做出的规范主要体现在《中华人民共和国民法通则》（以下简称《民法通则》），《民法通则》于1986年4月12日由第六届全国人民代表大会第四次会议修订通过，自1987年1月1日起施行。共9章，156条。至今已逾20年，所以，现行《民法通则》已无法匹配当前复杂的社会关系，为更好适应高速发展的社会形态，2017年3月15日第十二届全国人民代表大会第五次会议通过《中华人民共和国民法总则》（以下简称《民法总则》），共11章，206条，自2017年10月1日起施行。《民法总则》的立法宗旨是保护民事主体的合法权益，调整民事关系，维护社会和经济秩序，适应中国特色社会主义发展要求，弘扬社会主义核心价值观。

除《民法通则》和《民法总则》外，民法体系还包括《中华人民共和国合同法》（以下简称《合同法》）、《中华人民共和国担保法》（以下简称《担保法》）、《中华人民共和国物权法》（以下简称《物权法》）、《中华人民共和国婚姻法》（以下简称《婚姻法》）、《中华人民共和国继承法》（以下简称《继承法》）、《中华人民共和国侵权责任法》等法律法规及司法解释。

商法主要包括了《中华人民共和国公司法》（以下简称《公司法》）、《中华人民共和国合伙企业法》（以下简称《合伙企业法》）、《中华人民共和国外资企业法》（以下简称《外资企业法》）、《中华人民共和国企业破产法》（以下简称《企业破产法》）、《中华人民共和国保险法》（以下简称《保险法》）、《中华人民共和国证券法》（以下简称《证券法》）、《中华人民共和国票据法》（以下简称《票据法》）、《中华人民共和国仲裁法》等法律法规及司法解释。

商法与民法共同调整商品经济关系，两者相互影响，共同维持和推动商品经济规范。

10.1.2 民法基本原则

民法的基本原则体现了民法的基本价值，贯穿于整个民法制度和民法规范，从根本上体现了民法所调整的社会关系的本质要求，是民事立法的准则，是民事主体进行民事活动的基本准则，是法院解释法律、补充法律漏洞的基本依据，是民法精神之实质所在。

根据现行《民法通则》相关规定，以及《民法总则》第四条至第八条的规定："第四条 民事主体在民事活动中的法律地位一律平等。""第五条 民事主体从事民事活动，应当遵循自愿原则，按照自己的意思设立、变更、终止民事法律关系。""第六条 民事主体从事民事活动，应当遵循公平原则，合理确定各方的权利和义务。""第七条 民事主体从事民事活动，应当遵循诚信原则，秉持诚实，恪守承诺。""第八条 民事主体从事民事活动，不得违反法律，不得违背公序良俗。"同时结合相关学理解释，民法基本原则可以概括为：平等原则、自愿原则、公平原则、诚实信用原则、公序良俗原则。

1. 平等原则

平等原则，是指民事主体在民事活动的主体地位一律平等，任何一方不得将自己的意志强加于另一方。在民事活动中，当事人无论是个人、企业、机关等任何组织或个人，其法律地位都是平等的。平等原则反映了民法所调整社会关系的本质特征和客观要求。从民事主体参与社会活动的视角来看，平等原则要求当事人的民事活动应遵循平等协商的原则。

2. 自愿原则

自愿原则，又称意思自治原则，即民事主体自由地基于自己的意志进行民事活动，即民事活动的过程中，在法律不禁止的范围内，民事主体可以根据自己的判断，自由地从事民事活动并创设权利义务，任何机关组织、企业个人都无权干涉。自愿原则是以平等原则的存在为前提的。在合同制度中，自愿原则的表现最为明显，在不违反法律规定的前提下，合同当事人有订立合同、决定合同内容、选择合同形式、选择合同相对方的自由。自愿原则排除了他人对当事人自由意志的不法干预，反映了民法的基本性质。

3. 公平原则

公平原则，是指在民事活动中应保持利益均衡的价值判断，在民事主体之间的利益关系发生冲突，民法规定又缺乏规定时，应当以权利和义务是否对等来平衡民事主体的利益。法院在行使自由裁量权裁判案件时，应当根据公平原则做出合理的判断，公平原则是正义的道德观在法律上的体现。

4. 诚实信用原则

诚实信用原则，是指民事主体进行民事活动的过程中，应当诚实不欺诈，根据约定，信守承诺并履行义务，达到民事活动的目的。诚实信用原则是市场伦理道德在民法上的体现，明确了当事人应当诚实善良地行使管理，履行义务。实质上，诚实信用原则不仅仅是民法的基本原则，也是我们人与人之间在建立关系时应当秉持的基本理念。

5. 公序良俗原则

公序良俗原则，所谓公序良俗，指的是公共秩序和善良风俗。公序良俗原则是指一切民事活动都应当以遵守公共秩序和善良风俗为原则，公序良俗原则具有维护社会公共秩序和一般道德观念的重要功能。

民法对民事主体从事民事活动给予充分的自由和空间，但根据前述民法的基本原则来看，民事主体在从事民事活动的过程中，尽管可以自由地表达自己的意志，但是也不能够突破普适的价值判断和道德衡量标准。

自改革开放以来，随着经济和工业的发展，环境污染和资源浪费问题日益突显出来。近年来，无论空气还是水土质量都是每况愈下，甚至多次爆发全国性雾霾事件，对国民生活造成了极大影响并引起了国际社会的广泛关注，因此，"节能环保"成为近年来的重要关键词，亦可以说是对一个人或一个企业的高度评价。根据《民法总则》第九条规定："民事主体从事民事活动，应当有利于节约资源、保护生态环境。"可见，节能环保原则亦有可能成为民法基本原则之一。

随着社会的发展变化，人们的价值判断和道德标准也是在不断变化的，法律是随着人们的价值判断和道德标准的变化而完善并终究服务于社会的，而民法基本原则则是人们在不断进化的民事活动中所应该遵守的基本底线。

10.2 民商事法律关系主体

本节导读

法律关系主体是法律关系的参加者，即在法律关系中享有一定权利并承担一定义务的主体。民事法律关系主体，又称民事主体，是指根据法律规定，能够参与民事法律关系，享有民事权利和民事义务的当事人；商事法律关系主体，又称商事主体，是指根据商法规定具有商事权利能力和商事行为能力，能够以自己的名义独立从事商事活动的当事人。在我国，民法体系有《民法总则》这样的纲领性文件，但是商法体系中却没有类似的商法典或其他形式意义上的文件，故关于商事法律主体的范围究竟包含哪些，仅是学理上的探究，法律尚无明确界限，但从司法实务来看，民事法律关系主体和商事法律关系主体有很多相同或交叉的部分，本节将对几种常见的民事法律关系主体进行学习，帮助同学们厘清适格的民商事法律关系主体及不同特点。

本节目标

1. 学习常见的几种民事法律关系主体
2. 掌握不同民事法律关系主体的特殊性及其分类
3. 掌握民事主体的民事权利能力和民事行为能力并能够做出区分
4. 了解自然人的监护制度、宣告失踪和宣告死亡制度
5. 了解法人的变更、合并、分立、终止、解散
6. 熟悉法人的分类

10.2.1 自然人

1. 概念

自然人是一个重要的法律概念，此处应注意区分自然人与公民。自然人具有生物学的属性，基于出生而取得民事主体资格的人即为自然人；而公民具有的是政治或公法的属性，通常指的是具有某一特定国家国籍的自然人，如中国公民、美国公民。所有的公民都是自然人，但并不是所有的自然人都具有某一特定国家的国籍。从范围上来说，自然人可以包括本国公民、外国公民、无国籍人。

2. 民事权利能力和民事行为能力

民事权利能力是民法赋予民事主体从事民事活动,并享有民事权利,承担民事义务的资格,简言之,民事权利能力是可以参与民事活动的资格。

根据我国《民法总则》第十三条规定:"自然人从出生时起到死亡时止,具有民事权利能力,依法享有民事权利,承担民事义务。"第十四条规定:"自然人的民事权利能力一律平等。"可以看出,我国赋予自然人民事权利能力的期间可以概括为:始于出生,终于死亡,并且所有自然人都具有同等的民事权利能力。

民事行为能力是指民事主体能以自己的行为取得民事权利,承担民事义务的资格,简言之,可以理解为自然人的"行为能力"。

从字面上看,民事权利能力和民事行为能力极其相似,两者却有非常明显的区别。自然人的民事行为能力应以自然人的民事权利能力为前提,两者区别的关键点在于"有没有"和"能不能",民事权利能力是自然人获得参与民事活动的资格,但自然人能否运用这个资格参与民事活动,还要取决于自然人的理智、认识能力和水平等条件,自然人符合相应的条件,才能参与相应的民事活动,此处所具备的条件,就是民事行为能力。

我国《民法总则》将自然人的民事行为能力分为三种情况:完全民事行为能力,限制民事行为能力,无民事行为能力。我国《民法总则》第十七条至第二十二条的规定:

"第十七条　十八周岁以上的自然人为成年人。不满十八周岁的自然人为未成年人。"

"第十八条　成年人为完全民事行为能力人,可以独立实施民事法律行为。

"十六周岁以上的未成年人,以自己的劳动收入为主要生活来源的,视为完全民事行为能力人。"

"第十九条　八周岁以上的未成年人为限制民事行为能力人,实施民事法律行为由其法定代理人代理或者经其法定代理人同意、追认,但是可以独立实施纯获利益的民事法律行为或者与其年龄、智力相适应的民事法律行为。"

"第二十条　不满八周岁的未成年人为无民事行为能力人,由其法定代理人代理实施民事法律行为。"

"第二十一条　不能辨认自己行为的成年人为无民事行为能力人,由其法定代理人代理实施民事法律行为。

"八周岁以上的未成年人不能辨认自己行为的,适用前款规定。"

"第二十二条　不能完全辨认自己行为的成年人为限制民事行为能力人,实施民事法律行为由其法定代理人代理或者经其法定代理人同意、追认,但是可以独立实施纯获利益的民事法律行为或者与其智力、精神健康状况相适应的民事法律行为。"

根据前述规定看出,我国对自然人民事行为能力的区分主要参考两个标准:年龄和智力状况。

年龄划分标准:

不满八周岁的未成年人——无民事行为能力

八周岁以上的未成年人——限制民事行为能力

成年人——完全民事行为能力

根据《民法总则》第十七条的规定,未满十八周岁为未成年人,同时第十八条第二款对"十六周岁以上,但以自己劳动收入为主要生活来源"的未成年人也可以被视为完全民事行为能力。

智力状况划分标准:

不能辨认自己行为的成年人——无民事行为能力

不能完全辨认自己行为的成年人——限制民事行为能力

另外,根据《民法总则》第十八条第二款的规定,尽管自然人已经达到八周岁以上,但仍然不能辨认自己行为的,依然视为无民事行为能力人。

3. 监护制度

世界各国对监护的界定不一致,通常认为,监护指的是民法所规定的对于无民事行为能力人和限制民事行为能力人的人身、财产及其他合法权益进行监督、管理和保护的一项制度。被监护人与监护人相对应,被监护人即是前文中的无民事行为能力人、限制民事行为能力人,监护人则是指监督、管理和保护被监护人合法权益的人,监护人必须是完全民事行为能力人。

《民法总则》第二十七条对未成年人的监护有相关规定。

"第二十七条　父母是未成年子女的监护人。

未成年人的父母已经死亡或者没有监护能力的,由下列有监护能力的人按顺序担任监护人:

(一) 祖父母、外祖父母;

(二) 兄、姐;

(三) 其他愿意担任监护人的个人或者组织,但是须经未成年人住所地的居民委员会、村民委员会或者民政部门同意。"

根据该条规定,未成年人的监护人是具有顺序的:第一顺序是未成年人的父母,未成年人的父母死亡或没有监护能力的则由第二顺序进行监护,第二顺序是未成年人的祖父母、外祖父母;如第二顺序仍然不满足监护条件,则进入第三顺序,第三顺序是未成年人的兄、姐,如按照前述顺序排序后依然没有人符合对未成年人的监护条件,则经未成年人住所地的居委会、村委会或民政部门同意，其他愿意担任未成年人监护人的个人或组织可以担任未成年人的监护人。

《民法总则》第二十八条对成年人的监护有相关规定。

"第二十八条　无民事行为能力或者限制民事行为能力的成年人，由下列有监护能力的人按顺序担任监护人：

（一）配偶；

（二）父母、子女；

（三）其他近亲属；

（四）其他愿意担任监护人的个人或者组织，但是须经被监护人住所地的居民委员会、村民委员会或者民政部门同意。"

根据该条规定，成年人的监护人也具有一定的顺序：第一顺序是成年人的配偶，如配偶不满足监护条件则由第二顺序进行监护，第二顺序是成年人的父母，子女；如第二顺序仍然不满足监护条件，则进入第三顺序，第三顺序是成年人的其他近亲属，如按照前述顺序排序后依然没有人符合对未成年人的监护条件，则经成年人住所地的居委会、村委会或民政部门同意，其他愿意担任成年人监护人的个人或组织可以担任成年人的监护人。

无论是未成年人或成年人的监护，如果在前述规定的范围内依然没有具备监护资格的人，《民法总则》也有明确规定，根据《民法总则》第三十二条规定："没有依法具有监护资格的人的，监护人由民政部门担任，也可以由具备履行监护职责条件的被监护人住所地的居民委员会、村民委员会担任。"根据该条规定，民政部门、居委会、村委会也有可能成为监护人，我国人口众多，对监护制度的规定也是相对完善的。

4. 宣告失踪和宣告死亡制度

宣告失踪和宣告死亡是指经利害关系人的申请，由人民法院对下落不明满一定期间的人宣告失踪或死亡的制度。我国《民法总则》第四十条、第四十六条分别对宣告失踪和宣告死亡做出了规定：

"自然人下落不明满二年的，利害关系人可以向人民法院申请宣告该自然人为失踪人。"

"自然人有下列情形之一的，利害关系人可以向人民法院申请宣告该自然人死亡：

（一）下落不明满四年；

（二）因意外事件，下落不明满二年。

因意外事件下落不明，经有关机关证明该自然人不可能生存的，申请宣告死亡不受二年时间的限制。"

申请宣告失踪和申请宣告死亡条件是不同的，两者主要区别在于下落不明的时间长短不同。申请宣告失踪时，下落不明的时间为两年，而申请宣告死亡，下落不明的时间为四年，如因意外下落不明，又有不同的时间限制。可见，申请宣告死亡的条件是高于申请宣告失踪的条件的，如果符合宣告死亡的条件，那在多数情况下，也符合申请宣告失踪的条件，仅在因意外事件下落不明，并且经有关机关证明该自然人不可能生存的，申请宣告死亡才不受时间限制，但在此种情况下，只能申请宣告死亡，不能申请宣告失踪。

此处应注意申请人的身份，即法律条文的利害关系人，利害关系人范围极为广泛，与被宣告失踪或死亡的人只要存在法律上的"利害关系"即可以被理解为利害关系人。所谓利害关系人，可以是被宣告人的配偶、父母、子女，亦可以是被宣告人的债权人、债务人等一切与被宣告人具有民事权利义务关系的人。

申请宣告失踪并不是申请宣告死亡的必要前提，如果同时符合申请宣告失踪和申请宣告死亡的条件，利害关系人既可以申请失踪，也可以申请宣告死亡，但应当注意的是，对于同一个自然人，既有利害关系人申请宣告失踪，又有利害关系人申请宣告死亡的，根据《民法总则》第四十七条规定，如果符合宣告死亡的条件的，人民法院应当宣告死亡。

另根据《民法总则》的相关规定，人民法院在宣告失踪或宣告死亡后，失踪人或被宣告死亡的人如果重新出现的，那么，无论是宣告失踪还是宣告死亡，都是可以撤销的。相关法条如下：

第四十五条第一款　"失踪人重新出现，经本人或者利害关系人申请，人民法院应当撤销失踪宣告。"

第五十条　"被宣告死亡的人重新出现，经本人或者利害关系人申请，人民法院应当撤销死亡宣告。"

5. 自然人的其他规定

民法还赋予了自然人成立个体工商户或农村承包经营户的权利，相关规定体现在《民法总则》第五十四条至第五十六条对此做出了相应规定，因篇幅有限，此处不再累述，相关法条如下：

"第五十四条　自然人从事工商业经营，经依法登记，为个体工商户。个体工商户可以起字号。"

"第五十五条　农村集体经济组织的成员，依法取得农村土地承包经营权，从事家庭承包经营的，为农村承包经营户。"

"第五十六条　个体工商户的债务，个人经营的，以个人财产承担；家庭经营的，以家庭财产承担；无法区分的，以家庭财产承担。

农村承包经营户的债务，以从事农村土地承包经营的农户财产承担；事实上由农户部分成员经营的，以该部分成员的财产承担。"

10.2.2 法人

1. 概念

法人制度肇始于罗马法,罗马法有关法人人格的理念主要体现在诸如"团体"一类的组织中,我国对法人的最新定义规定在《民法总则》第五十七条中,"第五十七条 法人是具有民事权利能力和民事行为能力,依法独立享有民事权利和承担民事义务的组织。"法人制度是规范社会秩序和经济秩序的一项重要法律制度,我国的法人制度建设较晚,在计划经济期间,社会经济秩序多是通过行政手段进行指导,自 1987 年施行《民法通则》起,我国才开始正式建立法人制度,日常生活中,最常见的法人就是各类公司、企业等组织。

2. 法人构成要件

根据《民法总则》第五十八条第一款、第二款、第三款的规定:

"法人应当依法成立。

法人应当有自己的名称、组织机构、住所、财产或者经费。法人成立的具体条件和程序,依照法律、行政法规的规定。

设立法人,法律、行政法规规定须经有关机关批准的,依照其规定。"

自然人因出生而存在,但法人不同,法人的成立应当具备一定的条件:

第一,法人应当依法成立。法人设立的目的应当符合国家利益和社会公共利益的要求,法人设立的程序应当符合法律法规的规定。

第二,法人需有自己的名称、组织机构和场所。法人通过自己的名称区别于其他法人;法人应有自己的组织机构,如股份有限公司依法应由三部分组成:权力机构——股东大会、执行机构——董事会、监督机构——监事会,三者共同构成股份有限公司的组织机构并代表公司从事相应业务或活动。法人还应有自己的住所,住所可以是自有的,也可以是租赁的。

第三,法人应有财产或经费。法人作为民事主体,必须存在一定的财产或者经费才能支撑法人从事一定的民事活动,享有民事权利并承担民事义务,如果没有一定的财产基础予以保障,法人则无法进行各种民事活动。

此外,法人不同于自然人,法人的类型也是多种多样的,成立不同类型的法人还受到不同条件的限制。如设立公司必须符合《公司法》的规定,设立合伙企业,也必须受到《合伙企业法》的约束。

3. 法人的民事权利能力和民事行为能力

根据《民法总则》第五十九条的规定："法人的民事权利能力和民事行为能力，从法人成立时产生，到法人终止时消灭。"不同于自然人，法人的民事权利能力和民事行为能力起止时间是相同的。

法人作为组织，必须有代表法人从事民事活动的负责人，根据《民法总则》第六十一条、第六十二条的规定，该负责人即为法人的法定代表人，法定代表人以法人民意从事的民事活动，其法律后果由法人承担。

4. 法人的变更、合并、分立、终止、解散

法人就成立时向相关机构登记的事项是可以申请变更的，根据《民法总则》第六十四条的规定："法人存续期间登记事项发生变化的，应当依法向登记机关申请变更登记。"法人申请变更后，登记机关应当及时进行公示。

法人也可以合并或分立，根据《民法总则》第六十七条第一款和第二款分别规定了法人的合并和法人的分立，同时还规定了法人合并或分立后的权利、义务承担方式：

"法人合并的，其权利和义务由合并后的法人享有和承担。

法人分立的，其权利和义务由分立后的法人享有连带债权，承担连带债务，但是债权人和债务人另有约定的除外。"

《民法总则》第六十八条规定了法人的终止：

"第六十八条 有下列原因之一并依法完成清算、注销登记的，法人终止：

（一）法人解散；

（二）法人被宣告破产；

（三）法律规定的其他原因。

法人终止，法律、行政法规规定须经有关机关批准的，依照其规定。"

法人解散是法人终止的情形之一，《民法总则》第六十九条规定了法人的解散的情形：

"第六十九条 有下列情形之一的，法人解散：

（一）法人章程规定的存续期间届满或者法人章程规定的其他解散事由出现；

（二）法人的权力机构决议解散；

（三）因法人合并或者分立需要解散；

（四）法人依法被吊销营业执照、登记证书，被责令关闭或者被撤销；

（五）法律规定的其他情形。"

除前述规定外，《民法总则》第七十四条还赋予了法人可以设立分支机构的权利，但分支机构以自己的名义从事民事活动造成的法律后果应由法人承担。如果分支机构有财产，也可以先以分支机构管理的财产承担，不足部分再由法人承担。我们常见的 XX 公司 XX 市分公司就属于比较常见的分支机构。

5. 法人分类

根据《民法总则》相关规定，可以将法人划为营利法人、非营利法人和特别法人三类。

营利法人，是指已取得利润并分配给股东等出资人为目的成立的法人，常见的营利法人包括有限责任公司、股份有限公司和其他企业法人等。

非营利法人，是指基于公益或其他非盈利目的而设立，不向出资人、设立人或者会员分配所得利润的法人，常见的非营利法人包括事业单位、社会团体、基金会、社会服务机构等。

特别法人，包括四类：机关法人、农村集体经济组织法人、城镇农村的合作经济组织法人、基层群众性自治组织法人。此处的机关法人是指有独立经费的机关和承担行政职能的法定机构，基层群众性自治组织主要包括居民委员会和村民委员会。

10.2.3 非法人组织

非法人组织，是指不具有法人资格，但是能够依法以自己的名义从事民事活动的组织，非法人组织主要包括个人独资企业、合伙企业、不具有法人资格的专业服务机构等。

10.3 民事权利

本节导读

民事权利是民事主体在社会存在和生活最基本的权利，也是与我们日常生活联系最为紧密的权利。从权利内容上划分，民事权利主要包括财产权和人身权，财产权是以财产为客体，以财产利益为内容的民事权利，通常情况下可以转移，具有财产属性。人身权是以特定的人身利益为客体，不体现财产内容的民事权利，人身权通常不能转移，具有特定的人身属性。另有一些特殊的民事权利兼具财产权和人身权的属性，如继承权、知识产权等。通过对本节的学习，可以帮助同学们认识常见的民事法律权利，并在自己或身边人的民事权利受到侵犯时能够及时找到法律依据，并合理地主张权利。

本节目标

1. 掌握民事权利的含义
2. 学习民事权利的内容并能够做出合理区分

10.3.1 民事权利的含义、行使和保护

民事权利是民事主体依法享有的并受法律保护的利益范围或者实施某一行为以实现某种利益的可能性，这里的实施某一行为包括主动实施——作为，和被动实施——不作为。民事权利的本质是选择权，享有民事权利的主体实施或是不实施一定行为的选择权。

民事权利的行使即是权利人为实现自己的利益而实施一定的行为，权利行使的方式包括事实行使和法律行使，事实行使指权利人通过一定的事实行为来行使权利，法律行使指权利人通过一定的法律行为行使权利。

民事权利的保护是指为保障权利不受侵害或者已经受到侵害要求恢复所采取的救济措施，民事权利的保护可以通过私力救济和公力救济两种方式来实现。私力救济即权利人自己采用各种合法手段保护自己的权利，公力救济是在民事权利受到侵犯时，国家机关通过法定程序对权利人予以保护，最常见的"打官司"就是公力救济的代表方式。

10.3.2 民事权利的内容

从《民法总则》的规定来看,民事权利可以划分为人身权、财产所有权、债权、知识产权、继承权等几类,每一类又有很多细分,在《婚姻法》、《物权法》、《合同法》、《知识产权法》、《继承法》等法律法规中又对前述民事权利进行了细分,在下一节内容我们会对常见的法律法规进行详解,此处先了解几种具有代表性的民事权利及其含义。

1. 人身权

人身权,法律赋予民事主体与其人身紧密而无直接财产内容的民事权利。《中华人民共和国宪法》(以下简称《宪法》)第二章规定了公民的基本权利和义务,对我国公民的人身自由权、言论自由权等中华人民共和国公民应当享有的权利做出了明确规定,《民法总则》第一百零九条至一百一十二条也对民事主体的人身权做出了明确规定:

"第一百零九条　自然人的人身自由、人格尊严受法律保护。

第一百一十条　自然人享有生命权、身体权、健康权、姓名权、肖像权、名誉权、荣誉权、隐私权、婚姻自主权等权利。

法人、非法人组织享有名称权、名誉权、荣誉权等权利。

第一百一十一条　自然人的个人信息受法律保护。任何组织和个人需要获取他人个人信息的,应当依法取得并确保信息安全,不得非法收集、使用、加工、传输他人个人信息,不得非法买卖、提供或者公开他人个人信息。

第一百一十二条　自然人因婚姻、家庭关系等产生的人身权利受法律保护。"

根据《民法通则》相关规定,自然人的人身权包括人身自由权、生命权、身体权、健康权、姓名权、肖像权、名誉权、荣誉权、隐私权、婚姻自主权等;法人及非法人组织的人身权包括名称权、名誉权、荣誉权等。就人身权而言,显然是人身属性更强的自然人享有更多的权利。

2. 财产权

财产所有权,是指所有人依法对自己的财产享有占有、使用、收益和处分的权利。《民法通则》第一百一十三条规定:"民事主体的财产权利受法律平等保护。"是对民事主体的财产权进行保护。

3. 物权

物权,是指权利人依法对特定的物享有的直接支配和排他的权利,包括所有权和他物权，他物权又包括用益物权和担保物权。物权是具有物质内容并体现财产利益的权利，与财产权相互交叉却又不存在包含关系。此外，物权是一种对世权。所谓对世权，是指权利人可以对抗一切不特定的人。《民法总则》第一百一十四条、第一百一十五条对权利人的物权也做出了相应规定：

"第一百一十四条　民事主体依法享有物权。

物权是权利人依法对特定的物享有直接支配和排他的权利，包括所有权、用益物权和担保物权。"

"第一百一十五条　物包括不动产和动产。法律规定权利作为物权客体的，依照其规定。"

2007年我国发布《物权法》是对民法体中物权制度的巨大进步和完善，同学们将会在下一节进行学习。

4. 债权

债权与物权是相对的，债权是指请求他人实施一定行为（作为或不作为）的民法权利，债权与物权的不同之处在于债权是一种相对权，只能对抗特定的主体，不具有物权一般对抗一切不特定人的特征。在司法实务中，债发生的原因主要表现为合同行为、无因管理、不当得利、侵权行为等，债消灭的原因主要有清偿、提存、抵消、免除等。《民法总则》第一百一十八条也对债权做出了相应的规定。

"第一百一十八条　民事主体依法享有债权。

债权是因合同、侵权行为、无因管理、不当得利以及法律的其他规定，权利人请求特定义务人为或者不为一定行为的权利。"

相信同学们在学习了下一节《合同法》后，会对债权有更加深入的了解。

5. 知识产权

知识产权兼具人身权和财产权的属性，是一门极其复杂的学科，是指权利人对其智力劳动所创造的成果享有的财产权利，《民法通则》第一百二十三条对权利人就哪些客体可以主张知识产权做出了明确规定，具体包括：作品；发明、实用新型、外观设计；商标；地理标志；商业秘密、集成电路布图设计、植物新品种、法律规定的其他客体。《中华人民共和国著作权法》、《中华人民共和国商标法》、《中华人民共和国专利法》等相关法律法规共同构成了我国知识产权法律体系，从实体和程序上都对著作权、专利、商标等方面都有明确而详尽的规定，鉴于篇幅有限，此处不再赘述。

6. 继承权

继承权同样兼具人身权和财产权的属性，继承权是指继承人依法取得被继承人遗产的权利。继承必须以被继承人的死亡为先决条件和起点，同时，被继承人在死亡时必须遗留个人合法财产，被继承人未死亡或被继承人死亡但未遗留个人合法财产，则继承不会发生。根据《继承法》第三条规定，可以作为被继承人遗产由继承人继承的财产包括：公民的收入；公民的房屋、储蓄和生活用品；公民的林木、牲畜和家禽；公民的文物、图书资料；法律允许公民所有的生产资料；公民的著作权、专利权中的财产权利；公民的其他合法财产。根据《继承法》第五条规定，"继承开始后，按照法定继承办理；有遗嘱的，按照遗嘱继承或者遗赠办理；有遗赠扶养协议的，按照协议办理。"继承包括法定继承、遗嘱继承和遗赠三种继承方式，根据《继承法》第五条的规定，三种继承方式有优先顺序，遗赠扶养协议优先于遗嘱继承、遗嘱继承优先于法定继承。

（1）法定继承

只有在被继承人未留下遗嘱或遗赠扶养协议，或者是遗嘱或遗赠扶养协议无效时，才适用法定继承，《继承法》第九条规定了"继承权男女平等"，尽管民间依然还有很多"遗产留给某一个或某几个子女"或是"只留给儿子"的现象，但这种继承多是基于遗嘱继承而产生的，如果按照法定继承方式，男女具有同等继承权。《继承法》第十条对继承顺序也做出了规定：

"第十条　遗产按照下列顺序继承：

第一顺序：配偶、子女、父母。

第二顺序：兄弟姐妹、祖父母、外祖父母。

继承开始后，由第一顺序继承人继承，第二顺序继承人不继承。没有第一顺序继承人继承的，由第二顺序继承人继承。

本法所说的子女，包括婚生子女、非婚生子女、养子女和有扶养关系的继子女。

本法所说的父母，包括生父母、养父母和有扶养关系的继父母。

本法所说的兄弟姐妹，包括同父母的兄弟姐妹、同父异母或者同母异父的兄弟姐妹、养兄弟姐妹、有扶养关系的继兄弟姐妹。"

《继承法》第九条规定的继承权男女平等，指的是同一顺序的男女享有同等继承权，假如继承人一个是被继承人的女儿，另一个是被继承人的兄长，显然女儿排在第一顺序，此时，并不适用继承权男女平等的规定。此外，应注意，第二顺序的继承人不包含孙子女、外孙子女。

在法定继承的情况下，《继承法》第十三条对遗产分配的问题也做出了相应规定，通常情况下，同一顺序的继承人继承的遗产份额，一般应当均等，但有两种特殊情况需要考虑：第一，对生活有特殊困难的缺乏劳动能力的继承人，分配遗产时，应当予以照顾；第二，对被继承人尽了主要扶养义务或者与被继承人共同生活的继承人，分配遗产时，可以多分；第三，有扶养能力和有扶养条件的继承人，不尽扶养义务的，分配遗产时，应当不分或者少分。此外，继承人协商同意的，也可以不均等。应当注意的是，满足第二种特殊情况时，即对被继承人尽了主要扶养义务或者与被继承人共同生活的继承人，在分配遗产时，法律规定是可以多分而不是应当多分，并不具有强制性。

(2)遗嘱继承

《继承法》第十六条对遗嘱继承做出了规定，遗嘱继承是指被继承人立遗嘱将个人财产指定由法定继承人中的一人或数人继承。遗嘱继承也具有一定的特殊性，遗嘱的指向对象通常只能局限在法定继承人的范围内，但第十六条第三款规定了"公民也可以立遗嘱将个人财产赠给国家、集体或者法定继承人以外的人。"遗赠的指向对象是大于遗嘱的。

遗嘱的形式也包含多种形式，被继承人可以通过公证机关办理遗嘱，可以自己亲笔书写遗嘱，也可以找他人代书遗嘱、录音遗嘱或口头遗嘱，但代书遗嘱、录音遗嘱和口头遗嘱需要两个以上见证人在场见证。

(3)遗赠扶养协议

遗赠扶养协议指被继承人生前与他人签订《遗赠扶养协议》，协议约定，他人扶养承担该被继承人生养死葬的义务，则扶养人有接受遗赠的权利。根据《继承法》第三十一条规定，"公民可以与扶养人签订遗赠扶养协议。按照协议，扶养人承担该公民生养死葬的义务，享有受遗赠的权利。

公民可以与集体所有制组织签订遗赠扶养协议。按照协议，集体所有制组织承担该公民生养死葬的义务，享有受遗赠的权利。"

遗赠扶养协议没有的指向对象不具有局限性，扶养人可以是个人也可以是组织，在被继承人同时签订了《遗赠扶养协议》又立下了《遗嘱》的情况下，《遗赠扶养协议》具有优先性。

10.4 民商事常用法律规范

本节导读

在前几节，我们更多是从理论层面出发，探讨了民商事法律体系中一些共性的问题，但民商事法律体系庞大复杂，民商事法律体系下的法律法规及司法解释数不胜数，绝大多数法学家钻研多年也仅仅只能在某一部门法下的某一个方向有所建树。因此，短期内要掌握民商事法律体系内的全部规范确实存在一定难度，本节仅选取民商事法律体系内几部较有代表性的并且在司法实务中也较为常用的法律规范带领同学们学习和探讨，如将来同学们有机会或意愿跨入法学院的大门，同学们才会明白今日所学不过沧海一粟。同时，希望同学们能够学有所成，学有所用，树立基本的法律意识，在将来的学习和工作中积极推动中国法制建设进程，为努力创造法治社会添砖加瓦。

本节目标

1. 学习《物权法》基本框架，掌握《物权法》基础内容及分类
2. 学习《合同法》基本框架，掌握《合同法》基础内容及各类合同法人含义
3. 了解民商法体系下的其他重要法律法规

同学们在前几节已经学习了民商法的一些基本概念，掌握了民法和商法的概念，学习了民法的基本原则，也明白了何为民事法律关系主体，懂得了民事权利的概念及其分类，就民商法体系下的基础知识建立了一定的认识，《民法总则》作为民法体系的纲领性文件，还有很多非常重要的规定未能在前文提起，但鉴于之前已经花了大量篇幅介绍《民法总则》，本节不再单独介绍《民法总则》，但若要掌握民商法构成和体系，《民法总则》还值得多次研读，反复研读。此处就不再赘述，接下来，我们共同学习民商事法律体系下的几部法律法规。

10.4.1 《物权法》

1. 《物权法》发布与实施

2007年3月16日，第十届全国人民代表大会第五次会议通过《物权

法》，2007年9月16日公布，自2007年10月1日起施行，共十九章二百四十七条。

2. 立法宗旨及适用范围

根据《物权法》第一条规定，物权法的立法宗旨是为维护国家基本经济制度。维护社会主义市场经济秩序，明确物的归属，发挥物的效用，保护权利人的物权，根据宪法，制定本法。

《物权法》第二条第一款规定了《物权法》的适用范围，"因物的归属和利用而产生的民事关系，适用本法。"

3. 物与物权

《物权法》第二条第二款对"物"也进行了定义，《物权法》所称的物，包括不动产和动产，不动产是指依据自然性质或法律规定不可移动的财产，如土地、房屋等，动产与不动产相对，不动产之外的财产则属于动产。

所谓物权，是指权利人依法对特定财产享有的直接支配和排他的权利，包括所有权、用益物权和担保物权。

4.《物权法》的基本原则

《物权法》第四条至第七条规定了《物权法》的基本原则，具体包括：

平等保护原则："第四条　国家、集体、私人的物权和其他权利人的物权受法律保护，任何单位和个人不得侵犯。"无论权利人是国家、集体还是个人，都受到法律平等保护，在《物权法》范围内，国家作为权利人和个人作为权利人的地位是平等的。

物权法定原则："第五条　物权的种类和内容，由法律规定。"物权的种类和内容在《物权法》中都有明确的规定，《物权法》没有规定的物权无效，如设立不动产质权属于无效行为，因为《物权法》二百零八条规定，只有动产才可以设立质权。

物权公示原则："第六条　不动产物权的设立、变更、转让和消灭，应当依照法律规定登记。动产物权的设立和转让，应当依照法律规定交付。"此处区别了不动产和动产的设立、变更、转让和消灭的区别，如作为不动产的房屋在买卖之后需要到房管部门办理过户手续，但在商场购买作为不动产的衣服则"一手交钱、一手交货"即可。

禁止权利滥用原则："第七条　物权的取得和行使，应当遵守法律，尊重社会公德，不得损害公共利益和他人合法权益。"尽管物权是对世权，可以对抗一切不特定的人，但也必须遵守法律规定和社会公德。

5. 物权的变更、转让、设立和消灭

在物权公示原则中已经提到，动产和不动产在发生变更、转让、设立和消灭所需要履行的手续是不一样的，不动产物权的变动原则上以登记为生效要件，根据《物权法》第九条规定：

"第九条　不动产物权的设立、变更、转让和消灭，经依法登记，发生效力；未经登记，不发生效力，但法律另有规定的除外。

依法属于国家所有的自然资源，所有权可以不登记。"

而动产物权的设立和转让，自交付即发生效力，《物权法》第二十三条规定："第二十三条　动产物权的设立和转让，自交付时发生效力，但法律另有规定的除外。"该条明确了动产物权的变动以交付为生效要件。但《物权法》第二十四条同时规定："第二十四条　船舶、航空器和机动车等物权的设立、变更、转让和消灭，未经登记，不得对抗善意第三人。"可见，并不是所有动产物权的变动都是以交付为生效要件，法律如有特殊规定的，应当依照特殊规定。

6. 所有权

《物权法》第三十九条对所有权进行了定义："所有权人对自己的不动产或者动产，依法享有占有、使用、收益和处分的权利。"前文中提到了权利人可以是国家、集体或个人，三者所有权的内容和性质都有区别。

(1)国家所有权

根据《物权法》第四十五条规定第一款规定，"第四十五条　法律规定属于国家所有的财产，属于国家所有即全民所有。"国家所有权具有其特殊性，依照法律规定属于国家的财产，任何集体或个人均无权占有，《物权法》第四十六条至第五十二条规定：

"第四十六条　矿藏、水流、海域属于国家所有。

第四十七条　城市的土地，属于国家所有。法律规定属于国家所有的农村和城市郊区的土地，属于国家所有。

第四十八条　森林、山岭、草原、荒地、滩涂等自然资源，属于国家所有，但法律规定属于集体所有的除外。

第四十九条　法律规定属于国家所有的野生动植物资源，属于国家所有。

第五十条　无线电频谱资源属于国家所有。

第五十一条　法律规定属于国家所有的文物，属于国家所有。

第五十二条　国防资产属于国家所有。

铁路、公路、电力设施、电信设施和油气管道等基础设施，依照法律规定为国家所有的，属于国家所有。"

根据前述规定，绝对属于国家所有的财产包括：矿藏、水流、海域；城市的土地；无线电谱频资源；国防资产。

依照法律规定或相对属于国家所有的财产包括：农村和城市郊区的土地；森林、山岭、草原、荒地、滩涂等自然资源；野生动植物资源；文物；铁路、公路、电力设施、电信设施和油气管道等基础设施。

(2)集体所有权

《物权法》第五十八条对集体所有的财产进行了规范：

"第五十八条 集体所有的不动产和动产包括：

(一) 法律规定属于集体所有的土地和森林、山岭、草原、荒地、滩涂；

(二) 集体所有的建筑物、生产设施、农田水利设施；

(三) 集体所有的教育、科学、文化、卫生、体育等设施；

(四) 集体所有的其他不动产和动产。"

根据前述规定，集体所有权与国家所有权在部分财产上有重合，不属于国家所有的农村和城市郊区的土地、森林、山岭、草原、荒地、滩涂属于集体所有，就该部分财产只能是集体所有。

(3)私人所有权

《物权法》第六十四条规定了私人财产的范围："第六十四条 私人对其合法的收入、房屋、生活用品、生产工具、原材料等不动产和动产享有所有权。"《物权法》对私人所有权采取了更开放更具有弹性的规定，现实生活中，私人财产也是以多种形式存在的，除了规定属于国家或集体所有的财产之外，都可以私人所有。

7. 用益物权

根据《物权法》第一百一十七条规定："用益物权人对他人所有的不动产或者动产，依法享有占有、使用和收益的权利。"用益物权与所有权的区别在于两点：第一，用益物权是对他人财产享有的权利，而所有权是对自己的财产享有的权利，第二，用益物权是占有、使用和收益的权利，而所有权除了占用、使用和收益的权利之外，还有处分的权利。根据《物权法》相关规定，用益物权主要包括：土地承包经营权、建设用地使用权、宅基地使用权和地役权。

(1)土地承包经营权

根据《物权法》第一百二十四条、一百二十五条的规定：

"第一百二十四条 农村集体经济组织实行家庭承包经营为基础、统分结合的双层经营体制。

农民集体所有和国家所有由农民集体使用的耕地、林地、草地以及其他用于农业的土地，依法实行土地承包经营制度。

第一百二十五条　土地承包经营权人依法对其承包经营的耕地、林地、草地等享有占有、使用和收益的权利，有权从事种植业、林业、畜牧业等农业生产。"

根据前文提到的《物权法》对所有权的相关规定，农村或城市郊区的土地只能由国家或集体所有，但现实情况下，我国农村大多数土地都是耕地、林地或草地，从现实情况看，国家也并未实际使用土地，为达到土地价值的利益最大化，以保障农村人口的基本生活，就该部分土地，可以交由农民进行农业建设，即土地承包经营制度。土地承包经营权人可以占有、使用土地并享有土地带来的收益，但权利人就土地没有所有权，也没有处分土地的权利。

《物权法》第一百二十六条同时对承包期限做出了规定："耕地的承包期为三十年。草地的承包期为三十年至五十年。林地的承包期为三十年至七十年；特殊林木的林地承包期，经国务院林业行政主管部门批准可以延长。承包期届满后，土地承包经营权人根据国家有关规定可以继续承包。"

县级地方政府应当向土地承包经营权人发放土地承包经营权证、林权证、草原使用权证，并登记造册，确认土地承包经营权。根据《物权法》第一百二十八条规定，经营承办期间，土地承包经营权人有权将土地承包经营权采取转包、互换、转让等方式流转。流转的期限不得超过承包期的剩余期限。但未经依法批准，不得将承包地用于非农建设。

（2）建设用地使用权

《物权法》第一百三十五条规定："建设用地使用权人依法对国家所有的土地享有占有、使用和收益的权利，有权利用该土地建造建筑物、构筑物及其附属设施。"《物权法》未采用国有土地使用权而使用了建设用地使用权的概念，因其权利客体范围包括了集体所有的土地，大于国有土地使用权的范围。用于建设住宅的建设用地使用权期间届满的，自动续期。

《物权法》第一百三十六条规定："建设用地使用权可以在土地的地表、地上或者地下分别设立。新设立的建设用地使用权，不得损害已设立的用益物权。"如某市政府出让一块建设用地使用权，可以出让给甲公司在地面建设商场，出让给乙公司在地下修建停车场，甲乙公司的建设用地使用权并不冲突，但如果该建设用地地下早已经铺设了丙公司的光缆，则要根据实际情况判断乙公司的建设用地使用权是否会损害丙公司的权利，如果会，市政府就不能将地下部分出让给乙公司。

《物权法》第一百四十七条规定："建筑物、构筑物及其附属设施转让、互换、出资或者赠予的，该建筑物、构筑物及其附属设施占用范围内的建设用地使用权一并处分。"如甲公司取得某处建设用地使用权后，在该地块修建了整栋写字楼,写字楼竣工后,甲公司将写字楼整栋产权出售给乙公司,根据该条规定,乙公司自然取得该写字楼所占用的建设用地使用权。

(3)宅基地使用权

《物权法》第一百五十二条规定了宅基地使用权,"宅基地使用权人依法对集体所有的土地享有占有和使用的权利,有权依法利用该土地建造住宅及其附属设施。"解读本条时,应当注意,第一,权利主体是特定的,宅基地使用权人只能是特定的农村居民,农村集体经济组织以外的成员不能成为宅基地使用权人;第二,权利客体也是特定的,宅基地使用权中的土地只能是集体所有的土地,国家所有的土地不能成为宅基地;第三,法律未对宅基地使用权设置期限;第四,宅基地不能单独转让、出租或抵押,宅基地只能宅基地上修建的房屋一同转让或出租。

(4)地役权

《物权法》第一百五十六条第一款规定了地役权,"地役权人有权按照合同约定,利用他人的不动产,以提高自己的不动产的效益。"法条较为抽象,例如:甲公司以"海景房"为理念在距离海边400米的地方设计并建造了高层海景住宅楼,但在该住宅楼前方距离海边更近的地方有一疗养院,一旦疗养院修建高层建筑,那就会遮挡住甲公司"海景房"的视野,为此,甲公司与疗养院达成协议,甲公司向疗养院支付一定费用,疗养院承诺20年内不修建高层建筑。甲公司所享有的权利即为地役权,甲公司修建海景房的土地称为"需役地",疗养院的土地称为"供役地"。

解读本条时,应当注意:第一,地役权应当按照合同约定而设立;第二,条文中"自己的不动产"并不仅指自己拥有所有权的财产,也可以是前文中提到的建设用地使用权、土地承包经营权等用益物权;第三,地役权的设立具有目的性,目的是为了实现"自己的不动产"的利益;第四,所谓不动产的利益,不一定是经济上或具有财产属性的利益,也可以包括精神上和感情上的利益。

另外,根据《物权法》第一百六十四条至第一百六十七条的规定:

"第一百六十四条 地役权不得单独转让。土地承包经营权、建设用地使用权等转让的,地役权一并转让,但合同另有约定的除外。

第一百六十五条 地役权不得单独抵押。土地承包经营权、建设用地使用权等抵押的,在实现抵押权时,地役权一并转让。

第一百六十六条 需役地以及需役地上的土地承包经营权、建设用地使用权部分转让时,转让部分涉及地役权的,受让人同时享有地役权。

第一百六十七条 供役地以及供役地上的土地承包经营权、建设用地使用权部分转让时,转让部分涉及地役权的,地役权对受让人具有约束力。"

地役权不得单独转让或抵押，地役权只能在需役地的建设用地使用权、土地承包经营权的转让或抵押时，一并转让或抵押。同时，需役地及需役地上的转让土地承包经营权、建设用地使用权时，土地承包经营权、建设用地使用权的受让人同时享有地役权。同理，供役地及供役地上的土地承包经营权、建设用地使用权在转让时，地役权对受让人也具有约束力。

8. 担保物权

根据《物权法》相关规定，担保物权主要包括：抵押权、质权、留置权。

（1）抵押权

根据《物权法》第一百七十九条的规定，抵押权是指为担保债务的履行，债务人或者第三人不转移财产的占有，将该财产抵押给债权人的，债务人不履行到期债务或者发生当事人约定的实现抵押权的情形，债权人有权就该财产优先受偿的权利。其中，债务人或第三人称为抵押人，债权人为抵押权人，提供抵押担保的财产称为抵押财产，法条中"不转移财产的占有"，即为财产依然由抵押人所控制，并未实际交付给抵押权人。

例如：甲向乙借款100万元，并提供自己房屋作为抵押担保，房屋实际仍由甲所占有。此例中，甲为抵押人，乙为抵押权人，提供担保的房屋为抵押财产，房屋仍由甲所占有，当甲不能按约定向乙偿还借款时，乙有权就甲所提供抵押担保的房屋优先受偿。在通常情况下，债权金额与抵押财产价值并不会绝对等同，所以，条文中的"优先受偿"并不是指乙可以直接受让甲提供抵押担保的房屋，而是就所提供抵押担保房屋转让、拍卖、变卖等方式处理后所得的价款可以优先受偿。

《物权法》第一百八十四条同时规定了不得抵押的财产：

"第一百八十四条 下列财产不得抵押：

（一）土地所有权；

（二）耕地、宅基地、自留地、自留山等集体所有的土地使用权，但法律规定可以抵押的除外；

（三）学校、幼儿园、医院等以公益为目的的事业单位、社会团体的教育设施、医疗卫生设施和其他社会公益设施；

（四）所有权、使用权不明或者有争议的财产；

（五）依法被查封、扣押、监管的财产；

（六）法律、行政法规规定不得抵押的其他财产。"

如债务人或第三人就以上类别的财产与债权人签订《抵押合同》，则抵押合同无效。另外，在大多数情况下，抵押权自签订《抵押合同》时即设立，但对于不动产所设置的抵押，根据《物权法》第一百八十七条的规定，应当办理抵押登记，抵押权自登记时设立。

(2) 质权

根据《物权法》第二百零八条的规定，质权是指为担保债务的履行，债务人或者第三人将其动产出质给债权人占有的，债务人不履行到期债务或者发生当事人约定的实现质权的情形，债权人有权就该动产优先受偿的权利。债务人或第三人为出质人，债权人为质权人，所交付的动产为质押财产。质权与抵押权最明显的区别在两点：第一，出质人将动产出质给质权人占有，而抵押权是不转移占有的，抵押财产仍由抵押人控制。第二，提供质权担保的财产只能是动产，而抵押权则没有此限制。质押财产之所以只能是动产，因为质押必须实际交付给质权人，但不动产不具有动产可交付的属性，故质押财产只能是动产。

例如：甲向乙借款 100 万元，甲的妻子丙并将自己的金银首饰交给乙作为质押。此例中，丙为出质人，乙为质权人，金银首饰为质押财产，金银首饰已经交给乙占有，当甲不能按约定向乙偿还借款时，乙有权就丙所提供质押担保的金银首饰优先受偿。在通常情况下，债权金额与质押财产价值并不会绝对等同，所以，条文中的"优先受偿"并不是指乙可以直接受让并提供质押担保的金银首饰，而是就所提供质押担保的金银首饰转让、拍卖、变卖等方式处理后所得的价款可以优先受偿。

(3) 留置权

根据《物权法》第二百三十条的规定，留置权是指债务人不履行到期债务，债权人可以留置已经合法占有的债务人的动产，并有权就该动产优先受偿的权利。债权人为留置权人，占用的动产为留置财产。留置权与抵押权、质权之间的区别在于：第一，留置权仅发生在债权人和债务人之间，与第三人无关；第二，留置财产只能是动产，而抵押财产可以是动产，也可以是不动产。

例如：甲找乙帮忙定做柜子，并支付了部分费用，乙做好柜子后要求甲支付余款时，甲不履行付款义务，如果柜子还属于乙所控制，那乙对做好的柜子有优先受偿的权利。此例中，乙为留置权人，柜子即是留置财产，如甲不履行付款义务，则乙可以就柜子转让、拍卖、变卖等方式处理后的价款优先受偿。如果乙已经将柜子交付给甲方，则不符合留置权的条件，乙则不可以主张留置权。

10.4.2 《合同法》

1.《合同法》的发布及实施

《合同法》于 1999 年 3 月 15 日第九届全国人民代表大会第二次会议

通过并公布，自 1999 年 10 月 1 日起施行，共计二十三章四百二十八条，迄今已有 18 年的历史。

2. 立法宗旨及含义

《合同法》第一条、第二条分别规定了《合同法》的立法宗旨及含义：

"第一条　为了保护合同当事人的合法权益，维护社会经济秩序，促进社会主义现代化建设，制定本法。

第二条　本法所称合同是平等主体的自然人、法人、其他组织之间设立、变更、终止民事权利义务关系的协议。"

3. 《合同法》的基本原则

《合同法》有五大基本原则，包括：平等原则、合同自由原则、公平原则、诚实信用原则、公序良俗原则。《合同法》的五大原则与本章第一节民法基本原则相一致，其中合同自由原则就是民法中自愿原则在《合同法》中的体现，前文已对五大原则进行了详尽解读，此处不再赘述。

4. 合同的订立、生效、履行、终止和违约责任

《合同法》第九条第一款对合同当事人应当具备的条件做出了规定："当事人订立合同，应当具有相应的民事权利能力和民事行为能力。"合同订立的形式不拘泥于书面形式，也可以是口头形式或其他形式，当法律规定应当采用书面形式订立合同的，则应当采用书面形式。

合同内容应当由当事人自行约定，根据《合同法》第十二条规定，合同内容应包含以下条款：（1）当事人的名称或者姓名和住所；（2）标题；（3）数量；（4）质量；（5）价款或者报酬；（6）履行期限、地点和方式；（7）违约责任；（8）解决争议的方法。

根据《合同法》第十三条、第十四条、第二十一条的规定，合同订立的程序通常采取要约、承诺的形式，要约是希望和他人订立合同的意思表示，要约应当有具体的内容，承诺是受要约人同意要约人要约的意思表示，一旦受要约人做出承诺，则要约人即受到发出要约时意思表示的约束。承诺生效时，合同即成立。例如，甲公司发布广告出售特价自行车，并对价格和有效期予以说明，此为要约，甲公司为要约人，看到广告的乙为受要约人，乙看到广告后颇为心动直接到甲处付款购车的行为视为承诺，承诺生效时，合同即成立。

《合同法》第三十二条规定："当事人采用合同书形式订立合同的，自双方当事人签字或者盖章时合同成立。"

《合同法》第四十四条的规定:"依法成立的合同,自成立时生效。
法律、行政法规规定应当办理批准、登记等手续生效的,依照其规定。"

应注意区分合同成立与合同生效的区别,大多数情况下,合同成立即生效,但也有特殊规定,某些需要办理批准、登记手续的合同应当在办理批准、登记手续后生效,如中外合资经营企业合同、中外合作经营企业合同、知识产权转让合同等。

《合同法》第五十二条对无效合同进行了规定,具体包括以下情形:(1) 一方以欺诈、胁迫的手段订立合同,损害国家利益;(2) 恶意串通,损害国家、集体或者第三人利益;(3) 以合法形式掩盖非法目的;(4) 损害社会公共利益;(5) 违反法律、行政法规的强制性规定。

另外,《合同法》第五十四条对可变更、可撤销的合同进行了规定,具体包括两种情形:(1) 因重大误解订立的合同;(2) 在订立合同时显失公平的。

根据《合同法》第六十条、第六十一条的规定,合同签订后,当事人双方应当按照合同约定全面履行自己的义务,就合同中没有约定或者约定不明确的内容,合同当事人可以协议补充或根据交易习惯确认。

《合同法》第九十一条对合同权利义务的终止做出了规定,包括以下情形:(1) 债务已经按照约定履行;(2) 合同解除;(3) 债务相互抵消;(4) 债务人依法将标的物提存;(5) 债权人免除债务;(6) 债权债务同归于一人;(7) 法律规定或者当事人约定的其他情形。

就前述第二种情形合同解除,根据《合同法》第九十三条、第九十四条的规定,又分为约定解除和法定解除,约定解除指合同当事人协商一致,同意解除合同。法定解除包括五种情形:(1) 因不可抗力致使不能实现合同目的;(2) 在履行期限届满之前,当事人一方明确表示或者以自己的行为表明不履行主要债务;(3) 当事人一方迟延履行主要债务,经催告后在合理期限内仍未履行;(4) 当事人一方迟延履行债务或者有其他违约行为致使不能实现合同目的;(5) 法律规定的其他情形。

《合同法》第九十七条规定了合同解除后的法律后果,"第九十七条 合同解除后,尚未履行的,终止履行;已经履行的,根据履行情况和合同性质,当事人可以要求恢复原状、采取其他补救措施,并有权要求赔偿损失。"

合同当事人可以在签订合同时,约定违约责任。《合同法》第一百零七条规定了承担违约责任的方式,"当事人一方不履行合同义务或者履行合同义务不符合约定的,应当承担继续履行、采取补救措施或者赔偿损失等违约责任。"违约责任以补偿守约方因违约方的违约行为所遭受的损失为主要目的,以损害赔偿为主要责任形式,具有补偿性。

5. 合同分类

不同的经济活动适用不同的合同，各类合同除了具有前述《合同法》总则中的存在的共性特点外，又都具有各自不同的特点，接下来的《合同法》分则部分，将合同种类进行了梳理和分类，又根据不同的合同特点适用了不同的法律规范。

(1)买卖合同

买卖合同规定在《合同法》第一百三十条至一百七十五条，《合同法》一百三十条对买卖合同有所定义，"买卖合同是出卖人转移标的物的所有权于买受人，买受人支付价款的合同。"应当注意，买卖合同的标的物先与有体物，其他权利的有偿转让不属于买卖。

(2)供用电、水、气、热力合同

供用电、水、气、热力合同规定在《合同法》第一百七十六到第一百八十四条，根据《合同法》相关规定，供用电、水、气、热力合同是供电人、供水人、供气人、供热力人向用电人、用水人、用气人、用热力人供电、水、气、热力，用电人、用水人、用气人、用热力人支付电费、水费、气费、热力费的合同。

(3)赠与合同

赠与合同规定在《合同法》第一百八十五至第一百九十五条，根据《合同法》相关规定，赠与合同是赠与人将自己的财产无偿给予受赠人，受赠人表示接受赠与的合同。赠与合同的特殊性在于赠与人在赠与财产的权利转移之前可以撤销赠与，但是，具有救灾、扶贫等社会公益、道德义务性质的赠与合同或者经过公证的赠与合同不可以撤销。

(4)借款合同

借款合同规定在《合同法》第一百九十六至第二百一十一条，根据《合同法》相关规定，借款合同是借款人向贷款人借款，到期返还借款并支付利息的合同。借款合同所约定的利息不得突破法律规定。

(5)租赁合同

租赁合同规定在《合同法》第二百一十二至第二百三十六条，根据《合同法》相关规定，租赁合同是出租人将租赁物交付承租人使用、收益，承租人支付租金的合同。应当注意的是，租赁合同所约定的租赁期限最长不得超过二十年。超过二十年的，超过部分无效，租赁期限届满后，当事人可以续订租赁合同，但租赁期限自续订之日起仍然不得超过二十年。

(6)融资租赁合同

融资租赁合同规定在《合同法》第二百三十七条至第二百五十条，根据《合同法》相关规定，融资租赁合同是出租人根据承租人对出卖人、租赁物的选择，向出卖人购买租赁物，提供给承租人使用，承租人支付租金的合同。融资租赁合同应当采取书面形式签订。

(7) 承揽合同

承揽合同规定在《合同法》第二百五十一条至二百六十八条，根据《合同法》相关规定，承揽合同是承揽人按照定作人的要求完成工作，交付工作成果，定作人给付报酬的合同。

(8) 建设工程合同

建设工程合同规定在《合同法》第二百六十九条至第二百八十七条，根据《合同法》相关规定，建设工程合同是承包人进行工程建设，发包人支付价款的合同。建设工程合同包括工程勘察、设计、施工合同，建设工程合同应当采用书面形式。

(9) 运输合同

运输合同规定在《合同法》第二百八十八条至第三百二十一条，根据《合同法》相关规定，运输合同是承运人将旅客或者货物从起运地点运输到约定地点，旅客、托运人或者收货人支付票款或者运输费用的合同。运输合同又分为客运合同、货运合同和多式联运合同三类。

(10) 技术合同

技术合同规定在《合同法》第三百二十二条至三百六十四条，根据《合同法》相关规定，技术合同是指当事人就技术开发、转让、咨询或者服务订立的确立相互之间权利和义务的合同。技术合同又分为技术开发合同、技术转让合同、技术咨询合同和技术服务合同四类。

(11) 保管合同

保管合同规定在《合同法》第三百六十五条至三百八十条，根据《合同法》相关规定，保管合同是保管人保管寄存人交付的保管物，并返还该物的合同。

(12) 仓储合同

仓储合同规定在《合同法》第三百八十一条至第三百九十五条，根据《合同法》相关规定，仓储合同是保管人储存存货人交付的仓储物，存货人支付仓储费的合同。

(13) 委托合同

委托合同规定在《合同法》第三百九十六条至第四百一十三条，根据《合同法》相关规定，委托合同是委托人和受托人约定，由受托人处理委托人事务的合同。

(14) 行纪合同

行纪合同规定在《合同法》第四百一十四条至第四百二十三条，根据《合同法》相关规定，行纪合同是行纪人以自己的名义为委托人从事贸易活动，委托人支付报酬的合同。

(15) 居间合同

居间合同规定在《合同法》第四百二十四条至第四百二十七条，根据

《合同法》相关规定，居间合同是居间人向委托人报告订立合同的机会或者提供订立合同的媒介服务，委托人支付报酬的合同。

10.4.3 其他法律规范

除《民法总则》外，《物权法》与《合同法》都属于民法领域内具有指导性的法律规范，可以调整无数复杂多变的社会关系。其余还包括《侵权责任法》、《婚姻法》、《继承法》、《著作权法》、《商标法》、《专利法》等法律规范及司法解释均针对各自所调整的社会关系做出了完整规定。

另外，作为商法领域内最重要的法律规范之一，《公司法》所调整的对象包括中国境内设立的有限责任公司和股份有限公司，《公司法》及相关司法解释对有限责任公司的设立和组织机构；有限责任公司的股权转让；股份有限公司的设立和组织机构；股份有限公司的股份发行和转让；公司董事、监事、高级管理人员的资格和义务；公司债券；公司财务、会计；公司合并、分立、增资、减资、公司解散和清算；外国公司的分支机构；法律责任等方面也做出了极为细致的规定。

就合伙企业、个人独资企业、外资企业等又有《合伙企业法》、《中华人民共和国个人独资企业法》、《外资企业法》等法律规范予以调整；就保险市场、证券市场、票据市场又有相应的《保险法》、《证券法》、《票据法》予以调整；就企业破产清算方面的实务及程序规程，亦有《企业破产法》及相关司法及其司法解释予以调整。

民商事法律规范与我们的经济生活相辅相成，影响到我们生活的很多细节，小到同学们到商店买一包纸巾，大到某集团购置一栋大楼都是常见的买卖合同关系；同学们自己的文具，也是受到法律保护的私有财产，其他同学如果需要借用，征求所有权人的同意，也是对所有权的基本法律意识。如果没有法律规范对日常生活的方方面面进行规范，社会秩序必然是混乱不堪的，所以，法律规范早就如同空气一般，渗透到我们的日常经济生活当中。

参考文献

[1] N.Gregory Mankiw.Principles of Economics (7th Edition) [M].梁小民，梁硕译.北京：北京大学出版社，2015年5月.

[2] 保罗·R·克鲁格曼.国际经济学理论与政策（第八版）[M].北京：中国人民大学出版社，2011年8月.

[3] 保罗·萨缪尔森著.宏观经济学（第19版）[M].萧琛译.北京：人民邮电出版社，2012年1月.

[4] 杰弗里·萨克斯，费利普·拉雷恩.全球视角的宏观经济学 [M].费方域等译.上海：格致出版社，上海三联书店，上海人民出版社，2012年12月.

[5] 陈仲常，蒲艳萍.经济学理论与实践 [M].重庆：重庆大学出版社，2002年10月.

[6] 殷孟波.货币金融学（第二版）[M].成都：西南财经大学出版社，2012年1月.

[7] 黄达.金融学（第二版）[M].北京：中国人民大学出版社，2009年1月.

[8] 弗雷德里克·S·米什金.货币金融学（第9版）[M].郑艳文，荆国勇译.北京：中国人民大学出版社，2011年1月.

[9] 兹维·博迪，罗伯特·C·默顿.金融学（第2版）[M].曹辉等译.北京：中国人民大学出版社，2013年1月.

[10] Stephen P.Robbins，Mary Coulter.Management（Thirteenth Edition）[M].刘刚，程熙镕，梁晗译.北京：中国人民大学出版社，2017年1月.

[11] Philip.Kotler，Kevin Lane Keller.Marketing Management（15th Edition）[M].England：Pearson，2015年1月.

[12] 罗伯特·J·巴罗.宏观经济学：现代观点 [M].沈志彦，陈利贤译.上海：格致出版社，上海三联书店，上海人民出版社，2008年10月.

[13] 姜波克.国际金融新编（第5版）[M].上海：复旦大学出版

社，2012 年 11 月.

[14] 刘新立.风险管理（第 2 版）[M].北京：北京大学出版社，2014 年 9 月.

[15] 宋克勤.企业管理 [M].上海：上海财经大学出版社，2000 年 10 月.

[16] 杜玉梅，吕彦儒.企业管理 [M].上海：上海财经大学出版社，2012 年 8 月.

[17] 王昶.战略管理：理论与方法 [M].北京：清华大学出版社，2010 年 06.

[18] 彼得·德鲁克.管理：使命、责任、实务 [M].王永贵译.北京：机械工业出版社，2009 年 9 月.

[19] 彼得·德鲁克.管理的实践 [M].北京：机械工业出版社，2006 年 1 月.

[20] 张昌文，谢坤语.基础会计学 [M].北京：对外经济贸易大学出版社，2013 年 3 月.

[21] 胡华夏，王怡，王歆等.会计学 [M].北京：人民邮电出版社，2013 年 1 月.

[22] 姜山，郭贤.基础会计 [M].北京：清华大学出版社，2013 年 1 月.

[23] 寇娅雯，石光乾.基础会计学 [M].北京：清华大学出版社，2014 年 7 月.

[24] 王寅.GW 公司财务管理研究 [M].南京：南京师范大学出版社，2015 年 10 月.

[25] 姚海鑫.财务管理 [M].北京：清华大学出版社，2013 年 6 月.

[26] 蒋红芸，康玲，薛湘等.财务管理 [M].北京：人民邮电出版社，2015 年 8 月.

[27] 张家伦.财务管理 [M].北京：首都经济贸易大学出版社，2006 年 8 月.